云南财经大学前沿研究丛书

基于供应链合作的农-企关系研究

——理论、实证与应用

THE PARTNERSHIP BETWEEN FARMERS AND ENTERPRISES IN CHINA: BASED ON SUPPLY CHAIN COODINATION

— THEORY, EVIDENCE AND APPLICATIONS

刘胜春 / 著

SSAP 社会科学文献出版社
SOCIAL SCIENCES ACADEMIC PRESS (CHINA)

内容摘要

中国的改革开放是从农业开始的，农产品市场也是目前我国开放程度最高的一个领域。然而，由于近年来食品安全、农产品价格大幅波动、农户收益低下等问题使农业经营饱受诟病。本书分别从理论、实证和应用三个方面论述了建立基于实质性合作的供应链管理模式是市场发展的必然要求，也是有效提升农业经营水平、实现农业产业升级的重要基础和前提。

按照演化经济学理论，行业与生物群落类似，即行业中企业会普遍带有某些“惯例”特征，并不断演化。通过对中国证券市场相关数据的分析，发现作为中国农业领头羊的农业上市公司存在经营绩效普遍低下，但地域性和产业链位置的相互影响会带来企业间经营差异等共性特征，这些可以看作是农业经营“惯例”的结果体现。同时还发现，行业中也开始出现异质型企业，这些企业由于某些“惯例”的改变使其经营结果明显优于其他企业，预示行业正处于转型、变革的前夕。另外在中国情境下，通常实质性的合作往往需要建立在“关系”之上。这种明显带有传统文化特色的“关系”也因此成为影响在商业领域形成有效供应链管理模式的一个重要因素。通过分别对农产品经营中农户与其关联企业间的问卷调查数据的统计分析，发现“关系”与农－企合作绩效间存在着显著的正相关性，并且它是通过信任、交流、协作、适应、承诺和相互依赖六个供应链关系质量因子的中介效应对合作绩效产生影响的。

契约理论是供应链理论中一个重要的组成部分，它可分为古典、新古典和关系三类。通过对古典、新古典契约条款，以及关系契约默认规则的优化，就可以强化以“关系”为基础的供应链合作，再辅以适当的产品信息追溯体制，建立以信息共享为目标的供应链信息平台，就有可能在中国农产品供应链中实现真正的合作，进而有效提升农业经营的水平和绩效。

Abstract

China's reform and opening begins in agriculture, and currently agricultural market is one of the highest degree of openness field. However, in recent years, agricultural operations suffered criticism owing to food security, agricultural price volatility, low income farmer households and other issues. The book discusses the three aspects of the establishment of substantive coodination on SCM, which is the inevitable requirement of market development, and also an important foundation and prerequisite for effectively improve the level of operations and industrial upgrading.

According to the evolution of economic theory, agriculture companies will generally come, with "routine" feature. Through the analysis of data in China's stock market, we found that performance of China's agricultural listed companies is generally low, but the interaction between regional and position of industrial chain will bring the differences between business and other common features, these can be looked as the result of agricultural operations "routine" expression. It is also found that the industry also began to appear heterogeneous enterprises which due to changes in some of the "routine" make its performance significantly better than other companies, indicating the industry is in transition, on the eve of change. In the Chinese context, establish substantive partnership often require usually built on "guanxi". This apparent with traditional cultural characteristics of "guanxi" has thus become an important factor affecting the commercial sector to form an effective supply chain management model. Through statistical analysis of survey data of farmers and associated enterprise, we found there is a significant positive correlation between "guanxi" and coodination of farmers-enterprise, and it is through trust, collaboration, communication, interdependence, adaptation, commitment and mediating effects of six SCRQ factor have an impact on the of cooperative performance.

Contract theory is one important part of the theory of the SCM. Through the optimization of terms of classical, neoclassical contract and default rules of relational contract, it can strengthen the supply chain coodination based on "guanxi", supplemented by appropriate product traceability system, and establish information sharing platform, it is possible to achieve real coodination in agricultural supply chain, and thus effectively improve operations and performance.

前　言

中国经济改革是从1978年的包产到户到逐步放开农产品购销价格开始的，到2000年加入WTO承诺开放农产品市场，至2004年国内全面放开粮食价格，最终2010年正式降低鲜草莓等6个税目商品的进口关税。可以说，农业一直都是中国改革领域的先头阵地，时至今日，农业俨然已经成为当前中国市场中开放程度最高的一个领域。然而，这样一个几乎可以看作是社会主义市场经济典范的产业，近年来却因为食品安全、农产品价格大幅波动、农民收入提升缓慢等问题，饱受社会各界的诟病。

造成这些问题的原因固然很多，但很大程度上是由于农产品供应链本身具有“两头大，中间小”的哑铃形结构，再加上中国农地细碎化因素导致的经营高度分散，带来经营者遭遇交易地位、信息和利润流失的三大“黑洞”。为了消除这些“黑洞”，供应链管理就成为一种备受学术界和实践界瞩目的管理手段。然而从实践上看，虽然采用了产业化运作模式的农业龙头企业在改善农业生产效率、运用先进技术和装备提升产品附加值以及保障食品安全方面取得了非常显著的成效，但同时也暴露出上游生产环节不稳定、信息沟通不充分、集成化的动态联盟运作欠缺等问题。同时，从学术界来看，虽然近年来出现了大量以农产品供应链为对象的研究文献，但是，这些研究大都还停留在对农产品供应链管理的相关概念、理论进行界定和引进的阶段，主要体现为：①直接套用或借鉴源自针对制造业及服务业的一般供应链及国外相关研究成果、结论，并探索这种供应链组织理论在中国农产品领域应用的研究；②应用中国数据，采用实证方法对国外相关理论进行验证研究；③运用运筹优化方法对农产品供应链相关的营销、库存及物流进行决策优化研究。但是对于实现供应链稳定运作的前提——供应链成员合作关系的相关研究还比较匮乏，相应也就缺乏如何建立及促进这种合作关系的相关研究。

作为笔者攻读博士学位期间的研究成果，本书针对农产品供应链管理模式转变，首先从农户与企业合作关系形成的宏观背景入手，最终聚焦到对农户与企业合作关系的研究上。通过建立理论假设模型，并由此设计详细的数据收集方案，最终运用相关性分析、层次回归和结构方程模型等方法对这种合作关系的影响路径进行了研究；在此研究结论的基础上，本书还提出了利用关系契约优化促进合作关系；在合作的基础上建立泛供应链的集群式信息平台；由于强制性产品追溯信息可以帮助供应链获得更大的信息共享水平，因此建议政府尽快针对农副产品出台强制性政策的意见和建议；最后还针对供应链组织的应用提出了具备参与应急救援优势的应用扩展建议。

全书除第一章和最后一章分别为研究背景介绍和研究结论及研究展望以外，可以分为三大部分：第一部分是理论篇，介绍本研究的相关理论及已有研究综述（第二章）；第二部分为实证篇，由三个实证研究组成，分别是宏观的背景数据分析（第三章）、中观的企业数据分析（第四章）、微观的农户与企业一线人员调查问卷分析（第五章、第六章）；第三部分为应用篇，分别是契约优化（第七章、第八章）、信息共享分析与信息平台建设（第九章）和供应链组织的应用扩展（第十章）。

本书是在笔者的博士学位论文《中国农产品经营企业与农户合作关系研究》基础上经过扩展、完善而形成的。在此谨向在研究过程中给予笔者大量帮助的上海财经大学谢家平教授、王玉教授、蒋传海教授、卢志坚博士、葛夫才博士、迟琳娜博士、王永伟博士、梅林博士、李京博士，以及资助本书出版的云南财经大学科研处表示诚挚的感谢！

刘胜春

2013 年 9 月

目　录

第一章　绪　论 …… 1

第一节　研究背景 …… 1

第二节　研究目标和价值 …… 6

第三节　研究内容与成果 …… 10

第二章　理论基础及相关研究 …… 21

第一节　产业组织理论 …… 21

第二节　供应链与农产品供应链管理 …… 27

第三节　中国的"关系"文化 …… 41

第四节　关系契约 …… 46

第五节　相关理论研究对本研究的启示 …… 51

第三章　中国农产品经营治理结构的变迁 …… 55

第一节　中国农产品经营环境的变化 …… 55

第二节　中国农产品供应链治理结构 …… 61

第三节　中国农产品经营的典型模式 …… 69

第四章　中国农企经营绩效的演化 …… 74

第一节　演化视角的农业经营绩效 …… 74
第二节　农企经营的演化分析方法 …… 79
第三节　中国农业上市公司基于绩效特征的分类 …… 84
第四节　现阶段中国农企经营的演化特征 …… 95

第五章　中国农户与企业合作关系研究理论框架 …… 100

第一节　中国农户与企业合作中的“关系” …… 100
第二节　中国农户与企业合作中的关系质量 …… 107
第三节　中国农企关系实证研究设计 …… 115
第四节　研究量表的信度效度检验 …… 122

第六章　中国农户与企业合作关系实证研究 …… 137

第一节　变量间两两关系分析 …… 137
第二节　变量间效应分析 …… 138
第三节　基于结构方程模型的路径分析 …… 149
第四节　实证结果及其意义 …… 154

第七章　农产品供应链中的正式契约 …… 162

第一节　农产品供应链中的农企连接模式 …… 163
第二节　作为正式契约的购销合同 …… 170
第三节　基于履约动机的案例分析 …… 180
第四节　结论和建议 …… 184

第八章　农产品供应链中的关系契约 …… 186

第一节　关系契约 …… 186
第二节　基于公平及善意回报的心理契约分析 …… 193

第三节　不同连接模式下心理契约的优化 …………………… 206
第四节　利用信息技术促进关系契约的建立 ………………… 214

第九章　基于合作的农产品供应链信息共享与追溯 ………… 218

第一节　农产品供应链中的信息共享和追溯 ………………… 218
第二节　信息追溯模式与信息共享模型 ……………………… 223
第三节　信息模式选择 ………………………………………… 227
第四节　集群式农产品供应链信息平台 ……………………… 240

第十章　农产品供应链应用扩展——灾害应急合作………… 250

第一节　农产品供应链与灾害应急…………………………… 250
第二节　灾害应急的特征与策略 ……………………………… 254
第三节　应急救援模式与农产品供应链 ……………………… 256
第四节　农产品供应链救援合作分析………………………… 262
第五节　应用模式与建议 ……………………………………… 267

第十一章　结论与研究展望 …………………………………… 270

第一节　研究结论与启示 ……………………………………… 270
第二节　本书的不足与研究展望 ……………………………… 278

参考文献…………………………………………………………… 282

Contents

Chapter 1 Introduction / 1

1. Background / 1
2. Research Objectives and Values / 6
3. Research Results / 10

Chapter 2 Theoretical Review / 21

1. Industrial Organization Theory / 21
2. Agriculture and Supply Chain Management (SCM) / 27
3. Guanxi: an Important Chinese Culture / 41
4. Relational Contract / 46
5. Revelation / 51

Chapter 3 Trend of the Governance Structure in China's Agriculture / 55

1. Business Environment / 55
2. The Governance Structure of China's Agriculture / 61
3. The Typical Pattern of Chinese Agricultural Operations / 69

Chapter 4　Performance Evolution of Agricultural Enterprises / 74

1. Perspective of the Evolution of the Performance of Agriculture / 74
2. Method of Analysis / 79
3. Classifiction of Chinese Agricultural Listed Companies / 84
4. Evolution Features / 95

Chapter 5　Research Framework for Partnership between Farmers and Enterprises / 100

1. Guanxi in Partnership of Farmers and Enterprises / 100
2. SCRQ in the Coodination of Farmers and Enterprises / 107
3. Design of an Empirical Study of Partnership in Chinese Agriculture / 115
4. Reliability Test and Validity Test / 122

Chapter 6　An Empirical Study of Partnership between Farmers and Enterprises / 137

1. Analysis of the Relationship between any Two Variables / 137
2. Effects Analysis between Variables / 138
3. Path Analysis by Structural Equation Model (SEM) / 149
4. The Results and Its Meaning / 154

Chapter 7　Formal Contract in Agriculture / 162

1. The Connection of Farmers and Enterprises / 163
2. Purchase and Sale Contracts / 170
3. A Case Study / 180
4. Conclusions and Recommendations / 184

Chapter 8　Relational Contract in Agriculture / 186

1. Relational Contract / 186

2. Psychological Analysis Based on Fairness and Good Faith in Return / 193
3. Optimized Relational Contract under Different Connection Modes / 206
4. Promote the Establishment of Relational Contract by Information Technology / 214

Chapter 9 Information Sharing and Traceability Based on Partnership / 218
1. Sharing and Tracing of Supply Chain Information in Agriculture / 218
2. Information Traceability Mode and Information Sharing Model / 223
3. Select Information Mode / 227
4. Cluster Agricultural Supply Chain Information Platform / 240

Chapter 10 Expansion of Agricultural Supply Chain Applications / 250
1. Agricultural Supply Chain and Disaster Emergency Coodination / 250
2. Characteristics and Strategies of Disaster Response / 254
3. Emergency Rescue Mode and Agricultural Supply Chain / 256
4. Analysis of Rescue Coodination of Agriculture Supply Chain Organization / 262
5. Applications and Recommendations / 267

Chapter 11 Conclusion and Research Prospects / 270
1. Conclusion and Revelation / 270
2. Drawbacks and Prospects / 278

References / 282

第一章　绪论

第一节　研究背景

始于1978年的中国经济改革是从包产到户到逐步放开农产品购销价格开始的，至2004年国内全面放开粮食价格，到2010年正式降低鲜草莓等6个税目商品进口关税，农产品市场俨然已经成为当前中国市场开放程度最高的一个领域。虽然农产品价格总体来说是一个周期性的上涨过程，但却一直存在着大幅波动的现象[1][2]。如2007年5月，猪肉价格1个月内涨价14次，并创造了1年内上涨109%的新纪录；2008年3月，始于两年前的食用油价格暴涨达到顶峰，2年内涨幅达300%；2009年底，出现了对大蒜、大豆、姜的一轮恶意炒作，到2011年却出现了各地农产品市场这些品种大量滞销的现象。这种价格大幅度波动所带的结果是，一方面，农户们常常需要面对一年辛苦劳作的成果而为了销售发愁；另一方面，消费者则面对“芝麻开花节节高”的价格而兴叹。

与此同时，伴随着农产品价格的大起大落，食品安全问题也备受关注，先是安徽“大头宝宝”事件，紧接着更是波及整个奶业的“三聚氰胺事件”，毒豇豆、苏丹红、瘦肉精、塑化剂、染色馒头、地沟油……食品安全问题的频发使农副产品生产、流通系统的管理备受诟病。

这一系列事件的背后，则是中国城乡收入差距从1983年的1.82∶1迅速攀升至2010年的3.23∶1①，并有进一步扩大的趋势。

虽然农产品的非理性上涨有通货膨胀、成本上升以及流通环节趁机投机炒作等原因，虽然食品安全事件只是“一小撮”不法商人及无良农户作祟，虽然城乡收入差距的扩大是任何国家工业化进程中的必然，但究其根本原因，却都可以在中国落后的农业经营方式中找到根源：分散的生产方式，纯交易型松散的供需联结，生产、流通、消费诸环节间信息的严重不对称，等等。零售市场价格的不断攀升与批发市场价格的大幅震荡，食品安全问题的日益突出，再加上城乡收入差距的进一步扩大，都使农产品的生产、流通问题成为政府、消费者、媒体和学界共同关注的焦点。

作为30年改革开放政策的重要成就，到2010年中国的人均GDP已超过4500美元。这意味着中国工业化进程明显加快，居民的消费类型、消费行为开始发生重大转变，农业的发展和升级成为中国经济发展中的瓶颈，亟须变革以进入一个能适应宏观经济发展的新时期。为了改变农业长期落后的经营方式促进农业产业升级，中共中央、国务院早在1993年6月出台的《关于当前农业和农村经济发展的若干政策措施》中就指出，要“以市场为导向，积极发展贸工农一体化经营。通过公司或龙头企业的系

① 《中国统计年鉴》1983～2010年。

列化服务，把农户生产与国内外市场连接起来，实现农产品生产、加工、销售的紧密结合，形成各种专业性商品基地和区域性支柱产业。这是中国农业在家庭经营基础上向专业化、商品化、社会化生产转变的有效途径”。这就是最早被提出的农业产业化概念[3]。之后，中央及各级政府以认定农业产业重点龙头企业等多种手段和多种方式，给予农业产业化从政策到资金多方面的扶持和引导。据2009年农业部产业化办公室统计，中国农业产业化龙头企业数量已达到8.97万家，其中国家重点龙头企业894家，这些龙头企业带动农户户均增收约1900多元。企业和学术界对此也非常重视，分别从各自角度出发，从实践到理论都作出了积极的探索。

一 应用供应链管理是实现农业产业化的有效途径

面对新的农业经营环境和形势，需要从农产品的最初生产者的田间到最终消费者的餐桌所构成的供应链整体来考虑，这是在农产品领域应用供应链管理的基本出发点。供应链管理是将管理的触角延伸到企业的上下游，把从原材料供应到终端市场的整个产品的增值过程作为一个整体的网链体系来考虑，统筹运营，协同管理。这种模式可以使供应链上企业更加合理地利用和分配所有资源，以实现整个系统的最小成本和最大效益目标。同时，供应链管理模式还可以避免由于实施纵向一体化所带来的投资风险及退出成本增加，以及由于层级管理带来的官僚主义导致的效率低下且难以平衡、降低企业生产灵活性、不利于聚焦核心竞争力等方面的局限。

农产品供应链管理的应用和研究虽然起步较晚，但由于农业在各国国民经济中的战略地位，很快就成为一个新的热点。供应链管理在农业领域的实施不仅可以满足日益增长的消费需求、有效地增加农户的收入、切实提高企业盈利能力和市场竞争力，还将对新型农业技术的推广、增加产业附加值、带动产业升级、调整产业结构起到非常积极的促进作用。基于供应链管理的产业化，其本质就是从微观角度建立一套符合各经营方利益诉求的组织和运作模式。

近年来，发达国家对于农产品供应链和物流体系建设都高度重视，以美国为代表的大规模生产，以欧盟为代表中等规模生产和以日本为代表的小规模生产分别形成了三种构建农产品供应链的主流模式。在中国，随着 1998 年以后农产品供求关系发生的根本性变化，农业结构战略性调整也已成为中央和各级地方政府农业和农村经济发展的中心任务，“订单农业”作为推动农业产业化经营的重要环节受到政府的大力提倡和鼓励。到 2013 年，中央一号文件已经连续 10 年将“三农”问题作为政府亟须解决的首要问题。作为具体措施，无论是“订单农业”还是“农－超对接”，抑或是强调龙头企业对农户增收的带动作用，并对其进行各级认证和扶持，其本质其实都是希望通过创新农业经营组织建立以龙头企业为核心的农产品供应链管理体系，以实现农业产业化升级的目标。

二　农产品供应链管理模式是一种有效的治理结构

为了在农业领域真正发挥供应链管理高效、透明、科学的优势，实现产业发展和升级目标，切实解决“三农”问题，就必须有符合时代潮流、契合中国特色的科学的管理理论和方法来支撑，这就产生了对中国农产品供应链管理理论与方法的强烈需求。农产品供应链管理理论探求一种生产、需求双向不确定条件下的生产、物流管理模式，其内容十分丰富，涉及从“种子到餐桌”的每个环节。由于农产品供应链的概念和内容尚处于探索阶段，其管理模式尚未形成完整的体系结构，也为建立这项研究的基础理论及技术方法提供了一个广阔的空间。

由威廉姆森1979年定义的治理结构（governance structure）是指“决定完整交易的制度框架”，这就包括了影响交换过程的各种制度准备：除了私下的规则，交易还受制度环境的支配，诸如特定的法律、规则及其应用（Hesterly，et al.，1990）。跨越企业边界的供应链管理模式将注定不同于纯层级式管理或纯交易式管理的传统治理结构。一般来说，供应链是通过契约（合同）来对不同企业进行联结的，然而在中国的农产品供应链中，无论作为生产者的农户，还是作为完成农产品集散、物流的贸易商，由于受到高度分散、受教育程度较低等客观因素的限制，普遍缺乏现代商业修养和契约精神，再加上农－企合同面临违约惩罚成本过高等制度因素，最终造成超过80%的违约率[4]，这几乎成为供应链管理在农产品领域中得以有效应用不可逾越的障碍。因此，建立一种有效实现农企联结的机制事实上就成为能否在农产品领域实现供应链管理既定目标的根本基础。

三 建立有效的合作动机及其促进机制是实施供应链管理的前提

由于供应链管理的实质是对从生产者到消费者所有供应链成员的系统管理，这就使其在治理结构的选择上面临双重性：一方面，要求不同的企业为了共同的目标调整自己的运营流程以实现协同运作；另一方面，不同的企业又存在各自不同的经营理念和目标。这需要所有供应链成员企业都必须在共同目标的前提下，将实现协同运作的目标置于本企业的经营目标之上，并通过各种形式的契约对成员的具体行为进行约束。如果契约在执行过程中存在度量问题时，也会诱发机会主义。因此，供应链管理需要面对严重的委托－代理问题。在中国现阶段农产品的消费结构中，初级农产品仍占有极大的比例，统一产品标准非常困难，度量问题的存在又进一步加剧了机会主义的泛滥；另外，极度分散的经营方式还会带来的问题就是，如果纯粹依靠正规的法律、制度机制来保障合同执行，往往会伴随极高的合约维护成本。

在治理结构理论中，除了正式的制度性规则以外，还包括一些非正式的惯例、规则以及关系嵌入性，这里的嵌入性主要指影响与相同对象进行重复交易的社会关系[5]。而这种关系嵌入性也正是使长期的合作伙伴关系从保持一定距离的纯贸易关系中区分出来的关键因素[6]。供应链管理的一个重要出发点就是要改变传统购销关系中互为贸易对手的零和博弈局面，而建立一种长期合作的、以获取联盟收益为主要目的的“双赢”关系。因此，对关系嵌入性的研究也就成为一种重要的研究方向。由于中国农产品领域存在一些固有的、短时期内无法改变的约束条件，而采用正式的制度性规则是无法突破的，可以称为制度性障碍。制度性障碍的存在进一步凸显了以社会关系为基础的供应链关系质量在供应链建设中的重要性。

第二节　研究目标和价值

随着社会的发展和工业化进程的加快，由农林牧渔构成的第一产业在国民经济中所占的比重正逐渐减小①，但由于农业是一个提供人类生存必需品的行业，就使几乎所有国家都在这个领域倾注了更多的重视，并使之成为许多国家在贸易自由化背景下仍要最后保留，并大都采用了工业反哺国策与方针的一个产业。从20世纪90年代初开始，农产品在全球范围内供大于求，而顾客需求则继续向安全、精细、多样、高服务方向发展，农产品贸易全球化也正随着各国最后一块保护领地的被打破而成为一种趋势。中国传统的农业必将面临更加严峻的国际化竞争态势。同时，农民的增收问题成为中国经济持续健康发展、扩大内需的一个重要制约因素。再加上城乡收入差距问题、食品安全问题、农副产品价格波动问题等，都使转变农业生产流通方式，提高中国农业竞争力成为在中国经济发展、建设和谐社会过程中亟待解决的紧迫问题。本研究以供应链管理理论为指导，从其理论依据，到重点考察供应链关系质量对农－企合作绩效及其优化、改善途径，最后提出具体的应用模式，这种系统性的研究对于中国农业生产经营模式的升级转换，对于应对即将到来的全球化农产品贸易竞争，都具有非常重要的意义和价值。

一 研究的目标

由于农产品供应链本身具有“两头大，中间小”的哑铃形结构[7]，再加上中国农地细碎化因素导致的经营高度分散[8]，带来经营者遭遇交易地位、信息和利润流失的三大“黑洞”[9]。为了消除这些“黑洞”，供应链管理就成为一种备受瞩目的管理手

① 根据国家统计局统计数据，1978年我国第一产业产值为1027亿元，占当年GDP的28.17%；2010年为40533.6亿元，占当年GDP的10%。

段。然而，从实际应用效果上来看，这些大都采用了“公司＋农户”“公司＋基地”组织模式的农业龙头企业，在改善农业生产效率、运用先进技术和装备提升产品附加值以及保障食品安全方面都取得了非常显著的成效，但同时也暴露出上游生产环节不稳定、信息沟通不充分、集成化的动态联盟运作欠缺等问题。究其原因，供应链管理在某个具体领域中应用的成败很大程度上取决于一体化组织联结机制的稳固与否。因此，“与农户建立战略伙伴关系、与农户合作便成为龙头企业的首要基本功”[10]。据此，本研究力图从中国农产品市场结构的演化、农企经营特征及其影响因素入手，针对中国农产品供应链管理中农户与企业间的关系形成、影响要素及其路径，以及对绩效产生影响的内在机制进行深入研究，探索和建立一套以中国文化中的“关系”为背景，以建立稳定的供应链协作关系为目标，以供应链关系质量的理论视角，提出契合现阶段中国发展水平、促进供应链绩效的农户与企业合作关系的理论及应用框架和相关对策建议。

二　理论价值

由于农产品供应链本身所具有的特殊性，传统供应链管理的理论、方法难以适应我国农业领域实际应用的需求。运用跨学科的研究方法和国内外最新研究成果对农产品供应链合作进行深入研究，对于管理理论创新和丰富供应链理论都具有非常重要的理论意义，具体表现在：

第一，“关系”是中国的一种特殊社会现象，它不但会对社会个体的决策产生深刻影响，还会嵌入到包括经济领域的各种社会活动中。随着改革开放的进一步深入，以及中国在国际经济贸易领域中越来越重要的作用，国外研究者开始对这一现象给企业经营带来的影响表现出浓厚兴趣。与此同时，国内学者也开始了对此的研究，但总的来说还刚刚起步。因此，将社会学中的“关系”理论与供应链管理理论的最新研究成果相结合，具有重要的理论研究价值。

第二，当在供应链管理理论中，供应链成员间的实质性关系是决定供应链合作质量的关键因素，而供应链关系质量（SCRQ）则是用来衡量这种实质性关系的常用指标。目前国内对于农产品领域的供应链研究大都还处于直接套用一般供应链理论及概念的普适性验证阶段，特别缺乏来自实践领域的实证证据。本研究根据中国情境的特殊性，将“关系”（guanxi）作为影响成员间实质性关系的一个重要前因要素，进行了一项历时两年的实证研究。通过运用实证方法进行论证，建立引入“关系”因子的农产品供应链合作绩效与供应链关系质量影响路径的研究框架。

第三，通过契约实现成员间的连接与协调是供应链管理的重要手段，面对农产品供应链中居高不下的违约率，凸显正式契约在这一领域作用的局限性。因此，除了比对经济收益对正式契约进行优化之外，本书还着重探讨了与供应链成员实质关系紧密相关的关系契约，通过运用实证研究的结果，归纳出不同链接模式下供应链成员间关系契约的构成要素，并提出了优化关系的政策建议，这在一定程度上丰富了农产品供应链契约理论。

第四，供应链上的信息共享和商品信息可追溯是供应链协调运作和保障商品质量及安全的有效手段。然而，面对极度分散、缺乏现代契约精神和充满了机会主义的供应链成员，“什么样的机制才是最有效的?”就成为实现供应链管理中一个亟待解决的问题。本书提出在农产品供应链中实现信息共享和商品信息追溯的三种模式，并通过逻辑演绎，推导出不同模式下信息共享量和成本的理论模型，借助这一模型可以为供应链核心企业及市场监管者选择更为有效的手段来提高供应链上的信息共享水平。

三　实践价值

针对我国农业产业化进程中订单农业模式违约率较高、供应链上游连接不稳定问题，通过实证的路径研究方法所得到的结论，可以直接在实践中为供应链各方参与者提供进行科学决策的证据。根据研究结果所建立的农户与企业的合作关系理论框架，也可进一步针对具体的合作模式提出政策建议及为合同优化提供理论支持，以实现帮助农户增加收入、帮助企业建立稳定的供应链关系、提高经营收益的产业化升级目标。同时，还可以为国家制定农业产业升级战略的具体扶持、促进政策提供一定参考。

第三节　研究内容与成果

供应链管理的研究对象一般是微观企业中的流程，内容包括设计、计划、运营和价值链控制等，以至供应链管理也被许多学者和实践者看作是“物流管理”的一个代名词[11]。但随着供应链研究的发展，越来越多的人士认识到，成功供应链的管理核心还包括对管理供应链网络构成中所形成的复杂关系的管理，以及运用有形的规则、契约以及无形的惯例、习俗来协调参与者的行为[12]。农产品供应链参与者极度分散且数量众多，成员间关系也非常复杂，为了能够深入研究这种合作关系的特征、形成和作用机理，本书将主要研究对象限定在纵向合作范畴，并将之简化为农企与农户之间的合作，据此选定的主要研究内容和概念界定如下。

一 相关概念的界定

本书主要的研究对象是农产品供应链中农户与农产品经营企业间形成的合作关系，这里的农户和企业的概念如下。

（一）农户

本书中“农户”主要指以种植、养殖、培育等为主要生产手段，以家庭为基本生产单位的实际农业生产者，同时也包括经过合约形式，以家庭为单位完全纳入农业生产基地并进行统一管理的农业工人。

（二）农产品经营企业

本书中的“农产品经营企业”是指在农产品供应链中，以农产品的购销、加工、生产以及批发、零售等为经营手段，并与农户直接发生购销、联营、合作、承包等关系的农产品经营企业，以下简称“企业”。

二 研究内容

（一）农户与企业合作关系的形成背景

中国自1978年开始的改革开放，是从实行被称为“包产到户”的联产承包责任制开始的。随着改革开放的深入，农产品的统购统销也于20世纪80年代初被取消，农副产品的生产流通成为最早践行社会主义市场经济理论的领域。特别是中国加入WTO之后农产品购销价格全面放开，体制障碍对农产品流通的影响逐步减弱。应对国际化竞争压力和解决农业经营效益低下的问题成为解决新时期“三农”问题的关键。与这种宏观环境的变化相对应，中国农产品生产-流通体系也经历了三个阶段的变迁：①1978~1984年，这一阶段主要是伴随着我国经济体制的转型，完成了农产品价格机制的市场化；②1985～1993年，改革重点从生产领域转向流通领域，国家确立了建设以交易市场为中心的流通体系的政策方针；③1994年至今，随着农业产业化概念的提出，政府着力进行市场交易制度的建设，出台了一系列促进交易市场制度化、体系化、效率化的政策法规，初步建立起以农产品批发市场为核心的农产品流通体系。

根据市场经济理论和产业组织理论的观点，行业中通行的治理结构是企业自主选择市场宏观环境变化的结果，这也是演化经济理论的观点。从这个角度来说，从宏观视角入手探寻中国农业宏观需求及产业结构变化是开展农产品供应链治理结构及管理模式的前提，只有认识了这种环境变迁的本质要素，才能有效把握这种宏观环境下供应链的结构特征、形成机理、关键要素和管理重心。因此，本书将首先利用宏观数据对中国农业产业发展的背景进行分析，并由此展开对农产品供应链治理结构的讨论。

对于一个行业来说，如果去深入观察构成这个行业的每个微观个体会发现，每个企业都会拥有不同的社会及物质资源，面临各异的经营条件，有自己的忠诚客户，也需要面对不同的竞争对手。然而，如果以整体的眼光来考察一个行业，我们又会发现，不管行业中的企业如何千差万别，这个行业整体上却都会拥有很多共同的特征，而这种共性特征的产生正是源自行业所面对的宏观背景及行业制度。因为行业特征中往往会包含一些重要的信息：在给定的环境条件的前提下，微观的企业及参与者在制定自身决策过程中会对环境变量做出相似的反应，这在演化经济学中被看作是一种类似生物群体在进化过程中形成的种群特性。因此，对行业特性进行分析就成为切实把握这个行业管理模式关键要素的一个重要的手段途径。

在中国，农业有着悠久的历史和众多的从业人员，但其生产和流通很大程度上却仍然保持了传统和落后的方式。长期以来，这种经营方式在群体中表现出来的共性就是运营效率低、盈利水平低和客户满意度低的“三低”特征。随着宏观环境的变化和市场开放程度的提高，在日益激烈的竞争和消费者对产品质量、安全性需求日益提高的双重背景下，行业内一些先进企业已经开始了对管理、经营模式的创新，引入产业化经营、供应链管理等管理方法。但从整体的发展水平来看，这种探索到底在整个行业中占有多大比重，对中国农业整体的经营水平产生了多大影响，以及有没有出现不同的发展路径就成为本书研究的一个重要内容。

（二）农企关系质量的影响要素、机理与形成路径

对关系质量的研究开始于营销理论中的客户关系管理，源自企业对于保持老客户要比争取新客户更加节省成本的发现。随着客户关系研究扩展到 B2B 的商务领域，最终发现这种企业间关系质量的高低会直接影响企业间合作的绩效。供应链管理模式的兴起又使供应链上下游企业间的购销关系变成合作伙伴的联盟关系。伴随着内涵的不断扩大，关系质量管理对企业绩效影响的重要性也从单纯的销售额、利润率等财务范围，扩大到联合预测、联合计划、统一运作以及信息共享、利润分配等企业经营的方方面面。从关系质量的发展来看，这是一个外延和内涵都不断扩展的过程。从概念构成的维度上来来看，供应链关系质量包括信任、承诺、协作、相互依赖、信息共享等维度的因素。目前国内的相关研究主要仍以采用实证手段验证相关理论在中国情境下的适用性，以及探索是否存在特殊性的问题为主。从这些研究结论来看，无论高科技行业、制造业还是服务业中的研究，无一例外

都证明了国外管理理论的普适性。

与这些现代化的行业不同，中国农业是一个有着几千年历史的古老行业，传统文化的影响根深蒂固，而农业又是一个非常重要的行业，它的升级和发展直接关系到中国经济发展的走向。在这样一个“中国化”非常明显的行业中，研究这种源自现代工业化发展的管理理论在中国农业领域的适用性和特殊性，就成为关系到我国农产品供应链建设的方向和前景的重要课题。

“三农”问题是一个党和政府高度重视，也是备受实践者和学界关注的领域。农业的主要参与者是农民，农村也主要是由农民构成的，也可以说所谓“三农”问题的根本就是农民问题，再具体一点就是农民收入问题。只有农民收入提高了，“新农村”建设才有基础，也才有意义，而提高农民收入的主要途径就是农业。作为农产品的生产者，农民是农产品供应链的源头，也是影响其稳定性和运行效果最主要的因素。但是在目前的中国，由于受到传统和制度两方面的制约，仍然延续着以家庭为单位的分散生产模式，这与欧美的农场、农庄经营有着很大的不同。除了生产方式以外，农民还以家庭为单位参与到供应链的运作中来，每个家庭对自家产品的品种、种养殖方式，乃至产品销售的渠道、价格都有着完全的决策权。因此，本研究将这种以家庭为单位，专门从事农产品种养殖生产的供应链参与者——农户作为最主要的研究对象和主体。

（三）农产品供应链契约优化

供应链管理理论中，最重要的一个特征就是实施跨企业的系统管理。也就是说，要在不同的所有权决策主体之间实现协同的运作。要实现这个目标就需要将这些不同的所有权决策主体通过契约形式连接起来，形成一种跨所有权结构的虚拟组织。根据合同理论，组织间的合同可分为完全合同和非完全合同两类，Macneil 和 Williamson 又进一步将非完全合同划分为新古典契约和关系契约两类。特别是将专门强调专业化和合作与长期关系维持的关系契约从仍以条款化完全合同为蓝本、引入第三方仲裁和定期合同谈判的新古典契约中分离出来。这种关系能够适时调整、自我调整，并且在这种契约条件下，各方通过契约的规则结构及其契约自身的权威来规范自己的行为，从而实现一定的利益规制和行为协调。由此可见，关系契约的本质是一套包含自我约束的具有自履行和自适应机制的规则结构。

由于缺乏统一的产品标准产生了严重的度量问题，由于极度分散的生产和经营模式使第三方仲裁难以确责。这些都造成古典契约和新古典契约在维持农产品供应链伙伴关系过程中作用的局限性。而运用关系型契约则是着眼于建立一种长期而稳定的关系：农户通过以让渡部分生产要素所有权和生产决策权为代价，以换取应对市场不确定性更强的能力；而企业则通过向供应链上游增加专有资产的方式获得更加稳定的供应，并可通过根据自身需要配置生产要素、组织生产、流通运作的方式提高生产效率，从而建立一种对于缔约双方都有利可图的“双赢”模式。不过，企业通过关系契约在节约交易费用的同时，也会带来随着生产、经营规模的扩大，经营管理效率降低、信息传递失真、生产要素配置不当和资金占用过多等问题。因此，对于企业来说，关系契约存续的关键其实是一个内部经营管理费用与市场交易费用权衡的问题。这样一来，宏观上就会形成一个优胜劣汰的机制，有效率的企业会逐渐淘汰无效率的企业而与农户建立一种长期稳定的合作关系。因此，在本书的最后将针对农产品供应链中关系契约展开讨论。

（四）农产品供应链中的信息共享与追溯

供应链管理的核心是供应链成员间可以进行跨越企业边界的系统管理，从而实现企业间的协调运作，达到这一目的的基本前提条件就是在不同企业间实现商品、生产、运作等商业信息的共享。但由于我国农产品生产、流通发展水平滞后，从业者受教育程度低，以及产品附加值低等客观因素的存在，导致整个行业的信息化应用水平仍处于一个较低的水平。但消费升级所带来的消费者对农副产品高品质的多样化需求，以及对食品安全问题的日益关注，却始终在倒逼农产品的生产经营模式的升级换代。由此可以预见，未来几年将在农业领域迅速掀起一轮信息化建设的高潮。

对于供应链中的企业来说，信息共享的好处毋庸置疑，但现实中信息供应链体制的建设也会给企业带来一些负面影响。例如除了对商业机密等私有信息泄露的担忧之外，信息系统的建设也会在一定程度上增加链上企业的成本负担，在这样一个开放程度较高、竞争早已白热化的市场上，稍有不慎就会使供应链迅速丧失成本优势而导致失败。从这个角度来说，农业领域中信息投资严重不足，信息技术应用水平低下问题其实也是企业进行逆向选择的一个必然结果。因此，本书将用一章的篇幅，采用经济学分析方法，全面探讨农产品供应链中信息的共享机制及模式选择。

（五）防灾减灾——农产品供应链组织的应用扩展

供应链管理的根本目标是通过跨企业的系统管理模式来降低整条供应链的成本，提高市场响应速度，最终取得市场竞争优势。简而言之，实施供应链管理的出发点是基于商业目的的。然而通过我们的研究发现，供应链组织一旦建立，还会给链上企业及供应链的各利益相关者带来额外收益——也可将之称为社会效益。其中一个显著的应用功能就是，当发生自然灾害等紧急事件时，可以利用农产品供应链结构的特殊性，快速地完成应急救援活动所需要的物流、计划等活动。在本书的结尾部分，我们采用经济分析的方法对不同应急救援模式进行了深入的对比分析，分别从参与动机、经济效益、实施效果几个方面对农产品供应链组织参与应急救援与传统的政府、第三方救援机构实施的应急系统的建设相比，证明其具有无可替代的低成本、高效率优势。

三　研究方法和思路

（一）研究方法

本书采用了定性与定量相结合的研究方法，以实证为基础，结合理论思辨分析，对中国农业供应链中的农企合作的影响因素、影响路径、契约构成及优化等理论问题，也对农业经营背景现状、供应链信息共享以及功能应用扩展等实践问题进行了深入探讨，并在各部分研究结论的基础上提出了相关意见和政策建议。各部分采用的具体研究方法如下：

第一，文献研究法，对本书所涉及的理论和相关研究现状进行类比及评述。

第二，运用宏观数据对我国农户与企业合作关系形成的宏观背景进行分析，运用上市公司年报数据，采用主成分分析、聚类分析、相关性分析和回归分析等统计学方法分析农业上市公司的经营特性，得出相关结论。

第三，通过文献梳理提出实证模型，运用调查问卷和访谈获取一手数据，以了解和把握农产品供应链关系质量的主要因素，以及合作关系产生的内在机理，对研究模型进行验证。

第四，运用相关性分析、层次回归及结构方程模型等统计方法对样本数据中的变量进行变量间效应、影响路径等深入分析。

第五，采用要素分析和逻辑演绎的方法，根据实证分析的结论提出促进农户与企业合作的关系契约构成要素。

第六，采用成本分析及逻辑演绎的方法，提出农产品供应链组织的应用扩展模式。

（二）基本研究思路

本研究以农产品供应链连接机制为主要对象，以建立高效合理的管理模式为研究目标，从供应链关系质量理论的视角出发，研究我国农产品生产、流通领域中农户与企业的合作关系现状、影响因素和路径。通过对合作关系的研究，把握供应链中成员间协作关系的形成和作用机理，找出问题所在，并依据关系契约理论，提出相应的措施和建议，以期提高我国农产品供应链的发展和管理水平，从而为改善农产品供应链管理经营绩效提供一定的理论依据。

（三）技术路线

本研究采用的研究框架是实证与逻辑思辨相结合的综合分析法，先由对与研究主题相关的理论和研究文献进行梳理，以便对相关研究总体有一定的认识和把握。然后根据国家统计局发布的与农业产值及农民收入、城镇居民收入与消费等宏观数据，进行理论分析，并提出相关命题。再采用中国上市企业中的农业类公司年报数据，运用主成分分析、聚类分析和回归分析等统计分析方法对农业上市公司进行绩效特征进行分析。其分析结果用以帮助我们对农业经营者的经营现状进行了解和把握。在此基础上，再运用理论和文献分析找出导致这种特征出现的关键因素。

接下来，根据供应链管理理论中的关系质量概念，对农户与企业间的连接现状进行基于调查问卷和访谈的实证研究，力图找出影响农产品供应链运行绩效中的相关因素，以及中国“关系”文化对关系质量要素及合作绩效所产生影响的路径。然后，在实证研究的基础上运用逻辑演绎对农户与企业间的关系契约内容进行精炼，并以此作为促进农户与企业合作效能的意见及建议。

最后，还针对农产品供应链中的信息共享障碍、模式，以及供应链组织的应用扩展进行了一定探讨。

四　研究特色

目前，国家解决“三农”问题的核心聚焦在农业产业化和农民收入两个问题上，这两个问题实际上也是相辅相成的。但在此过程中战略目标与实际条件之间的各种问题也凸显出来。如土地制度的约束与产业化发展的矛盾；传统理念与现代管理模式的矛盾；现代科学技术的发展与参与者素质低下的矛盾，等等。为了解决这些瓶颈问题，亟须对农业生产、农业经营、农业管理进行大量的研究。然而虽然近年来国内出现了大量与农业经营相关的研究，但大都或是定义、概念引进及概括性论述，或是以单一视角对某个具体问题进行探讨。即便近年来也出现了一些涉及农产品供应链内在组织机制和组织模式的探索性研究，但对于供应链管理及治理结构转变基础的农户与企业关系研究仍非常缺乏。本书从农－企合作关系形成的宏观背景入手，最终聚焦到对农户与企业合作关系的研究上，通过建立理论假设模型，并由此设计详细的数据收集方案，最终运用相关性分析、层次回归和建立结构方程模型对这种合作关系影响路径进行研究，并在研究结论的基础上提出采用关系契约促进这种合作的意见和建议。据此，本书的突破和创新主要体现在以下几个方面：

第一，国内对农产品供应链组织的研究大都侧重于套用一般供应链的治理理论，其依据大都源自制造业供应链及国外的相关研究成果。本研究在农产品领域采用实证方法对供应链理论中的关系质量概念进行了验证，并在探讨关系质量构成因素的过程中引入了中国文化中的“关系”变量，不但有望拓展具有中国特色的农业组织理论，也可以在构成要素及影响路径方面丰富农产品供应链管理理论。

第二，现有的企业理论研究大都是对麦克奈尔及威廉姆森的三种契约内涵及适用范围的讨论和界定，却较少考虑特定文化背景及及行业特性对关系契约结构及构成要素产生的影响。特别在国内的研究中，更是较少在特定领域中对此进行研究。本研究在实证结论的前提下，结合影响农－企合作绩效的诸因素，详细地讨论了在不同连接背景下，促进合作的关系契约构成要素，有望丰富供应链契约理论。

第三，本研究核心问题的导入是建立在对宏观环境因素和中观企业特征进行实证研究的基础上的。通过对不同视角的客观数据分析，最终才提出“关系”因素对中国农产品供应链的影响假设，并据此建立理论模型，通过大量采用社会学中田野调查的方法进行实地问卷调查，运用获取的第一手数据进行实证检验。在调查问卷的过程中也采用了较多常见于组织行为学和心理学领域研究中的方法。这种结合了多视角、多学科方法的研究在现有供应链研究文献中还不多见，有望为今后的供应链管理研究方法论提供一定的借鉴和参考。

第二章　理论基础及相关研究

第一节　产业组织理论

一　古典经济学

现代经济学理论指出，一个产业发展和演化的动力源自内在的组织变革和外在的宏观环境（历史、文化以及科学技术的发展等）。古典经济学的创始人亚当·斯密在其经典著作《国富论》中阐述了他对产业组织的认识：劳动分工与专业化导致生产率的提高，市场机制作用于生产者，对其进行专业化的组织，经过专业化组织的生产者可以提高生产率而获得利润，再投资形成资本积累并进一步专业化。市场的资源配置机制又会通过价格在组织效能不同的产业间进行资源配置。在完全竞争市场的假设下，古典经济学提出了“均衡”概念：所有稀缺资源通过“看不见的手”可以在不同产业、不同企业间得到有效配置，从而达到“均衡”状态。在这一理论下，构成整个经济系统的个体（参与的自然人、企业等）都是相同的、完全理性的，它们所在的组织则被视为“黑箱”，且不发挥作用。新古典经济理论从本质上说是一种静态或比较静态的均衡理论，其所追求的目标是实现效益最大化。在此一系列假设下，经济系统能自动达到均衡和有效率的稳定状态。但是，新古典经济理论的完全理性、完备的知识和完全信息、忽略个体作用等假设在20世纪受到了广泛的质疑，经济理论的发展也开始向对这些基本假设的补充与完善方向前进。

作为经济理论的一个重要分支，产业经济学的正式形成是以SCP范式（“结构－行为－绩效”）的出现为标志的。该范式的核心思想是：市场结构决定产业行为，而产业行为又决定产业的绩效。不难看出，SCP范式继承了新古典经济学的分析框架。该范式一度成为欧美发达国家制定产业组织政策（如市场规制、反垄断）的主要理论依据，但20世纪70年代以后，随着政治、经济环境的变化及信息技术的发展，使这一范式对经济现象的解释力日益减弱，也因此引发了其他理论学派对产业组织新的看法与观点。例如芝加哥学派认为，与SCP范式的因果关系相反，应该是产业组织的行为和绩效决定市场结构，并强调市场的开放与技术进步是保证产业能否达到最优状态的基础。而奥地利学派则指出市场是一个动态过程，认为不确定性的存在会导致信息的不对称，另外，不同竞争对手之间的相互作用也会导致迥异的市场结构。

二　新制度经济学

20世纪70年代以后，产业组织理论发展的另一个特点就是对产业内具体组织的分析，以及个体间相互策略作用的交互影响，博弈论成为应用最为广泛的理论工具，用于探讨组织内部、组织间、组织个体间的相互作用；以图打开企业“黑箱”，从微观层面分析企业乃至产业结构。90 年代后对于创新和组织学习等领域的研究热潮，也是对个体特征的进一步深入关注。另外，交易费用理论也可以看作是新制度经济学派打开企业“黑箱”的开拓者，科斯和威廉姆森等从机会主义概念引出了专用性资产的概念，并从降低交易费用的角度提出了产业组织的形成过程：为了节约交易成本，部分交易个体就会联合起来形成企业，使交易内部化；同时，资产专用性的程度越高，相互间的交易越频繁，组织内结构化的层级结构就要比组织间非结构化的市场治理有更高的交易效率。出于对效率的追求，产业内组织就会不断进行整合，最终形成寡头或垄断的结构。这种效率准则还能对当今流行的外包现象做出合理解释。与新古典经济学派相比，新制度经济学派解释了组织存在性问题，为产业的组织和演化提供了理论支持。

三 演化经济学

20 世纪 90 年代以后，对于产业组织的研究开始从侧重市场结构为主，逐渐转变为对于具体企业行为的研究，并在此基础上提出了企业能力论，对企业的多样性、异质性进一步深入研究。再者，就是借助了演化经济学的研究成果，提出了“动态能力”（Dynamic Competence）的概念。该理论提出，企业的竞争力源自其内部能力和企业间能力的相互作用。借助演化经济学的核心观点，运用系统的方法，该理论可对复杂动态的组织演化过程中的机制选择、技术创新、制度演化以及与技术、产业组织之间的协同机制做出系统分析；能对各种客观事实，如产业组织中个体的多样性、产业的规模和分布特征、企业异质性、战略联盟和网络组织、企业持续进入和退出某一产业等现象做出合理的解释，并能对与产业政策相关的诸多问题进行阐述。

在一个产业的发展演化过程中，微观企业会不断从时间中学习（干中学），并获得和积累知识，为创新创造条件。同时，产业内的企业在其成长发展过程中，通常都会遵循一套在一定时期内相对不变的行为规则“惯例”，只有当企业所处的环境发生了变化，企业为了发展受到惯例的制约而变得不再适应新的变化的环境时，创新（流程或产品或组织、价值创新）就会出现（参见第五章），并可能使得原有的惯例被修正甚至被淘汰。不同于其他自组织过程的是，企业对新知识的获取是主动的（如专门的 R&D、市场调研），并可随着需求的变化，对所拥有的知识加以利用，创造出新的服务、产品、组织形式（如企业兼并、收购、联盟等）并对旧的加以改造，不合时宜的则被及时淘汰。面临不同的环境，不同企业有不同的学习创新能力，同时可能遵循不同的惯例，从而使得产业组织的演化呈现多样性和复杂性。同时，经济自组织过程中所内嵌的多样性、竞争、合作、选择、学习等固有的运行机制，使得宏观上可能涌现出相对稳定的规律性特征（如企业规模的有偏分布、企业市场份额的持续变动、产业组织群聚、产业融合等）。从自组织特征来看，经济自组织具有以下特征：①累积的非线性过程；②时间不可逆：③系统经历不连续的非线性结构变化：④知识的主动获取和创新。同时，从自组织角度构建产业组织演化的分析框架，并把竞争、选择、学习等作为自组织过程中的特定演化机制，将有利于突破仅停留在诸如生物学、物理学类比这一较低层次的局限，来考察产业组织演化这个时间不可逆、不确定以及具有结构复杂性的自组织过程。

四　复杂系统理论

由于传统经济学的前提假设与限制条件太多，导致现实社会中的许多经济现象都无法得到完美的解释，从 20 世纪 70 年代开始，越来越多的经济学家开始运用复杂系统理论的方法和工具对经济系统内微观个体的异质性、个体之间的相互作用方式、个体的有界理性以及宏观上的表现等进行分析。

复杂系统理论可用来分析产业组织演化过程中的多种问题。如多层次、多种机制作用的问题，经济发展的“路径依赖”问题等。还可用来分析市场结构的不确定性问题，如为何一些特征的产业组织类型会导致大、中、小企业的协同演化和企业多样性，而另外一些产业组织类型却会演化到垄断或者寡头垄断的市场结构？为什么产业系统中存在持续的市场份额变动？为何产业组织演化中会涌现出没有预测到的新奇现象？随机性的因素作用有多大？如何解释？等等实际问题。同时，复杂系统理论还有助于为影响产业组织演化的政策制定寻求合理依据。运用复杂系统思想的产业组织演化研究的结果可能意味着：①影响组织、经济结构形成的自然过程的政策要比强调僵化目标的政策更为有效；②一项善意的政策可能会引起与期望相悖的结果，并可能产生“路径依赖”和“锁定”效应，系统可能具有对初始条件敏感性特征，这就促使政策制定者必须基于演化和复杂的思想来制定政策和实施政策效果的评估。

主流经济学一直以封闭系统作为考察对象，使用的是比较静态的分析框架。但是，社会经济系统实际上是开放和动态的。

根据物理学中的“熵”理论，一个开放系统只有不断从外部吸收能量并释放熵，才能避免系统内部出现由于能量消耗而产生的熵不断增加最终导致无序状态。亦即经济系统只有不断创新，才能避免出现无序，并促进经济系统不断地发展和变迁。由于时间是不可逆的，因此系统的演化过程也是不可逆的。与物理系统不同，经济系统还必须考虑诸如心理、文化、关系、制度等因素的影响。与传统经济理论中系统处于高度有序并能达到平稳均衡状态的假设相比，开放系统理论更能揭示“演化”的真正内在本质：在系统开放的条件下，从“无序”到“有序”的实现过程。另一方面，也说明了经济系统具有自组织的结构特性。

五 “蛛网效应”与“牛鞭效应”

在经济学中，价格的“蛛网效应”是指当一个均衡价格体系在受到外力的干扰而偏离均衡点时，产生价格与产量的周期性变化形态。并且，这种“蛛网效应”按照其变化的结果又可以分为收敛型、扩散型和封闭型三种[13]。正常情况下，农产品价格是从消费市场向生产部门传递的，当消费市场需求增加时，终端市场就会供不应求，零售价格上涨，然后再传递给加工、批发、流通等部门导致批发价格上涨，最终导致农户初级农产品的收购价格上涨，农户由于种养殖生产有利可图就会扩大生产规模。而在现实中，由于信息传输本身的滞后性以及农产品的长生产周期，可以发现这种传导机制最终会呈现很强的滞后性，这样供应链中信息传递的“牛鞭效应”使终端需求的微小变化被放大[14]，致使供需很难实现平衡，最终导致市场价格的“蛛网效应”。

第二节　供应链与农产品供应链管理

一　供应链与供应链管理

自20世纪80年代开始以获得系统收益为目的、跨越企业边界的供应链管理研究以来，迅速成为管理学及管理科学中的研究热点，同时也深受产业发展实践者、政府行政管理者的青睐。然而对于供应链的定义，迄今为止学术界却仍然没有一个统一的标准。究其原因，这大概是由于涉及供应链管理的理论多样性以及没有统一的研究方法导致的[15]。其中被引用比较多的有，供应链是“包括供应商、制造商、销售商在内，涉及物流、资金流、信息流的企业网络系统”[16]、“通过价值增值过程和分销渠道控制从供应商的供应到用户的整个过程，它始于供应商的源点，而终于消费者”[17]、“一个组织网络，所涉及的组织从上游到下游，在不同的过程和活动中交付给最终用户”[18]。国内学者一般采用马士华等（2000）[19]的定义：供应链是“围绕核心企业，通过对信息流、物流、资金流的控制，从采购原材料开始，制成中间商品以及最终产品，最后由销售网络把产品送到消费者手中的供应商、制造商、分销商、零售商，直到最终用户连成一个整体的功能网链结构模式”。相应的，学术界对供应链管理也缺乏统一的认识，美国物流管理协会（CLM）把供应链管理定义为：“包括了对涉及采购、外包、转化等过程的全部计划和管理活动。”这个定义相对简单，而且并没有涉及供应链管理的本质。与传统的企业管理活动相比，供应链管理是一种系统的、将供应链看作一个整体以提高链上所有企业绩效为目的的、在企业间协作战略的统一指导下的跨企业、跨职能的战术运作[20]。供应链管理的本质是由于企业竞争环境的变化，最终促使链上企业从供应链整体利益的角度思考其运营实践，通过建立战略联盟，或者协同运作策略来提升整个供应链系统的竞争力，从而实现双赢或多赢的目的[21]。可见，供应链管理有以下几个典型特征：①采用系统的观点考察整个供应链；②管理范围跨越企业边界，贯穿整个供应链；③供应链上的企业运作采用协同方式完成；④以供应链的整体收益作为运作目标。

虽然供应链管理的起源不是很清晰，但大多数学者都认同其源自 20 世纪 60 年代物流管理变革时期 Forrester 的 *Industrial dynamics* 一书。到了 80 年代，日本制造业的兴起使“JIT”“精益”等新型管理模式成为热点和主流，学界讨论最多的是丰田生产方式及“动态流管理”。从 90 年代开始，在国际化、全球化的推动下又使物流研究的核心转向跨部门、跨企业整合的供应链管理。时至今日，运输系统中车辆线路设计和调度计划及其优化（Clarke & Wright，1979）仍然是供应链管理研究中的一个重要方向（Manheim，1979）。另如对具体物料对象数量的确定和优化，即最优订货批次、批量以及库存水平、生产调度和配送有关的计划等（Magee，1958；Wagner et al.，1958）物流问题也是当今供应链研究的重要主题。正是在这一基础上，Hax 和 Meal（1973）以及 Wight（1974）等人提出的物料需求计划（MRP）算法，逐渐发展为包括地域、时间、数量等各种信息，更加综合的供应链解决方案——制造资源计划（MRPII）和企业资源计划（ERP）。

事实上，经过半个世纪的发展（包括 20 世纪 60 年代对物流管理的研究），通过应用更加先进的统计及建模技术，加上更为强大的信息系统支持，供应链管理已逐渐成为一门集管理科学、运筹学、应用数学等多学科技术于一身的综合学科。无论在理论还是实践上，从“内部”向“外部”、从职能到“系统”的发展都是供应链管理乃至管理学发展的一个主要趋势。与此相对应，供应链管理研究的重点也逐渐从职能本身转移到对供应网络、客户及其他相关者形成的关系链上来（Houlihan，1993[22]；Harland，1996[23]）。对供应链管理的讨论促使物流研究本身也必须关注设计、计划、运营、价值链控制的复杂性，以及对包含供应商、客户多种关系的超越单个企业的网络如何进行管理。这种“跨组织”的供应链管理研究也反过来极大地丰富和扩展了物流学的研究领域和范畴。

解决复杂供应链结构的设计和管理问题的理论基础主要是系统论、产业组织理论和新制度经济学的相关理论。成功供应链的管理核心其实并不仅仅是有效的计划、动员以及对物料和成品的控制，还包括对管理供应链网络构成中所形成的复杂关系的管理，运用合同来协调和规制参与者的行为[12]。Otto 和 Obermaier（2009）[24]建立了一个包括“物流网络”“信息流网络”“社会关系网络”和“制度网络”的多维网络关系模型，这里的制度网络仅指由各种形式的合同所构成的正式制度安排。此外，供应链管理中的“多维网络”问题具体还包括：①如何在复杂的供应链关系中建立更加有效的“选择”“分配”的协调机制，以形成稳定联盟；②在复杂组织中如何设置权限以形成紧密的耦合；③如何通过“紧密”与“松散”的有机结合，在存在不确定性和动荡的环境中，建立最佳的组织机制；④运用正确的激励和控制机制；⑤当参与者之间信息不对称或者层级控制无效时，如何通过“团队管理”与“委托代理”相结合进行有效的控制。

二 供应链协调机制

从系统论的角度来看，组成系统的目的是为了获取大于各子系统效益代数和的收益。系统的协同状态是指多个子系统对其目标资源等进行合理安排，调整各自的行为，以最大限度地实现系统和各子系统的目标。系统协同程度越高，输出的功能和效应就越大，只有达到协同状态，整体效能才能大于各子系统之和。协调就是希望通过某种方法来组织或调控系统，使之从无序转换为有序，达到协同状态[25]。现代供应链管理的发展使其运作流程往往需要由多个不同利益主体所构成的复杂系统来共同完成，这些利益主体在追求自身利益最大化的同时，往往会与其他成员或者系统整体的目标产生冲突，再加上运作过程中存在的大量不确定性因素，这就需要全体成员的共同努力和协作。所以，要使供应链系统达到协同状态就必须具备合理的协调机制。为实现降低成本、提高利润和服务水平，使整个供应运营过程获得的收益大于节点企业单独获得的收益之和的目标而实施的管理，其本质也是对整个供应链系统进行协调管理。

和供应链、供应链管理一样，当今学术界对供应链协调也没有统一的定义。但比较典型的提法有：Malone（1987）最初将一组成员共同实现某一目标过程中的决策和通信模式都看作是协调，并把协调的结构分为四个层次：产品层次、功能层次、集中市场层次和非集中市场层次，这是一个宽泛的定义，即供应链中的管理过程都可以看作是协调。Simatupang 等（2002）将供应链协调定义为整合供应链各成员的目标使之成为统一的供应链目标，构建虚拟企业的概念就是从这个定义出发的。Romano（2003）[26]认为，供应链协调是在供应链合作伙伴之间以帮助计划、控制和调整供应链资源和促进成员之间交流的决策、通信和交互的模式。这个思路与供应链库存协调理论是一致的。Cachon (2003)[27]则是将供应链协调看作是一种有效的激励机制，使独立决策者可以通过自利行动实现系统最优。这个前提实际上也是合同协调的理论基础。也有学者从经济学的角度探讨了供应链协调问题：Tsay (1999)[28]认为，供应链的无效率是由外部性导致的，可以通过修正贸易结构或者修改交易规则（Terms of trades），改变合同类型或者调整合同参数就可以提高供应链整体的效率。总之，可以在供应链中实现帕累托改进的方法都可看作是供应链协调机制。研究组织理论的学者则认为，由于各种活动（行为）间存在着以要素（任务和资源）为纽带的从属依赖关系（Dependency），因此协调的意思就是对这种要素从属依赖关系进行管理，以达到活动结果的最优（Malone & Crowston, 1994)[29]。结合以上定义，可以认为，协调的目的就是实现供应链管理的目标——对供应链流程进行优化，以获得系统收益，也可以理解为通过不断地协调供应链成员的行动，以实现帕累托改进。

在国内外文献中，供应链管理的协调行为通常被描述为协调模式（Coordination Mode）与协调机制（Coordination machanism）。Van等（1976）[30]定义了三种不同的协调模式：通过规则、计划和调度进行协调的非个人模式（Impersonal Coordination Mode）；通过关系、信任建立渠道而形成的个人模式（Personal Coordination Mode）；通过会议实现的团体协调（Group Coordination Mode）。陈剑和蔡连侨（2001）[31]将供应链协调分为供应链成员企业之间的协调和企业内部的协调两个层次。

三　供应链合作关系及关系质量

（一）供应链合作关系

一般来说，供应链是由产权彼此独立的企业通过契约及长期合作关系构成的。不同的企业为了共同的市场目标和获得联盟收益，自愿联系在一起，协调自己的行为，这样就形成一种以“双赢”为目的的战略合作伙伴关系。最早对合作关系进行论述的是 J. Forrester（1961）所著的 *Industrial dynamics*。经过最近几十年的发展，这种合作关系研究已经成为供应链研究中的一个重要方向。越来越多的学者开始将目光转向在供应链成员间构建一种长期的战略关系，而非仅仅研究他们的具体经济行为。到 20 世纪 80 年代，Bowersox 等（1989）开始提及联盟与合作关系在供应链物流领域的重要性，并且认为这将打破固有的企业边界。90 年代，他在《哈佛商业评论》上发表论文进一步阐述了物流联盟的战略优势，并首次提出“跨企业联盟”是供应链上的不同企业为了获得协同利润而采用的一种规则创新，而这种新规则的显著特性就是改变了过去买卖双方相互分离和对立的立场[32]。建立协作关系可以给企业带来共享资源和知识、信息交换、更好的计划和支持、共同解决问题的竞争优势（Stank et al.，1999）。合作伙伴或其他类型的亲密关系已经成为企业获得竞争优势的一种有效手段（Mentzer，1999）。Mentzer 等（2000）通过案例研究认为，沃尔玛的成功就应归功于与宝洁、3M 等供应商所建立的战略合作伙伴关系。Rinehart 等（2004）认为企业可以通过与合作伙伴建立更紧密的关系实现低制造成本、缩短上市时间、提高质量、保持技术优势等目标，但他们也同时指出，这种面向合作伙伴的关系建设也有可能是代价高昂并且极易失败的。Cannon

和 Perreault（1999）发现，有的买方也并不需要与他们的供应商建立这种亲密的、不同的情况下需要考虑不同的整合关系，而建立不同类型的合作关系都需要一定程度的投资，还要根据他们的产品特性而定。Knemeyer 等（2005）通过实证研究指出，合作方特性与合作的输出绩效存在正相关关系，但合作方的“感受类型”与绩效有更为显著的相关关系。Golicic 和 Mentzer（2006）[33] 的研究定义了这种关系的亲密度的范围和程度。Prajogo 和 Olhager（2011）[34] 对 232 家澳大利亚企业的研究发现，长期合作关系对于企业绩效具有直接和间接的正相关关系，其间接影响的中介变量为物流与信息的整合。

近年来，一些分析框架和分类标准被用于不同的供应链关系中。传统上，组织间的关系被认为是一种治理结构（Golicic & Mentzer，2006）[33]。营销文献建议关系的范围是从市场交易关系（市场治理）到纵向一体化（层级治理），以及两者之间的合作关系（混合结构）（Contractor & Lorange，1988；Heide，1994；Webster，1992）。延续这种分类的思路，Rinehart（2004）[35] 提出供应链中的关系治理是一种位于市场治理和自己拥有所有产权的层级治理之间的中间位置的治理结构。它与市场治理中拥有市场力量的一方掌握主导权而另一方则靠竞争建立关系不同，是依赖于双方都一致认可的协议（正式的和非正式的）。在供应链文献中，采用这种分类方式的研究大都聚焦于两种关系类型：合作伙伴和战略联盟。

合作伙伴关系可以定义为，两个企业间通过相互做出相互共享信息、共同分担风险和收益的长期承诺的一种关系（Ellram & Hendrick，1995）。Hofer 等（2009）将合作伙伴看作是由 5 方面构成的一种高水平关系：长期、信息交换、相互的运营控制、责任利益的分担以及联合计划。战略联盟通常被认为是合作伙伴关系发展的更高形式。企业加入战略联盟的目的是希望通过获得协同效应及技能互补来降低运营费用、保持竞争优势（Zinn & Parasuraman，1997）[36]，战略联盟涉及长期的买卖合作关系。两个以上的组织通过紧密合作来达到共同的战略目标。Bowersox 等（1992）指出，联盟是一种为实现合作的协同效应而进行的新型商务形式探索。Frankel 等（1996）[37]认为，供应链联盟是聚焦于成员对于提高产品、服务、信息的移动及储存的效率及有效性以提升供应链绩效意愿的组织形式。有时，合作伙伴关系与战略联盟的概念是可以互换的，都是指为了共同的战略目标而建立的战略关系，因此又被称为战略伙伴关系（Mentzer et al.，2000）。

Whipple 和 Frankel（2000）指出，实际上建立、发展和保持成功的联盟关系（或伙伴关系）是非常困难的。Bowersox 等（1992）[38]认为，建立联盟需要转换心态，也需要大量的资源、时间和根据联盟特点转变运作方式。另外，成功的联盟必须具有一些通用属性，包括选择搭配、信息共享、角色说明和基本规则等。选择搭配涉及挑选正确的合作方，合作方必须共享其优势和价值；信息共享意味着合作方必须突破传统的商业惯例，它有一个前提就是双方有足够的相互信任以实现自由地分享自己的专有信息；每个成员的角色都必须事先明确；基础规则用于分配责任与权利。Whipple 和 Frankel（2000）[39]在实证研究中为寻找战略联盟的成功因素提供了一个独特的视角，他们识别了影响成功的五个最重要因素，其实证中的买卖双方都同意这五个因素是重要的，但顺序稍有不同。这五个因素是：信任；管理层的支持；实现预期目标的能力；清晰的目标；伙伴兼容性。

作为建立联盟及伙伴的关系的结果，Macbeth 和 Ferguson (1994)[40]指出，这种关系使企业可以在不需要变更所有权或重构新组织的条件下，就可以实现纵向一体化。良好的供应链关系可以使供应链企业在获得规模效益的同时，降低交易成本、管理成本和物流成本，通过过程一体化实现协作。还会给产品的制造带来诸如缩短生产时间、提高设计水平和数据获得率、知识共享、目标整合、减少冲突、防止机会主义和降低市场风险等(Scott C. & Westbrook，1991)。同时，企业也会面临一些由供应链关系带来的风险，如形成对某个成员过分的依赖或由于成员不能完全履约而造成供应链损害等。也有部分国外学者采用产业经济学中的 SCP 范式对农产品供应链中成员关系进行了研究[41]。如 Duffy 和 Fearne (2004)[42]将农产品供应链成员间关系与供应商绩效之间的关系看作是，行为结构（由影响行为的外部经济和政策构成）影响行为表现（体现为合作氛围），而不同的行为表现对绩效（收入）产生不同的影响，并采用这个框架对英国农产品领域中合作关系与绩效间的联系进行了实证研究。

许淑君、马士华 (2001)[43]认为，供应链合作关系会影响到整个供应链的运作效果，这主要体现在有助于提高输入与输出产品的质量、减少整个系统的成本、提高客户服务水平、减少风险、提高产品的技术先进性、提高对市场的反应速度、提高合作方的竞争地位等多个方面。供应链成员构建这种合作关系主要有三个方面的动因，即自身、对方和合作本身，合作本身体现为信任、忠实、目标、交流、理解及共享六个组件。叶飞、徐学军 (2009)[44]也通过实证研究结果显示，关系特性（文化相似性、互补性、目标一致性）对伙伴关系（信任、承诺）有显著的正向影响，而这种伙伴关系又会对信息共享水平产生显著的正向影响。因此，可以得出信息共享水平与伙伴特性及伙伴关系有着显著的相关关系的结论。

（二）供应链关系质量

随着对供应链中建立合作伙伴和价值联盟研究的深入，关于究竟是什么因素会导致成员间关系的改变？如何度量这种关系？这种关系究竟会导致什么样的后果？等问题就成为一个研究重点，这就是供应链关系质量的概念。

关系质量的研究始于对市场竞争策略的研究。在越来越激烈的竞争环境中，企业为了留住客户必须付出巨大的努力和成本，但这种成本和付出与获得新的客户相比又是经济的。因此，企业会致力于去发展一种与客户的长期关系，而如何评估企业与其客户之间关系的质量，就成为一个新的研究领域[45]。这种对长期购销间关系质量的研究，也逐渐影响到 B2B 商务领域，评估供应链中成员间的关系质量，也开始成为供应链管理研究中一个重要方向。

关系质量研究开始的标志性文献为 Dwyer 等（1987）[46]的实证研究，他们在以消费者的视角对汽车产业中的关系质量构成进行研究后，识别出关系质量中满意度、最小机会和信任三个要素。Crosby 等（1990）针对保险客户的实证研究也证明了客户满意度和对销售人员的信任对关系质量的重要影响。Moorman 等（1992）通过研究认为承诺也会对关系质量产生重要的影响。Han 等（1993）首次在企业与企业间的商务活动中进行了研究，通过对采购代理和销售人员的问卷调查，他们的研究结论是，除了满意度和相互信任之外，双方企业所获得的绩效水平也会对企业间关系产生影响。Johnson 等（1993）对销售美国生产的消费类产品的日本进口商的研究发现，关系的稳定性和双方合作也是影响相互关系的重要因素。Storbacka 等（1994）针对服务类产品提出了一个关系质量由满意度、承诺、团结、信任构成概念框架，并认为关系长度会随着关系强度的提高而提高。Wilson 和 Jantrania（1994）认为，成功的关系源自信任、满意、关系结构与社会的联系、目标相容性、投资水平、可替代性、功能与非功能性冲突。Hopkinson 和 Hogarth-Scott（1999）[47]对特许渠道的理论研究认为，构成关系质量的实质是当事人对力量均衡、相互感受、未来预期、可预知的麻烦等因素综合权衡的结果。而 Henning（2000）通过对电子产品制造业销售及与采购人员的面谈发现了更多诸如产品质量相关的感知、情绪和文化、市场力量、双方利润、对销售人员的信任等的影响因素。Ruyeter 等（2001）的研究显示，在高科技领域，情感认同和文化认同对于关系质量影响力更大。Woo 和 Ennew（2004）[48]对专业服务市场的实证结果显示，协作、适应性及合作气氛会通过关系质量影响到服务质量。Venetis 和 Ghauri（2004）对广告代理业及制造业、服务业商务客户的综合实证调查结果发现，供应链质量水平源自相互关系中的结构联系，而构成结构联系的主要因素为情感认同和能力认同。Lages 等（2005）[49]对英国进出口业的实证研究表明，信息共享程度、沟通质量、关系导向和对相互关系的满意度是影响其关系质量的关键因素。Van 等（2005）[50]通过对新西兰制漆业商务关系的实证研究指出，关系质量由信任、认同、满意度和关系氛围因素构成。Carr（2006）[51]的研究发现，关系质量中的信任主要源自双方的情感认同。

国内对供应链关系质量的研究起步较晚，最早涉及供应链关系的文献见于陈志祥和马士华（2001）[52]在《南开管理评论》上发表的文章，他们简要介绍了供应链中企业关系的演变过程，并论述了这种关系变化与企业战略变化之间的联系。2005 年之后，开始出现大量采用实证研究方法的文献，这些文献都试图在中国情境下对国外相关研究成果进行验证。较有代表性的有：潘文安和张红（2006）[53]对多个行业的供应链企业关键员工进行了问卷结果的统计分析，验证了理论中信任、承诺对合作绩效的影响。张翠华和杨佰强（2006）通过对国外文献的梳理及论证，分析了供应链关系对企业绩效的影响，并提出用协调管理和协同管理处理两者之间的关系以提高企业绩效的建议。廖成林等(2008)[54]通过对 242 家企业的实证研究，验证了企业合作关系对敏捷供应链效应、企业绩效水平具有显著的正向影响，敏捷供应链效应不仅对企业绩效有显著的正向影响，还在企业合作关系与企业绩效的关系中起部分中介作用。宋华等（2008）[55]的研究显示，不同的冲突解决方式对伙伴关系和协调成本的影响不同，合作性冲突解决方式能促进关系的持续性和协调成本的降低，竞争性冲突解决方式和回避性冲突解决方式则负面影响伙伴关系。叶飞和徐学军（2009）[56]从信任、承诺和信息共享维度对 141 家制造企业进行了研究，得出了信任、关系承诺、信息共享之间及其与企业绩效间都存在直接或间接影响的结论。孙世民等(2009)[57]通过调查，提出了农产品供应链成员间存在竞争与合作的双重属性的观点。宋永涛等（2009）[58]构建了一个供应链关系质量构成维度及其对供应链企业合作行为产生影响的概念模型，并通过对三个地区 136 家企业的问卷，证实了该模型的有效性。曾文杰和马士华（2010）[59]的研究得出了关系质量对协同绩效有很强的正向影响的结论。

四　农产品供应链管理

农产品供应链的概念最早的定义是农副产品和食品生产、销售等组织，为了降低物流成本、提高质量、保障食品安全和服务水平，而实施的一种纵向合作的运作模式[60]。但至今为止，仍没有一个统一的标准，相关描述有“Agricultural Supply chain”“Agri-Supply chain”“Agro-Supply chain”“Agri-business Supply chain”以及“Agri-Food Supply chain”等。与此相对应，国内根据概念外延的不同，也有“涉农供应链”“农业供应链”“农产品供应链”“食品供应链”等提法。其中，张晟义等（2002）[61]认为“涉农供应链”是指：以农业原材料作为后续各阶段生产加工和运销主要对象的供应链的总称。对比异同，并结合国内比较认同的“从采购原材料开始，经过制造商的生产环节，最后由销售网络把产品送到消费者手中的活动过程”的传统供应链概念（Supply chain）定义[19]，本书认为，“以纵向的战略联盟组织为基础，以最大化整体利润为目标，对农副产品的生产、加工、流通及销售诸环节参与者进行的系统化管理”的表述包含了供应链管理在农产品生产流通领域应用的所有内涵，可作为“农产品供应链管理”的定义。

与工业品相比，农副产品无论生产组织模式、生产技术、工艺流程还是价值形成、流通方式等都存在着巨大差异，因此，农产品供应链管理（Agricultural SCM）又可以说是一个有别于常规供应链管理（SCM）的特殊领域。其特殊性主要表现为：

①生产组织方式：工业生产无论是流程式、离散式还是单元式的，都有一个显著特征，就是人员的集中劳作，采用传统科层体系就可以进行管理。而中国的农业由于受制度的制约和传统的影响，大多必须以农户为单位进行组织生产。这就要求对供应链的组织模式进行变革和创新，才能满足农业生产的需要。

②生产过程：农产品生产一般缺乏统一的生产标准，因此进

行统一控制难度较大。这就使工业生产中常规的计划排序、品质管理无法适用。

③生产周期：农产品一般生产周期较长，且其间自然环境的变化会极大地影响产品的质量和数量，供应链运作受生产驱动的成分较大。这是农业供应链管理中最大的制约因素，一是制订生产计划困难；二是由于气温、湿度和病虫害等自然力因素可控程度低、成本高，使生产过程存在极大的不确定性。

④价值形成过程：农副产品离开生产领域后，其增值过程在加工流通环节占有很大比例。对生产、加工、流通、销售等诸环节的准时化衔接运作要求程度更高。

⑤流通特征：分散生产，集中消费。

⑥专业化程度：流通、加工环节对物流要求专业化程度较高。

根据农产品供应链存在的以上特性，需要借助于创新生产组织模式，建立新的质量控制系统，并在 MRP 算法中导入生产预测反馈，结合 DRP 建立 QR 和 ECR 体系，才能真正实现对供应链全程的有效控制。

从国内外研究文献来看，目前对供应链管理的研究是从三个维度展开的：一是研究方法，分为理论研究和实证研究；二是管理内容，包括设计优化、管理策略、库存控制、信息技术与成员关系等；三是运行模式，可分为集成供应链、敏捷供应链、虚拟供应链、产品范围供应链、基于电子商务的供应链和绿色供应链等。而迄今为止，在中国的相关研究大致可以分为三个阶段：第一阶段为商流管理阶段，研究范围包括从农产品和食品企业的产出到消费者消费前的商流阶段，其研究内容通常被包含在营销范畴内；第二阶段为集成物流管理阶段（ILM），农产品的物流管理从市场营销中分离出来，且向上游扩展到农产品和食品生产企业的生产加工过程，强调生产应以市场需求为导向和对整个物流环节的成本控制；第三阶段为供应链一体化管理阶段（SCM），研究范围进一步向上游延伸到农产品的最上游企业（如种子供应商等）[62]。

第三节　中国的“关系”文化

一　“关系”的概念与内涵

“关系”（guanxi）在中国是一个普遍存在的社会现象，主要特指人与人之间一种特殊的相互联系或人际关系（interpersonal ties）。中国社会通常根据以这种人际关系为基础产生相互义务、互惠以及信任，从而形成社会分层（Yang，1994）。因此，“关系”文化也被嵌入到包括人际互动和商业经营等中国社会活动的方方面面（Chai & Rhee，2010[63]；Guo & Miller，2010[64]）。

近年来，随着中国的改革开放，与中国相关的商务活动越来越频繁，西方学者自 20 世纪 80 年代开始注意到“关系”作为一种严重影响商业活动的重要社会因子在商务谈判、获取稀有资源、获得信息和特权、突破制度障碍和市场限制、为不确定性提供保障和建议等非常宽泛的领域中发挥着非常重要的作用[65]。因此越来越多的学者开始对这种“关系”的产生和影响进行深入的研究，并不断对这种“关系”的概念和运用规则进行定义、扩展和升级。作为一个社会学概念，中国的“关系”有着非常宽泛的内涵，例如你可以把它看作是人与人之间的一种特殊关系[66]，用来交换情感和喜好[67]；它也是一种基于人际互惠义务的社会网络[68]，可以凭信用而获得协助或偏爱[69]；拥有这种“关系”，就意味着你具备了对别人的责任和义务[70]；等等。但是，这样宽泛的定义容易与一些其他的概念相混淆，如人际关系（inter-personal ties）、关系（relationship）、友谊（friendship）等。也可以说，中国的“关系”在不同的场合有着不同的内涵。

由于在商务领域，“关系”是一种最重要的关键成功因素（Yeung & Tung，1996；Ambramson & Ai，1999[71]），它与资源分配和竞争优势密切相关（Tsang，1998[72]），甚至可以看作是与关系营销学概念相似的另一种范式（Ambler，1994）。在某种意义上，“关系”在中国俨然成为一种市场进入和商业运营的潜在解决方案（Simmons & Munch，1996）。所以，近年来迅速成为中国背景管理学研究中的一个新热点（Lovett et al.，1999[73]）。学者们的早期研究认为“关系”对商业活动的影响是负面的（Brunner & Taoka，1988）。但随着研究的逐渐深入，近年来商务管理领域的“关系”研究逐渐确定了两个主要的研究方向：一是“关系”对商业活动的影响及好处；二是它与竞争优势、网络和关系营销的联系（Simmons & Munch，1996；Arias，1998；Lovett et al.，1999）。

对“关系”概念较为贴切的诠释和界定还是来自中国背景的学者。如“关系”按照字面拆开则是“关”——大门，“系”——联系，因此可以理解为“相互联系的大门已经打开”。（Lee & Dawes，2005[74]）。而能够打开这扇门则主要有三个途径：血缘联系（家庭－血亲－法亲）、自然联系（同乡、同学、师生、同事、邻居甚至同行）和外部获得（熟人介绍、同样认识的一个人、朋友）。Fan（2002）[65]认为，其内涵由关系基础

（构成要素）、关系原则（机制要素）和关系效益（功能要素）三个维度构成（杨洪涛等，2011[75]）：

首先，“关系”基础是合作关系建立的情感基础：①人情差序基于个体间以往的“交情”或间接的认识；②认同程度是合作方客观条件的评价，反映到供应链中就是合作伙伴间相互对各自文化、组织模式和行为方式的认可程度，成员通过这些方面是否匹配来评价对方与自身能否相互接纳；③地位差序主要指个体间的地位等级匹配程度（基于费孝通[76]先生的“差序格局”①理论提出）。

其次，“关系”原则是持久关系得以维持的准则：①道德约束是传统对内心的约束；②规则约束是习惯性礼数对行为的约束，具体表现为中国社会中“给面子”“做人情”等说法；③社会约束是社会舆论约束。

最后，“关系”效益是以“关系”为基础，彼此联系达到的一种状态：①时间维度是持久愿景；②空间维度是根据效益达到的“关系”人脉和内部情感。

二　“关系”（guanxi）的作用

Lee 等（2001）[77]的研究指出，人际关系因素在面临不确定情况下，会对人们的决策产生显著的影响，但是会对新出现的机会产生负面效应。Luo 和 Chen（1997）[78]研究证实，随着这种关系水平的提高，会在一定程度上改善经营的财务和市场绩效。它虽然对关系质量、相互依赖和提高销售会产生正面影响，但是对

① 主要观点为：“关系”是中国社会中人与人所存在的等级性表现，包括感性差别、理性差别和客观差别，人们习惯根据经验确立其他人在自己“关系”圈中的地位并采取不同交往策略。

利润的影响却非常小[79]。也有很多研究认为，作为市场中的一种治理结构，人际关系应该得到有效管理[80]。

中国的商业关系非常强调一个人在其“关系”网络中的位置和针对不同的人应采取的态度和行为[81]。“关系”也是一种用途广泛的润滑剂，可以用在日常商务活动中增加日常运作的有效性和提高效率[82]。其本质是一种用以增加组织的社会及经济价值的非正式的治理机制（Fock & Woo，1998；Gu et al.，2008；Xin & Pearce，1996）。

供应链管理与传统的纯市场治理不同，成员间的关系对供应链稳定，直至供应链绩效有着更大的影响[83]。供应链管理的实质就是通过链上成员的协作来获得联盟收益，而成员间的相互信任是实现运作协作的前提和基础。人们在不确定性的前提下作出继续交往的认知判断就是人际信任[84]。人际关系对于人与人之间相互信任的达成有着非常重要的作用，而人际信任又会对组织信任起到促进作用[85]。中国农业供应链在组织过程中，由于面临需求和生产的双重不确定性[86]，因此，供应链运作的稳定性在很大程度上需要靠供应链的组织信任来维系，亦即人际关系是保障供应链稳定的重要因素。

从路径来看，人际关系是通过影响供应链成员的战略决策和行为来对供应链绩效产生影响的。现有文献中，大量的实证结果都证明了组织间关系可以帮助企业提升绩效。Thomas 和 Trevino（1993）通过对医院客户网络的研究表明，“关系”网络中的信息传递机制可以帮助人们在面对不确定性和产生犹豫时决策。另一方面，组织关系网络也被证明可以帮助企业缓解强竞争环境，提高存活率（Pennings & Harianto，1992），还可以促进企业的创新行为（Goes & Park，1997）。这些结果都证明了以“关系”为纽带的网络可以实现提高整个网络绩效的目标。

中国文化中的“关系网”带有强烈的功利色彩，而并非仅有符号意义。“关系网”中的合作企业通常是通过一种以人员、资金、信息、设施，乃至政治利益为交换的资源交换联系，来降低风险，提高绩效（Luo，2007[87]）。另一方面，供应链也是一个由人（组织）构成的网络，与供应商保持良好的相互关系可以帮助企业减少订货成本和提供一种长期的商业信用，这种商业信用可以通过增加企业的流动资本使企业受益（Gulati，1995）。“关系”还可以作为企业间的机会集合，或者作为“关系”交换时的润滑剂，最终帮助企业降低交易成本（Williamson，1985）。总之，“关系”可以为企业通过共享信息、社会资源和资金以及改善交易规则，实现扩大市场、增加利润，带来直接的正面影响（Kao，1993；Luo，1997）。从实证研究的结果来看，Peng 和 Luo（1998）发现企业管理者“关系网”的范围与销售额有明显的正相关关系；所有“关系”都与销售额有正相关关系，但与企业利润关系不显著；回归分析也表明了企业管理者“关系”对两个不同绩效度量间的不同影响；Yeung 和 Tung（1996）通过实证研究发现，在企业管理者的 11 个决策要素中，“关系”是唯一一个全部被选为关键成功因素的因子。并且在企业成功的长期因素中，关系的权重也明显高于其他的（商务）变量。Martinsons（2008）[88]在考察了中国 B2B 电子商务后甚至认为，“关系”导向实际是新兴市场商务联系最重要的途径，并建议将之作为建立商务网络的基本手段。但也有研究认为，“关系”并非一定能提高买卖双方之间的关系质量（Huang Y. et al.，2011[89]）。

作为中国社会中的特有现象，“关系”（guanxi）的构成非常复杂，也会影响到包括商业运作在内的方方面面。从现有文献可以看出，国外研究大都主要关注“关系”与贸易谈判及跨国公司管理之间的联系和影响，一批有中国背景的学者则已经开始探索隐藏于“关系”现象背后的文化内涵及其构念，以及“关系”对这种文化背景下人的决策、行为模式以及对习俗、惯例形成的影响。相对而言，国内的研究大多还仅限于沿用国外学者的思路与视角，采用中国数据进行验证的阶段。虽然有部分学者已经发现“关系”现象对诸如组织管理（宝贡敏和赵卓嘉，2008）、创业管理（杨洪涛等，2011）、供应链关系（段志鹏，2010）等国内商务领域所产生的效应，但总的来说还刚刚起步。对于中国农业这样一个参与者受教育程度较低，还普遍缺乏契约精神和现代商业素养的领域来说，推行供应链管理将比其他领域面临更大的困难和阻力。在这样的背景下，相信“关系”文化也会比在其他领域发挥着更大的影响力。因此，“关系”在农产品领域的效应和影响机制势必成为今后的一个研究热点。

第四节 关系契约

自从科斯 1937 年提出交易成本理论，开始关注企业边界以来，企业的实质和形式就成为经济学和管理学讨论的一个重要话题。与新古典经济理论将企业看作“黑箱”不同，现代企业理论则将研究的主要对象集中到企业内部的组织、激励以及企业边界上来，并逐渐发展为两个主要分支：交易成本理论和委托代理理论。前者重点研究企业与市场的关系，后者则侧重分析企业的内部结构及内部成员间的关系[90]。从治理结构的视角来看，现代企业管理的实践，特别是供应链管理模式的出现更进一步加深了企业边界的模糊程度。企业间合作与竞争的并存使企业内部的委托－代理机制同样适用于所有权属不同的企业之间。但它又与企业内部可以通过层级或授权来实现的途径不同，企业间则只能更多地依靠契约来完成。因此，契约理论也就理所当然地成为现代企业管理理论中一个重要的组成部分。

一　契约理论与契约的完全性

Williamson（1979）[91]认为，市场治理下的任何交易都是通过契约关系进行和完成的，这里的契约既可以是书面的条款，也可以是非书面的约定或默契，但它们都包含交易的规范。其内容或依照法律，或依靠惯例，都对交易双方行为方式、利益格局进行了事前的约定，同时也对外界环境发生变化时，双方决策程序和再谈判规则进行了约定，并由此形成了一系列不同的治理结构。Macneil（1977）[92]将企业间的契约分为三类：古典契约、新古典契约和关系契约，这三类契约分别与三种不同的交易类型相对应。古典契约是一种完全的契约，它假设交易的性质是清晰的；签约双方交易地位完全平等；预见了一切可能出现的情况，并在契约中注明了各种意外情况出现时的解决方法。这种完全契约不需要第三方的参与，强调的是非正式的规则和自我清算交易[93]，这种契约往往只适用于一次性交易，即如常见的买卖合同。随着交易周期的延长，古典契约就不适用了，因为预见所有可能出现的状况会变得越来越困难，即使能预见，也很难实现准备好所有合适的解决方式，这也意味着会带来更高的实现成本，这就带来契约的“非完全性问题”。在这种情形下，除非缔约双方都相信某种解决机制，否则就无法达成合意。通常的解决方式就是双方先提出解决、仲裁的程序，然后引入一个双方都能够相信的第三方，这就是新古典契约。但实际上每项合同都是嵌入在复杂关系中的，理解任何交易都要求理解它所包含关系的所有必要因素，这就是 Macneil 提出的第三种与传统契约观念完全不同的关系契约概念。

二　不完全契约

不完全契约存在的主要原因是交易中存在三类成本：预见成本（预见未来所有可能出现的状况）、缔约成本（将这些可能的状况以契约条款的形式表达）和证实成本（第三方对实际发生状况的确认及证实）。当这些成本大于市场的交易成本时，就不可能继续通过缔结完全契约方式来约束缔约人的行为。为研究当存在这种信息结构缺陷时的契约结构，逐渐形成了“不完全交易契约理论”。由于完全契约事前规定了各种或然状态下当事人的权利和责任，因此只需考虑事后的监督问题；不完全契约由于不能确定各种或然状态下的权责，并主张在自然状态实现后通过再谈判（renegotiation）来解决，因此问题的核心就转变为对事前的权利（包括再谈判权利）进行机制设计或制度安排[94]。

在不完全契约理论中，Grossman 和 Hart（1986）[95]提出了契约是一个确定权利分配的机制，并将权利分为资产专有权和剩余分配权两类，而剩余的分配权是由资产专有权即所有权决定的。紧接着，Hart 和 Moore（1990）[96]用博弈论方法严格地证明了这种所有权变化对成员动机的影响。这两篇论文所提出的分析框架被看作是不完全契约理论的基石，称为 GHM 模型。GHM 模型强调了物质资产的所有权对投资激励的决定性作用，Rajan 和 Zingales（1998）认为，与物质资产的所有权相比，对关键资源的实际控制会激励代理进行权力投资，以致所有权反而会给资产的专有性带来负向激励。Cai（2003）则在 GHM 的基础上指出，当代理人的专用性投资和通用性投资是相互替代时，联合所有权是最佳的。Hart 和 Holmstrom（2002）考虑了企业中代理人（没有所有权的经济）的作用，认为企业是一个“活动”的集合，而并非仅仅是交易集合。

不完全契约理论还指出，如果契约的不完全性是由缔约成本造成的，那么可以参照由政府提供的默许规则来调整缔约人的权利和义务。如果是证实成本造成的不完全性，由第三方通过确权可以迫使掌握信息的一方提供信息（Anderlini et al.，2003）；在这种情况下，如果第三方否决契约，则在信息对称条件下削弱专用资产投资激励，但会增强当事人的保险能力，此时的规制和干预本质上是对专有投资激励与保险的权衡（Anderlini et al.，2004）[97]。尽管有不少学者如 Shavell（2005）强力主张通过法律干预以减少不完全契约所带来的效率损失，但是实际上有效法律干预的前提条件应该是相当苛刻的。不可预见性事件最终可能会导致双方违约，但这种违约对双方来说却可能是帕累托改进的。因此，当采用赔偿措施对不完全性进行补偿时，就有可能带来专有资产的过度投资（Shavell，1980），但即使是允许重新谈判，或者提供选择性契约，这种情况依然会存在（Rogerson，1984；Edlin & Reichelstein，1996）。

三 关系契约

关系契约的一个最显著特征是“自履行机制”，即交易得以实现的基础是参与者都具备履行动机。这种契约不需要第三方的干预，而普遍存在于组织内及组织间。组织内的所有行为惯例及不成文规则都属于关系契约的范畴，而组织间得以维持的长期交易关系也不是依靠缔结长期契约实现的，而是靠缔约各方都认可关系契约，如形成企业网络、战略联盟、联合企业和企业集团等。严格来说，关系契约是一个跨学科的研究领域，不同的学科有自己的侧重点，如社会学主要研究规则及设置（Macaulay，1963）；人类学主要研究信用的建立和经济体（Geertz，1962；1978）；政治学则研究规制（Ostrom，1990）；管理学领域主要将目光集中在分析企业间的长期合作关系（Dyer & Singh，1998；Poppo & enger，2002；Gulati & Nickerson，2008）。

近期的企业管理文献一般都是沿用 GHM 模型的分析方法，如 Baker 等（2002）[98]通过证明，得出了专有资产所有权将影响缔约方是否产生违约动机，并影响到可能维持的最佳关系契约的结论。Levin（2003）[99]证明了当绩效评估带有主观性时，根据远期经济利益进行优化的合同就会失效。这是在传统委托代理理论将信息不对称阻碍契约执行的基础上又加上了主观评价（度量问题）的因素。Tirole（2007）[100]的研究也认为，由于参与人认知差异会造成契约履行中的逆向选择，这不仅限于不完全契约，也包括一体化和完全契约环境。这些成果又提出了一个新的问题：契约的有效执行如果不是单纯地依赖对远期收益与违约成本的经济权衡，那么它的规则还有什么呢？学者们根据 Macneil 提出的“关系型规则”（relational norms）概念，开始对信任规则、团队精神、交流等社会规则与交易绩效的关系进行研究。Zhang 等（2003）的研究就发现，出口商可以通过运用关系性规则增加其出口交易额。Claro 等（2003）[101]也发现信任、企业网络活动等关系性规则会对交易绩效（包括销售增长率和交易满意度）产生影响。大量研究还显示，组织间“忠诚”也可以有效地防止违约发生（Kelman，1990；McMillan & Woodruff，2002；Roberts，2004）；另外一些学者则将“信用”及“信任”看作是影响组织绩效的重要资源（Zaheer & Venkatraman，1995；Bachmann & Zaheer，2006；Bachmann et al.，2011[102]），并得到了大量的实证支持（Mcmillan & Woodruff，1999；Brown & Serra-Garcia，2010[103]），这些研究却没有告诉我们，如何去获得或建立这个关键的竞争资源。

在最新的研究中，Robinson 和 Stuart（2007）[104]的分析发现，在产业网络中较为亲近的联盟伙伴更愿意采用里程碑式的资金保证，而较少使用参股形式来维持合作关系；Duffy 和 Ochs（2009）[105]通过实验验证了固定的合作组合比随机的更具合作倾向的假设。Board（2011）[106]根据既往的交易情况，将委托人的代理对象分为“内部人”和“外部人”两类，并把代理人对内部有效性的下限定义为信息不对称条件下“契约自履行”的鲁棒性。同时，他还通过博弈论方法给出了最优契约自履行的条件。Gibbons 和 Henderson（2011）[107]则直接将这种对关系规则与组织激励联系起来，并将之纳入组织能力的范畴。

第五节 相关理论研究对本研究的启示

通过对以上理论及相关研究文献的梳理，形成本研究逻辑脉络及启示如下：

首先，从经济学文献来看，对产业形成和发展的研究是一个从宏观到微观、从静态到动态的过程。SCP 范式开创了产业组织理论的先河，但它对产业构成主体的同一性假设随着大量新兴产业的出现解释力开始日渐弱化。与此相反，将微观企业和组织作为具体研究对象的交易费用理论却在 20 世纪 70 年代以后异军突起，成为进行产业分析的重要理论基础。这种打开企业“黑箱”

的研究方法为产业结构、行为的形成和变化提供了有力的解释。同时，在产业构成的演变过程中，微观企业会根据经营环境的变化不断调整自己的经营策略乃至组织模式，以最大限度地降低交易费用，供应链管理的思想正是在这个前提下形成的。

全球化竞争环境下，企业为了获得利润，就必须一方面通过协调运作降低生产成本，另一方面通过建立有效的销售渠道来降低交易成本。最有效的销售渠道是实行一体化，即由企业自己来控制整个渠道，但这就会大大地增加企业的管理费用，也会加大企业的经营风险，而协调运作也意味着管理费用的增加。这就使企业处于一种两难的境地：对一体化还是市场化的选择。供应链管理思想实际上就是为企业在这两种治理模式之外提供第三种选择，根据市场环境和自身优势选择一个合理的一体化及市场程度，并可以随时进行调整。

其次，从管理文献来看，供应链管理的研究始终是围绕着提高企业（合作）“绩效”展开的。无论生产组织、整合物流、信息共享、协同计划还是利润分享机制，其核心都体现了通过跨越企业边界的协调来提高供应链整体绩效的管理思想，以及通过协调使供应链整体效能大于各子系统效能之和的系统论思想。因此，供应链管理的内容从具体职能的协调开始，不断向企业战略、合作关系，以及网络构成、虚拟组织等管理上层领域扩散。并逐渐形成了以最优化联合库存、调运计划、网络设计等为对象的职能型运作策略研究，以通过对专有资产投资、信息共享、利润分配机制等进行调整来协调各合作方关系的供应链契约研究和对供应链成员间复杂关系构成及其影响因素研究的三个主要方向。这几个方向的研究内容往往是相互交叉，又互为前提或结果的。

再次，通过供应链管理研究文献我们还发现，无论在理论还是实践上，从“内部”向“外部”、从职能到“系统”的发展都是供应链管理乃至管理学发展的一个主要趋势。而供应链管理研究的重点也逐渐从职能本身转移到对供应链网络、客户及其他相关者所形成的关系链上。而在实践中要对这种在供应链网络构成中所形成的复杂关系进行管理，就必须深入研究供应链参与者的行为及决策机理，只有在对合作行为具有激励作用的前提下制定相应的合作规则，才能在参与者间建立稳定的合作关系，避免机会主义。可以说，对这种与供应链实体网络相伴的关系网络的研究，将成为供应链研究中的一个新的热点。

所以，在中国农产品领域引入供应链管理模式，并将之在不同所有权独立的决策主体间有效实施，就必然要面临由“两头大，中间小”的供应链结构和参与者小而分散的生产经营特征所带来的“缔约难题”，再加上农产品领域从业者普遍缺乏现代商业素养，更使企业在合作过程中容易遭遇“机会主义泛滥”。因此，如何在农产品领域建立稳定的合作伙伴关系就成为当前我国供应链实践中面临的一个重要问题。

在传统的供应链理论中，对合作关系的研究是一个重要分支。学者们早已从实践中找到了大量合作关系对经营绩效产生显著影响的证据。另外，组织间的关系管理还被看作是一种治理结构。当宏观环境和交易属性发生变化时，供应链上的企业就会通过调整与合作者之间关系来适应这种变化。为了对这种关系进行量化分析，供应链管理研究者提出了供应链关系质量的概念。虽然不同的研究对供应链质量的构成要素有不同的看法，但最后大都会收敛到信任、信息共享、承诺、相互依赖、协作、适应六个因素上来。在这些因素中，信任又被认为是实现信息共享，做出承诺与协作的基础，但目前却较缺乏相关的路径研究。另外，根据文献描述，信任的产生与中国社会中普遍存在的“关系”（guanxi）有着非常密切的联系。笔者有理由相信，在中国传统的农业领域中，信任的产生与供应链关系质量之间存在着非常紧密的联系。

组织间关系的形成是通过一套正式的与非正式规则来维持和调整的。一般来说，正式的规则在一次性或短期的交易中起到决定性作用，而长期的重复交易则会带来契约的不完全性问题，因此需要依靠非正式的规则来维持。建立供应链战略合作伙伴关系的本质，就是希望将合作者的短期市场关系转变为长期的协同关系，所以与传统的纯市场交易行为相比，供应链合作中非正式的规则就会起到更重要的作用。供应链管理合作关系可以被看作是“虚拟化组织”的内部连接，也可以被看作是长期的交易关系。但无论从哪个视角出发，不同决策主体间都是通过契约形式进行连接的。然而在现有研究中，对中国农产品供应链中农－企连接契约，特别是关系契约的研究还非常匮乏。

第三章　中国农产品经营治理结构的变迁

第一节　中国农产品经营环境的变化

产业经济学与制度经济学一般认为，一个产业的治理结构的形成实际上是产业参与者对其产业客观发展水平的一个自然选择过程。而最终在产业中成为主流的治理结构往往是客观环境条件下交易成本最低的。中国自 1978 年开始实行改革开放政策，30 年来社会经济取得了举世瞩目的发展。在这一过程中，农业、农村和农民的“三农”问题，始终是改革设计者重点关注的领域。改革早期，农业是制度变革的原动力：让人民吃饱饭是改革开放最初的动机；改革中期，农村是中国城市改革带来的大量劳动力需求的提供者，成千上万的农民离开土地成为中国制造业大国的主力军；而当下，能否有效提高农民收入又成为建立和谐社会，转变中国经济增长方式的关键因素。与此同时，农业生产经营本身也在不断面对随着改革开放的深入而带来的市场环境变化的挑战。这种市场环境的变化所带来的直接影响就是农产品经营治理结构的不断发展变化。这里，我们将分别从产业构成、消费方式、生产方式和农民收入四个方面展开对农产品经营所处宏观环境变迁的讨论。

一　第一产业

随着收入增长，中国居民的消费结构正在发生深刻的变化，这种消费结构变化可以从农产品流通加工等配套服务产值在整个农林牧渔业中份额的不断上升中体现出来。根据 Bunte (2006)[108]的研究方法，本书依照国家统计局公布①的 1992～2010 年农林牧渔业总产值与第一产业总产值数据计算绘制了农林牧渔业中加工及配套服务产值及其所占比例的变化情况（如图 3－1 所示）。从图中可以看出，中国农林牧渔业总产值中配套服务的份额从 1992 年的 35.42% 缓慢上升至 2010 年的 41.58%。这种比例变化一方面说明了在居民食品消费支出中，加工配套服务附加价值的缓慢提升，同时农户所得份额缓慢下降的趋势；但另一方面，如果将之与发达国家相比，则可发现仍存在较大差距，如荷兰消费者食品支出中配套服务（流通、贸易、加工和服务）的份额在 1966 年就已经高达 60%，1996 年更是增加到了 80%，并且仍有不断上升的趋势②。这种产业结构的特征说明，中国城镇居民对于农产品的消费模式至今仍未发生根本性转变，初级农产品仍是食品消费中的主要对象。传统的消费模式往往伴随着传统的农业经营，这与发达国家食品加工及贸易环节滥用市场势力导致的农产品价格失灵[109]不同，在传统农业经营模式下，价格传导机制的失灵更有可能是由于产业中作为缓冲器

① 本章图表数据除特别注明外，全部来自中国国家统计局数据库各年度统计年鉴。

② 数据源自 CBS：Nationale Rekeningen。

的加工环节严重缺乏，使农产品的长生产周期无法适应需求冲击所带来的价格变化的结果。

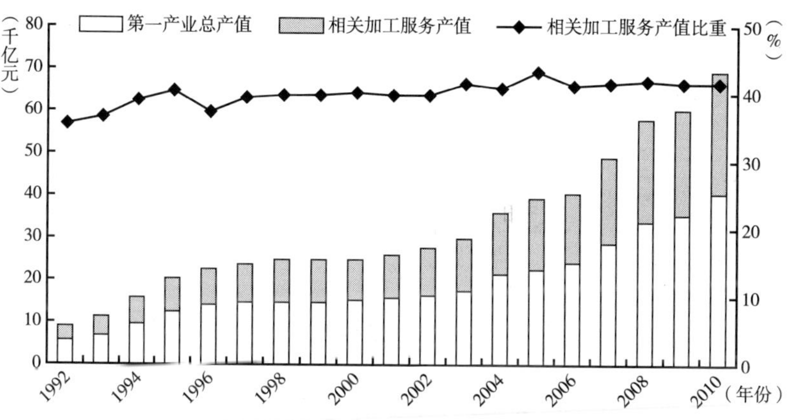

图 3－1　我国第一产业及相关服务业生产总值

二　消费结构

2010 年，中国人均 GDP 超过 4500 美元，这意味着工业化进程加快，居民的消费类型、消费行为将发生重大的转变。根据国外经验，食品领域消费结构转变的一个显著特征就是从以消费初级农产品为主转变为消费更多的精加工制品，从家庭用餐转变为更多的餐厅用餐。按照国际粮农组织的标准，居民恩格尔系数低于 0.4 时，就意味着该国（地区）进入富裕水平，中国是从 2000 年开始低于这一标准的（2010 年为 0.36）。但从图 3－2 来看，到 2010 年，中国城镇居民的食品消费支出中，属于基本需求的粮食、肉蛋水产奶制品的支出比例仍达 40.02%，与 1992 年（48.47%）相比下降了不到 10 个百分点。而包含了蔬菜、水果以及在外就餐、食品加工费和烟酒、糕点等饮料、副食品的剩余部分中，含有更高的附加价值的在外就餐、食品加工等的份额自开始统计以

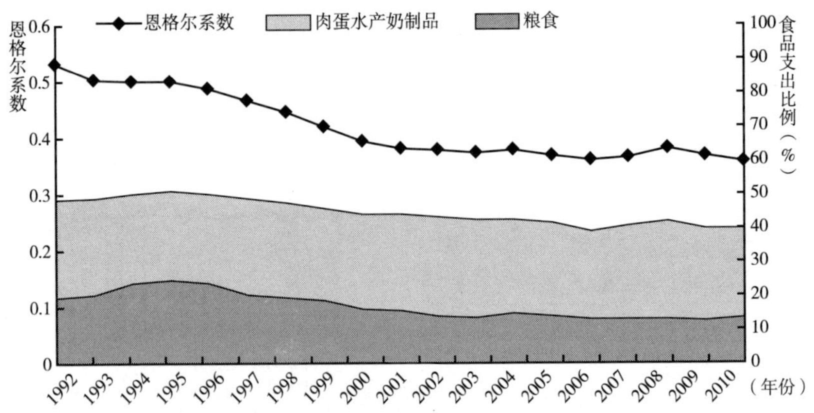

图 3－2　我国城镇居民食品支出分类

来，8 年间仅上升了 3 个百分点（从 2002 年的 18.25% 上升至 2010 年的 21.25%）。与前述分析一致，也说明中国城镇居民食品消费结构变化不大，仍以消费初级农产品为主。

三　农业生产方式

中国第一产业在 1978～2010 年，保持了平均年增长率 12.47% 的速度，32 年中只有 1 年（1999 年）是与上一年基本持平的，最快是 1994 年，达到了惊人的 37.46%（如图 3－3 所示）。但在中国经济高速增长背景下，与发展更快的第二、三产业增长率相比（同期的年均增长率分别为 16.07% 和 18.30%），还是显得不足。特别是诸多学者（李录堂、薛继亮，2008；全炯振，2009；李谷成，2009；李谷成、冯中朝，2010）的研究表明，中国农业的总产值增长主要是由技术进步（年均增长率 6.5%）驱动的，全要素生产率的年均增长率则仅为 0.7%，农业技术效率还处于不断恶化中（年均增长率为 －5.5%）[110]，农业全要素生产率增长在不同行业的表现也不尽一致，且差距较大[111]。这些实证

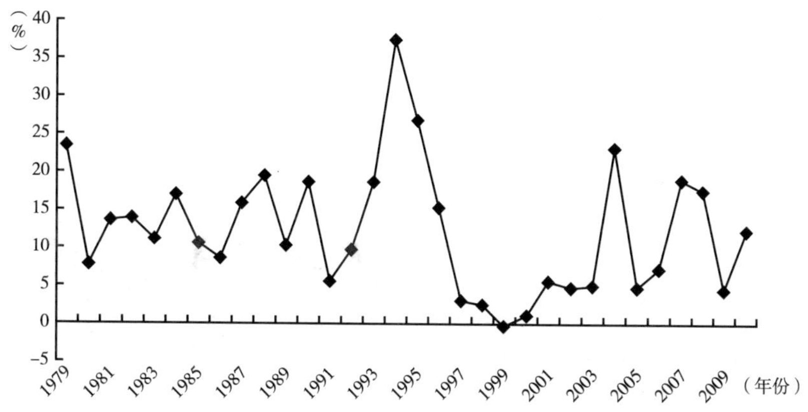

图3-3　第一产业增长率变化

结果说明，落后的农业生产经营方式带来的效率损失大大降低了技术进步所带来的对生产率的正面影响。

四　农民收入

生产率增长的缓慢使中国农民如果仅靠农业经营，将很难有效提高收入。中国是从1978年开始实行以联产承包责任制为主要形式的农村体制改革的，此前农民的收入主要来自集体农业劳动所得的“工分”，从图3-4可以看出，在1983年前这种工资性收入比例还一直维持在50%以上的高位（1978为66.09%）。随着改革的深入，该项收入比例不断下降，1983年达到最大降幅（降至18.56%），随后三年又继续小幅下滑，1985年达到最低点18.16%。值得注意的是，这一阶段农民人均纯收入大幅增长（1978~1985年年均增长率为16.9%，而同期家庭经营收入增长更是高达38.77%），可以认为这种增长的主要原因是实行联产承包责任制所带来生产力释放和第一次农产品涨价。

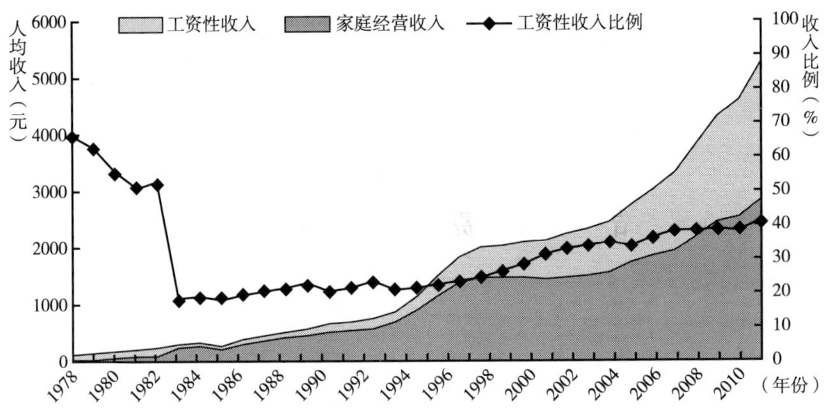

图 3－4　我国农村居民人均收入构成

从 1986 年开始，工资性收入比例又开始缓慢上升，家庭经营收入增长率（1986～2010 年年均增长率为 9.78%）开始全面落后于同期的工资性收入增长（1986～2010 年年均增长率为 15.37%），也落后于人均纯收入的增长（1986～2010 年年均增长率为 11.66%）。从经济背景考虑，20 世纪 80 年代初乡镇企业的兴起和城市经济改革都使非农经营具有了更高的吸引力，非农收益的增加开始成为推动农村居民收入增长的主要动力。至 2010 年，农村居民工资性收入比例又重新回到 41.07%。如果考虑到家庭经营收入中还包含大量其他非农经营的收入（如建筑、交通运输、小型加工企业等），估计农村居民 2010 年农业经营收入部分实际已经低于 50%。从增长率来看，1986～2010 年的 25 年间，农村居民收入年均增长为 11.66%，低于同期城市居民人均纯收入增长率 14.6%。城乡收入差距从 1978 年的 2.57∶1 上升到 2010 年的 3.23∶1，而这一比值的最低点出现在农村居民工资性收入比例下降最快的 1983 年（1.82∶1）。由此可见，农业经营的收益性是非常低的。

第二节　中国农产品供应链治理结构

一　治理结构与交易费用

根据 Williamson（1979）的定义，治理结构是指“决定完整交易的制度框架”。这其中包括影响交换过程的各种制度准备：包括私下的规则和正式的制度环境，诸如经营习惯、观念和特定的法律、规则及其应用[112]。在对治理结构的研究中，产业经济学强调的是法律，即合约规则、行为准则和官方安排等正式的制度。社会学则更强调支持交易的非正式规则和研究交换关系的嵌入性。这里，嵌入性指的是与相同对象进行重复交易的持续性社会关系，它有两个维度：关系和结构[5]。对嵌入性研究的核心是重复性市场关系和社会联系，以及在商务关系中发生嵌入逻辑以使之从保持一定距离的纯贸易关系区别出来[6]。由此可见，治理结构包括了对特定交易进行调节的正式及非正式的制度。

而在交易费用理论中，根据 Coase（1937）、Klein 等（1978）和 Williamson（1979，1987，1991）等人的观点，在两个及以上经济代理人（个人、企业或组织）之间，不存在没有成本的交换活动。而这种经济代理人为交易活动必须付出的成本就是交易费用。这个费用与市场搜寻、交易、谈判、合意以及合同的控制、监督紧密相关，交易费用产生自贸易的参与属性。通过对经济组织文献的梳理，我们发现对交易费用大小产生直接影响的有五个属性：资产专用型、不确定性、频率、度量问题和相互依赖性（Williamson，1979，1987；Barzel，1982；Holmstrm &

Milgrom，1991，1994；Milgrom & Roberts，1992）。针对不同属性的交易，交易费用学说认为，交易费用相对较低时，人们会选择通过市场的治理结构来完成；当交易费用相对较高时，人们则倾向于设立组织结构来实现。在现实中，层级和市场通常是以混合的形态出现的。

交易费用理论假定现实形成的治理结构是一种对最小交易费用选择的结果。Williamson（1999）认为治理结构是指将规则注入到交易双方的关系中，以避免潜在的矛盾冲突，避免出现破坏获取共同收益机会的情况，这意味着治理结构是通过防止或解决冲突以提高共同收益，实现交易的有效性的一种机制。由此可以认为，治理结构具有保障交易（避免冲突或协议意外中止）和协调（为了获得共同收益）两个主要功能。由于交易中参与者有利益冲突，因此会利用不对称信息下的优势地位采取机会主义行为，需要建立规则来避免冲突和协议的意外中止；而人是有限理性的，供应链中各自最优的决策方法会导致整体的非优，因此需要某种机制来对各参与人的行为进行协调。

二　传统的农产品经营治理结构

农产品供应链构成基本可以包含四个环节：种植、产销协作、批发和零售。种植专门指农产品的生产，在中国该环节主要由分散的农户完成；产销协作是一种新型的农民合作形式，主要以经济合作社的形式为种植户共同挑选品种及面对批发商，以提高分散农户在交易谈判中的地位；批发环节的功能则是负责将分散生产的产品进行集散，以满足不同地区的消费需求，这个环节一般同时兼有物流和贸易的功能；零售则是作为直接面向最终消费者的门户，负责配送和终端市场的销售。

农产品的生产者会根据自己不同的具体情况，选择合适的市场渠道。这种渠道构成一般可用图 3 – 5 中的四种简单形式表示。传统上，中国农产品产销模式采用的主要是Ⅰ和Ⅱ两种结构。根据交易费用理论，通用的治理结构就是其有效性的象征，随着时间的流逝，一种更有效的结构会逐渐淘汰无效的结构。这样就可以容易地解释为什么中国农民长期以来会选择这种较为简单的结构。

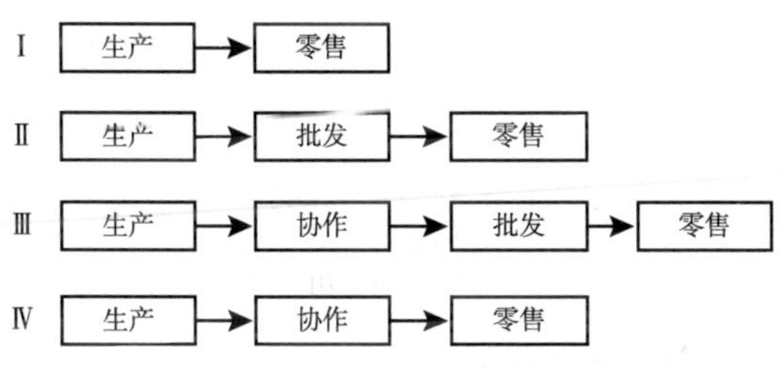

图 3 – 5　农产品供应链渠道构成

较低的资产专用性：由于中国食品消费仍然以直接消费初级农产品为主，“直销” = “新鲜” 等消费观念占据主导地位，因此农户采用直接到市场上出售，或由仍是以农民自发组成的批发商形式售卖，更容易被消费者接受。这种消费模式决定了购销的“自发性” 和 “随机性”，在生产流通过程中并不需要统一的行业标准和专业的设备、设施。较低的资产专用性会降低供应链各方的相互依赖性。

高交易频率：农产品的易腐特性使其具有了较强的消费时效性，商品周期较短，又普遍存在难以储存的特点，这就要求供需双方即时交易，使农副产品大都具有交易频率较高的特性。

生产过程的高不确定性：农副产品由于其本身的生物属性，生产周期较长，且必须面临生长环境变化对生产过程的影响，再加上缺乏统一的产品标准，都会使产品的质量及价格非常不稳定。

生产者、流通商与消费者都面临度量难题：由于缺乏统一的行业标准及专业设备，初级农副产品以自发形式进行销售的过程就注定存在度量难题，这使农产品供应链中的各种合同天生具有不完全性属性。

非相互依赖：种植者以某种形式集体销售其共同产品时才会产生合并依赖。

对于种植者来说，由于初级产品的附加值较低，而且基本不存在临时资产专用，他往往更倾向选择纯市场治理的方式，即使这样会产生因信息不对称而导致的交易成本。但这样的结果是，种植者必须花费大量的时间和精力去调查市场状况，而市场因为供需的变化通常是非常不稳定的，这会大大增加交易成本。这种交易费用也是批发商利用他们的信息优势而采取机会主义行为的结果。虽然当前种植者和消费者已经意识到这一点，并开始采取一些措施来降低这种成本。

另一个极端，层级型的治理结构也不是有效的选择，种植者不具备批发商的规模和知识以完成其功能，批发商也不具备种植者的特别技能去完成生产。当种植者去雇用专业销售人员或者贸易商去雇用专业种植人员时，就会产生绩效度量的问题。实际上，对于种植者来说，合适的选择就是要找到一种可以使之专注于种植，而将市场职能及规模经济性外包，从而获利的治理结构，同时要防止代理问题的发生。

市场治理中的一个有效降低交易成本的模式就是合作拍卖。

由于拍卖的高度透明，使信息成本很低，也不需要经过谈判来签订合同，就不存在合同成本。这种交易接近纯市场交易，所以监管成本也非常低，还没有代理问题（如度量问题）。但种植者必须加入合作社，买家也必须注册，以保证拍卖的规则得以执行。合作社则通过集体承诺保证交易的顺利进行。但合作拍卖中会涉及一些用于拍卖的专用资产：产品的易腐性决定了拍卖必须在产地进行，这就形成了场地的专属性；同时，易腐性还会使一些专用的临时资产成为必需；另外，拍卖设施必须适合种植户的特定产品，导致有形资产的专用性。

尽管拍卖模式的透明化、标准化可以使买卖双方通过不需要仔细研究供需条件来降低信息成本，但组建合作社就会产生合并依赖，同时也要求对产品和过程实现标准化。当这种产品标准化和工作流程标准化成为正式规程或非正式的惯例时，就可以在很大程度上实现种植者与采购者之间的协调。

三　农产品经营治理结构的变化

经济环境、政策及技术的变化，会导致农产品市场环境发生改变。Hobbs 和 Young（2000）[113]划分了四种对于治理结构选择起重要作用的环境变化：消费者偏好（多样性、便利性、高品质和安全保障）；法规环境（农业政策、食品安全法规等）；技术（如物联网、生物技术）；市场结构（产业化、市场集中度）。这些变化会通过不确定性、专用资产、度量问题以及相互依赖性等属性来影响农产品的交易属性[114]。下面就中国农产品交易属性的变化，对供应链的第一个阶段，种植户与他们的直接客户之间的交易进行讨论。

（一）资产专用性

中国农产品传统上并没有品牌的概念。但随着宏观环境的改变，一些企业及市场组织开始尝试用建立自有的品牌（企业商标或原产地标识）。建立一个品牌需要在广告和商誉方面进行实质性投资。自有品牌会寻求一种保护他们投资的保障措施以防止其他市场参与者的机会主义行为。资产专用性通常体现在专用包装和标识上，越来越多的蔬菜采用了包装销售的模式，包装设施是合同种植户产品专用的：当产品收获时，包装线就开始发挥作用（临时专有），以及它们根据产品的品种和价值进行调整（专有有形资产）。

（二）度量问题

市场环境的变化使产品需要标注更加详细的特性值，如绿色、有机及非转基因（non－GMO）等，这就使交易中的度量变得更加复杂。这些特性又是难以检测的，这就带来了信息不对称。对于贸易商来说，这是一个逆向选择问题，而对种植者来说，则是一个道德风险问题。所以专用资产问题可以被描述为供应链成员间的绩效度量问题。绩效度量问题常常发生在需要大多数供应链成员共同努力，才能在最终消费者那里体现出完全价值的情况中。作为专用资产的投资者是有动机对其产品进行创新的，但这种投资却很有可能由于合作伙伴的缺乏努力而导致最终的失败。

（三）不确定性/复杂性

在中国，农产品市场可以说是一个最早开放的市场，市场的开放自然带来竞争的激化。这对于具体的经营者来说，不确定性就增加了。同时，更多创新需求也会带来更大的不确定性，如消费者对新产品的接受与否也是不确定的。当这种产品创新还需要所有供应链成员的努力时，情况就会变得更加复杂。

（四）相互依赖

中国的传统农产品交易方式中由于不存在专用资产，供应链伙伴间并不存在很强的相互依赖性。当种植者选择建立合作社时，就会形成合并依赖；当选择其他渠道构成时，就会产生有序依赖。这是因为，首先，较长的供应链结构使产品创新需要通过大多供应链成员的共同努力；其次，质量控制贯穿了整条供应链；再次，物流效率的提高也有赖于所有供应链成员行动的协调程度；最后，使用专用的包装和品牌又使消费者与生产联系起来。有序依赖的实质是参与交易的 A、B 双方互相依赖，同时 B 与 C 又是相互依赖的。换句话说，种植者的生产行为与贸易商的销售行为是相互依赖的。

可见，由于专用资产和绩效度量难度的增加，以及互不依赖向合并依赖及有序依赖的转化，协调成本的增加，都将促使中国农产品种植者与消费者之间的交易模式发生变化。

四　治理结构的选择机制

从中国近年来农产品供应链渠道结构的变化可以看出，治理结构主要具有交易保障和协调运作两个最基本的功能，这两个功能都需要通过多种正式或非正式的机制（或制度）来实现。本书将把这些元素整合在一起形成一个理论模型，如图 3－6 所示。据此，可以进一步研究不同治理结构转换的内在驱动因素。

每一种治理结构都由一套特定的，诸如所有权分配、社会机制和协调机制等治理机制构成。社会机制是一种非正式的机制，所有权及协调机制是正式的机制。对于交易保障，最重要的正式机制就是基于所有权的管理控制。即资产的所有者有权对资产的使用和调度进行决策，无论是事前还是事后。当专用资产增加或

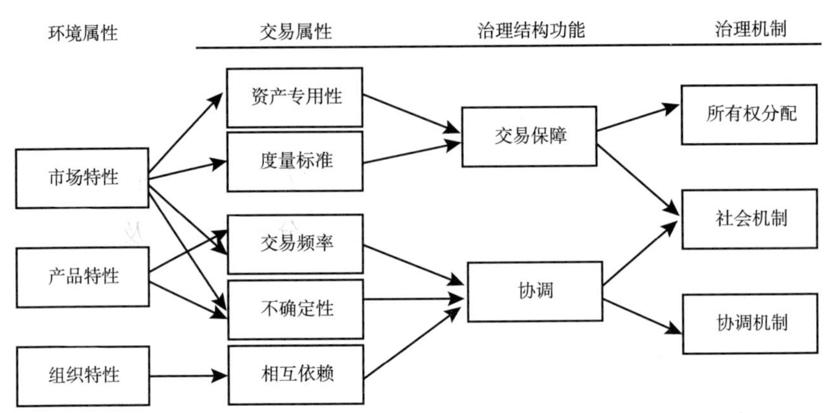

图 3－6　环境属性、治理机制与治理结构功能

者绩效度量变得复杂时，不同的所有权分配就可以提供必要的交易保障功能。另外，声誉和有效的信息机制（社会机制）可以提供防止机会主义行为发生的功效。至于协调，采用行业标准、管理模式和监督等机制是有效的。对于频繁的交易，采用标准化是较为有效的。但对于高不确定性和复杂的交易，则有赖于对专用资产使用的直接监管与磨合。对于不同交易者间形成的相互依赖关系，可以根据不同的依赖属性采用不同的协调机制。

通过对中国实践中治理结构变化的讨论，基于上述模型，本书可以导出交易属性与交易治理结构之间关系的以下命题：

命题 1：随着供应链附加值的增加，专用资产、度量问题复杂化都会增加。

命题 2：随着消费结构的变化、对质量的更高要求，交易频率和不确定性也会增加。

命题 3：组织形态的改变会导致供应链成员间依赖关系发生变化。

命题 4：供应链上专用资产的增加和（或）度量问题的复杂

化会导致供应链产权的重新分配。

命题5：交易频率、不确定性和成员间相互依赖性的变化，是导致治理机制转换的主要原因。

可以看出，一套治理机制对交易保障及协调两个治理结构功能的完成是通过不同的正式的（所有权分配、规则及制度等）或非正式的（商誉、信息共享等）规则组合来实现的。当一个交易的属性改变时，例如，当市场环境、政策或者技术发生变化时，安全保障和协调相关的交易成本就有可能上升。通过选择适当的合并，企业就有可能找到更有效的治理结构去支持或者调整交易。

第三节　中国农产品经营的典型模式

近年来，中国农产品经营已经开始从传统的组织模式（可称为模式Ⅰ、Ⅱ）向其他模式转换。这种转换的特点是种植者需要通过经济合作组织再将产品卖给零售商（“农超对接”）或批发商（农业龙头企业），这都需要具有更强的整合功能。在农业产业链中，有两种不同的整合流程模式。第一种是成立贸易型的农民合作社（横向整合），第二种通过龙头企业建立纵向协作的供应链组织。以下为近年来出现的典型农产品供应链渠道。

一　“农超对接”

家乐福的“农超对接”模式是种植户通过合作社形式（模式Ⅳ），并且采用短供应链结构的一个典型例子。截至2009年底，家乐福采购农产品已经占其经营生鲜农产品的30%以上，并计划到2010年实现商务部提出的50%目标。家乐福的采购网密布全国各地，它销售的几乎所有的蔬菜水果都可以通过“农超对接”模式来采购。这离不开两个基础条件：第一是农民专业合作社；第二是采购地必须具备发达的高速公路和物流系统[115]。

在“农超对接”中，另一种运营模式就是麦德龙模式，麦德龙超市采用的是“农户＋龙头企业＋超市”，虽然仍属于供应链结构中的第Ⅱ种类型，但由于其设定了较高度量标准与进入门槛，其结构实质已经变为“农户＋龙头企业＋基地＋超市”的纵向整合模式。“农超对接”中还有一种连接方式是零售商自建生产基地的模式[115]，如山东家家悦超市就属于这种典型的零售商拉动型供应链结构，它采用合作合同的方式取得了上万亩土地的使用权，全程由自己来完成从生产到销售的全过程，属于典型的纵向整合模式，完全采用层级治理结构来代替市场治理。

二　订单农业

订单农业又称合同农业和契约农业，是为解决中国农业“小生产，大市场”的矛盾而于20世纪90年代初大力推动的一种产业农业的组织形式。订单农业的概念几乎涵盖了所有近年出现的各种供应链连接形式。只要是农业生产前，农民与企业或中介组织签订的具有法律效力的、确定双方权利与义务关系的产销合同，农民根据合同组织生产，企业或中介组织按合同收购农民生产的产品的农业垂直协同经营形式都可看作是订单农业[4]。这里的合同主要有两种，一是产销合同，二是长期经济合作合同[116]。在实践中，单纯的产销合同由于专用资产较少、统一的度量标准欠缺和较低的相互依赖性，会造成缺乏约束性；而所谓长期经济合同的内涵却非常广泛，其实质则是通过长期合作形式，通过事前投入、增加专用资产和增加相互依赖性等措施，改变合同双方的关系，最终通过社会机制实现供应链的协调运作和保障交易顺利进行。

三　基地农业

“公司+基地+农户”发展形式的主要特点是，龙头企业与农产品生产基地和农户结成紧密的贸工农一体化生产体系。在这种构造中，企业与农户最主要和最普遍的联结方式是合同（契约）。如湖北龙发集团股份有限公司，下辖年产10万吨的饲料厂、5000亩特种水产养殖场、农业生产资料公司、年产5万吨的鲜鱼产品加工厂及其他15家直属企业。该公司及其下属企业与农户之间采用以下几种利益联结方式：①合同订购。由企业与鱼场、农户签订产销合同，明确规定收购鲜鱼的质量标准、价格、时间、数量、结算方式，对完成任务好的乡镇场，公司企业每年拿出一定的资金予以奖励。②保护价收购。对农户生产的鲜鱼，根据生产成本、市场行情制定最低保护价让农民获得平均利润。市场价高于保护价时按市场价收购。③服务体系。包括按优惠价提供饲料、鱼药、鱼种、技术、资金等系列服务。尤其是大力帮助农民掌握轮捕轮放技术保证均衡供应鱼苗和饲料，对签订了产销合同的农民，集团公司还将饲料、鱼苗和药剂定时定量先期发放给他们，待鲜鱼回收时扣还款项。④利润返还。企业将所获利润，按2∶2∶6比例分成。即十大基地农民分得20%，直接发送到农民手中，以提高广大农民养鱼和学习科技文化知识的积极性；20%返还到生产厂家用以提高工人工资和改善生产环境；60%留作企业扩大再生产。⑤风险保障。对所有签订了合同的农民，由企业出资投保，使农民由于自然灾害或泛塘所受损失，得到一定的补偿，解除农民养鱼的后顾之忧。

四　其他形式

鸿源米业是黑龙江省桦南县的一家省级农业产业化、绿色食品龙头企业。该公司为了保证水稻收购质量以及减少市场供应波动，建立了一种全新的“公司＋协会＋基地＋农户”供应链渠道模式。经过几年的发展，鸿源米业实际上已经成为一种包括科研、培训、生产、加工、销售等整个稻作产业链的社会化协作体系。在这种模式中，除了作为进行供应链组织、产品加工、贸易的核心企业之外，绿色水稻协会也成为其中的一个重要组成部分。该协会成立于1998年，到2004年拥有15个分会和63个工作站，正式会员3800多名，订单农户1.2万多户。协会拥有培训室、技术咨询室、产品展销室，以及农资服务中心和农技服务部等，是一种以技术信息交流为纽带，推动农业产业化经营，利益分享和风险共担的新型农民经济合作组织。另外，这种结构模式中还有个一个重要的组成部分是水稻科研基地（孙斌优质水稻研究所），该基地现有专门从事水稻科研工作的人员10人（农业高级职称者3人），还拥有200多公顷的试验田，各种科研设备齐全，包括进口种子收获机、种子检测设备等近30台（套），主要从事以水稻为主的新品种、新技术、新农药和肥料的试验、示范和推广工作，是黑龙江省颇具规模和影响力的民营科研机构[117]。

上海福易得保健食品有限公司的“行业协会＋公司＋合作社＋专业农户”的结构模式也是混合型构成模式的典型案例。在这一案例中，作为核心企业的福易得公司通过遍布华东各地的

80余家专卖店与消费市场连接，又在地区行业协会的协调和撮合下通过6家养蜂合作社与广大蜂农连接。在这种模式下，合作社按照标准负责组织蜂农生产优质蜂产品；公司负责收购、加工和销售蜂产品；协会起技术指导和协调作用，并提供法律咨询等社会化服务；政府对协会进行监督和管理，并通过协会将政府的产业政策落实到企业与合作社[118]。

上述两种结构本质上还是属于供应链渠道结构中的模式Ⅲ。前者主要通过企业建立基地和帮助成立农民协会进行专有资产的投入，在运作中农民协会负责生产的横向协调，企业通过内部增加有序依赖实现纵向协调。后者则主要是通过行业协会的技术指导和协调建立产品标准，并解决度量问题。有效的绩效评价才能使供应链全体成员都能够通过努力而共同获利。

在本章中，我们从我国农产品市场的宏观环境分析入手，引出对治理结构及治理机制转换的讨论。通过这些讨论，可以认识到一套治理机制对交易保障及协调两个治理结构功能的完成是通过不同的正式的（所有权分配、规则及制度等）或非正式的（商誉、信息共享等）规则组合来实现的。当由于市场环境、政策或者技术的改变而导致交易属性改变时，与安全保障和协调相关的交易成本就有可能上升。通过适当的选择、合并、渠道重构，供应链参与者就有可能找到一套更有效的治理结构去适应或调整其所处的宏观环境。在本章的最后，我们根据中国农业领域治理结构的变化提出了一个理论模型，应用这个模型可以合理地解释传统的治理结构发生重大改变的内在机理。

第四章　中国农企经营绩效的演化

运用生物演化的观点来解释经济发展和企业管理中的现象拥有悠久的学术传统，较早可以追溯到以弗格森、休谟、孟德维尔和斯密等为首的苏格兰道德哲学中。从 20 世纪 80 年代开始，以尼尔森（Nelson）和温特（Winter）（1982）为代表的新熊彼特主义掀起了演化经济学复兴的浪潮。尼尔森和温特的演化经济学的主要特征是[119]：①用动态的、演化的方法看待经济发展过程和技术变迁；②强调惯例、新奇创新和对创新的模仿在经济演化中的作用；③以达尔文主义为理论基础，以进化论的三种机制为基本分析框架；④强调时间、历史等在经济演化中的地位，认为经济演化是一个不可逆转的过程；⑤强调经济变迁的路径依赖，今天的制度是昨天的制度甚至一个世纪前的制度的沿革；⑥强调经济变迁过程中偶然性和不确定性因素的影响。

第一节　演化视角的农业经营绩效

一　理论依据

农业是一个古老的传统行业，其存在时间长，演化特征明显，因此运用演化经济学的基本理论对中国农业的产业特征进行分析具有较强的可信度和说服力。但在中国，由于农业经营分散，企业规模较小，要想通过确实可信的微观企业资料，获得行业内企业生存的整体特征，并据此分析其演化的过程具有相当难度。相对来说，上市公司由于经营数据获取容易，同时这些企业又是农业企业中的先进代表，因此，通过研究农业类上市公司来把握农业产业的整体特征，具有一定的代表性和前瞻性。

从近年的文献来看，国内学者运用实证方法对农村经济及“三农”问题的研究主要集中在三个方面：一是采用宏观数据对政府财政补贴和金融政策的有效性（姚耀军和丕禅，2004；张兵和许国玉，2007；刘涵，2008；黎翠梅，2009）、人力资本对农业生产率的影响（李谷成，2009）、突发事件对农业经济产生的影响（乐荣等，2009）等方面进行的研究；二是采用问卷调查方式对产业链（供应链）效率（谭涛等，2007；符少玲和孙良媛，2008）、农技推广效率（廖西元等，2008）、产业发展路径（郝利等，2009）及农业经营风险（孙良媛，2010）等多个方面进行的研究；三是采用农业上市公司的年报数据进行的研究，这类研究数量最多，研究范围也更为广泛。内容主要涉及上市公司绩效评价（王怀明和薛英，2006；刘伟和杨印生，2006；彭熠，2006；杨印生等，2009；杨思维和黄毅，2010；姜昭，2011；管延德和戴蓬军，2011）、绩效影响因素（吴敬学等，2008；陈祖英，2010），以及经营特点（彭熠等，2007）、治理结构（刘子旭和耿晓媛，2010；王怀明和史晓明，2010）对企业绩效产生的影响方面。可以看出，绩效及其影响因素研究是近年来农业上市公司研究中的一个热点，特别是通过上市公司的年报数据，针对微观的企业经营和中观的行业效率的研究已经被越来越多的学者所重视。

但在为国家政策及相关企业发展战略的制定提供了丰富的实证资料的同时，也可以发现，这些研究往往只针对某一个方面的问题，如绩效评价、价值评估或者治理结构对绩效的影响等，而缺乏对行业整体特征的把握。在演化经济理论中，企业可以被看作是由一系列子规则构成的策略行为集合[120][121]，而这种策略组合如果具有某种共同特征，就可视之为惯例[122]。Richard 和 Nelson（1985）[119]直接将惯例看作是企业的 DNA，指企业中的一切规则和可以预测的企业的行为方式，是企业知识和经验的载体。当这种策略集合或者行为方式的共同特性被整个行业内的企业所共有时，就会形成一种类似生物学中的种群特性（行业惯例），如果行业内的企业按照这种惯例运行可以取得满意的效果，那么这些惯例就不会发生变化，即在一定时间内保持稳定。可见，这种惯例对于行业演化的路径依赖形成会产生非常重要的影响。同样的，在演化的观点看来，行业内创新和产业升级则是在普遍存在不确定性的条件下，企业采取的各种有意识的适应性行为的结果。亦即胜者为王规则——行业中的惯例会因为某些企业的“搜寻”行为被市场“选择”（获得成功），从而被其他企业广为“模仿”，从而使惯例发生改变，形成新的惯例。在这里，市场环境起着刺激和引导企业去有意识地采取适应性行为的功能[122]。

据此，本章运用沪深两市 A 股中农业上市公司的 2008 ~ 2010 年年报数据，在统计分析的基础上，对这些公司的整体特征进行识别和分类，并采用演化经济学的相关理论进行分析、解释，以期探索中国产业化农业的发展规律。

二　分析框架

为了改变由于我国农业经营方式落后，供需信息不对称，经营效率、利润都较其他产业偏低的状况，中共中央、国务院早就指出，要“以市场为导向，积极发展贸工农一体化经营。通过公司或龙头企业的系列化服务，把农户生产与国内外市场连接起来，实现农产品生产、加工、销售的紧密结合，形成各种专业性商品基地和区域性支柱产业”。作为具体的手段和途径，国家通过从税收、资金、技术各个方面给予优惠，竭力推进这一农业产业化进程。截至 2011 年底，我国农业产业化龙头企业数量已达近 11 万家，其中国家重点龙头企业 1253 家，省级重点龙头企业 1 万多家，年销售收入突破 5.7 万亿元，提供的农产品及加工制品占农产品市场供应量的 1/3，占主要城市菜篮子产品供给的 2/3 以上，出口创汇占全国农产品出口额的 80% 以上，龙头企业已成为保障主要农产品有效供给、带动农民就业增收、建设现代农业的重要力量①。作为其中的佼佼者，农业上市公司既是连接传统农业与现代资本市场的重要纽带，也是我国农业调整产业结构、加快农业现代化进程的重要载体。

另一方面，农业上市公司的生存环境和经营状况在很大程度上反映了产业前沿，其本身必然带有典型的产业演化特征。因此，对农业上市公司进行深入细致的研究，对于准确地把握作为变革、演化进程中的传统农业产业特征，具有非常重要的学术及

① 2012 年 2 月 27 日农业部第五批农业产业化国家重点龙头企业新闻发布会通报。

现实意义。

我们可以把绩效看作是企业在一定市场环境下，一系列符合行为的综合结果，那么在相同市场环境下有着共同行为方式的企业必然会带来相似的结果。因此，可以认为这些具有相同“基因”的上市公司通过年报体现出来的绩效会在某些特征上体现出较强的共性。

对于上市公司的绩效和价值评价如前所述，是近期的一个研究热点。在农业上市公司研究领域，学者们使用最多的方法包括经济增加值分析（EVA）、数据包络分析（DEA）、主成分分析和因子分析。这其中，采用 EVA 指标的原因主要在于这种方法考虑了资本的使用成本，既包括负债资本，也包括股本资本的使用成本。所以采用这种方法来评价公司经营业绩的主要目的，主要是抑制上市公司代理成本过高问题[123]。DEA 分析本质上是建立了一套可以反映企业客观基础条件差异，以及主观有效努力程度的绩效指标体系。在多项输入、多项输出条件下，通过与达到 DEA 有效的标杆企业（指数为 1）相比得到的经营绩效差异作为对象企业的绩效指数，DEA 分析还根据对象企业的经营规模属性分为规模收益不变（C2R 模型）与规模可变（BC2 模型）两种类型[124]。其基本思路是，将不同企业看作是不同的决策单元（DMU），在生产可能集（所有 DMU 的输入、输出向量集）中，找到对应某个 DMU 的 θ 值作为 DMU 的效率指数[125]。可见，采用这种方法的优势主要在于它能帮助找到具有某些共性的企业间经营绩效的差异，并且可以对它们进行排序。

我们的主要目的是试图从上市公司的年报信息中找到中国农业上市企业乃至整个行业的阶段特征，因此拟运用 SPSS 软件对样本数据进行统计分析：首先考虑对年报指标使用因子分析（FA）和主成分分析（PCA）对报表绩效指标进行降维处理，再根据降维后的变量对样本企业进行聚类分析（cluster analysis），最后对聚类结果运用演化经济学中的“行业惯例”概念对其进行解读。分析的逻辑框架如图4-1所示。

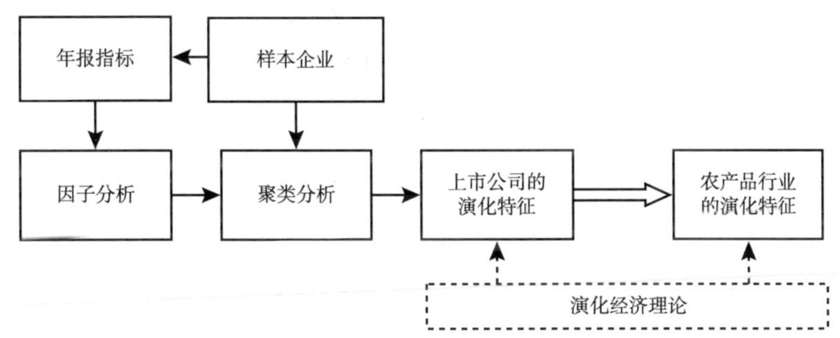

图4-1　演化视角的绩效特征分析

第二节　农企经营的演化分析方法

一　样本与指标选择

我国资本市场起步较晚，但发展迅速，截至2012年3月，沪深两市A股（包括中小板及创业板）上市公司已达3416家[①]。根据研究需要，我们在A股中选取符合中国证监会《上市公司行业分类指引》规定的农林牧渔业类及直接采用农副产品为原料的食品饮料加工企业作为研究样本。根据这个分类指引，与农副产品生产、加工相关的企业主要包括农林牧渔业类中农业的

① 根据同花顺软件统计。

18家，粮食与饲料加工业的15家，渔牧业的23家，兽药业的1家，食品饮料类中食品业的39家以及饮料中的乳制品企业4家，共计100家。其中，应剔除主营业务发生改变，非农经营超过收入50%的企业3家（禾嘉股份、荣华实业、工大高新），排除食品类中纯餐饮企业2家（全聚德、湘鄂情），与本研究相关的上市公司共为95家①。再根据这些企业已公布的基本资料和年报数据，进一步剔除了2008年以后上市、ST、*ST类企业45家，实际采用了50家企业的数据作为样本。样本数据全部来源于CSMAR金融数据库。

在现有对农业上市企业绩效进行评价的相关文献中，在企业年报中绩效的构成主要从盈利能力、偿债能力、资产管理能力、成长性和股本扩展能力几个方面进行选择[126][127]。也有研究将市值与资产重置成本比值的托宾Q值作为上市企业绩效的市场结果[128]，以及将企业规模也作为绩效的一个重要表现[129]。这些研究中，选取的指标数量最少的有13个[130]，最多的有41个[131]。在本研究中，为了防止重要指标的遗漏，采用了预分析的方法对报表指标进行了筛选：首先选取了反映企业盈利能力（营业利润率、净利润比、总资产利润率、净资产利润率、营业毛利率、管理费用率）、资产运营能力（存货周转率、总资产周转率、应收账款周转率、应付账款周转率、运营资金周转率）、偿债能力（资产负债率、流动比、速动比）、成长性（总资产增长率、净资产增长率、营业收入增长率、净利润增长率、总利润增长率、净资产收益增长率）、现金流能力（现金流量比、营业收入现金比率、销售现金比率、现金与利润总额比率、

① 根据2010年年报中业务收入构成确定。

总资产现金流量比）和规模能力（总资产、营业总收入、主营业务收入、主营业务成本、营业利润、总利润），再加上托宾Q值、财务杠杆系数、主营业务鲜明率，共六个方面的35个财务指标进行了探索性分析①。经过对不同指标构成的因子分析结果比对，逐步剔除了：①与其他指标相关性较弱，并与研究目的不直接相关的指标；②在各公因子中权重均较小的指标。最终保留主营业务利润率OPE、营业利润率OM、总资产利润率ROA、净资产利润率ROE、存货周转率ITR、总资产周转率TAT、应付账款周转率APT、净资产周转率NAT、资产负债率ALR、流动比CR、速动比QR、营业收入增长率RG、净资产收益增长率NAPG、净利润增长率NPG、总利润增长率TPG、现金流量比POCF、营业收入现金比率COI、总资产现金流量比TAC，共计18个指标，并加上采用对营业总收入取对数得到的log（OI）。

另外本书还以年报数据中年末总资产为依据计算了总资产增减率TCRA，并采用张洪恩和宁宣熙（2007）[132]提出的主营业务鲜明率改进方法计算了样本企业的主营业务鲜明率MBDR，并对总资产取对数得到log（TA），以备在后续分析中分别作为自变量和因变量。

为了考察企业地域及产业链位置特征，本书还设置了两组属性变量——区域属性area，这里主要根据2010年国家统计局公布的人均GDP水平划分为发达地区、中部地区和欠发达地区共三类②。其次，根据年报中的主营构成（收入比例超过50%的业

---

① 基于本研究的目的，未选择与上市企业股份相关的指标。

② 根据2010年人均GDP超过40000元为发达地区，25000～40000元为中等发达地区，25000元以下为欠发达地区。

务），设置了产业链位置变量 IL（①种、苗及农作物的种、养殖；②农副产品加工；③全供应链；④饲料及配套服务）。area 与 IL 变量在后续分析中将作为分组控制因子（如表 4－1 所示）。

表 4－1 变量及绩效指标

类 型	名 称	描 述
属性变量	area	所属地区
	IL	业务范围
被解释变量	Log(TA)	总资产增减率
绩效指标	OPE	主营业务利润率
	OM	营业利润率
	ROA	总资产利润率
	ROE	净资产利润率
	ITR	存货周转率
	TAT	总资产周转率
	APT	应付账款周转率
	NAT	净资产周转率
	ALR	资产负债率
	CR	流动比
	QR	速动比
	RG	营业收入增长率
	NAPG	净资产收益增长率
	NPG	净利润增长率
	TPG	总利润增长率
	POCF	现金流量比
	COI	营业收入现金比率
	TAC	总资产现金流量比

二 理论假设

与传统的经济理论不同，演化经济学认为，由于决策与有效行动之间存在滞后性，以及不同企业对市场反应的预测是不同的，因此企业行为的最大化选择假定实际是预期的最大化。这种预期最大化则取决于企业所拥有的“知识”，而就行业内的大多数企业来说，这种“知识”往往又体现为一个选项的集合，即“惯例”[119]。实践中如果这种“惯例”真的存在，相同的行为集就会导致相似的经营绩效，因此同一行业中企业绩效的某些指标就会体现出较大的共性。

虽然演化经济学理论中并未明确地对具有相同“惯例”行业的地缘性范围作出精确的界定，但根据经济学常识，本书认为这样的行业“惯例”应该受到企业所处市场范围的约束，即只有在同样的市场环境下，这种“惯例”才会形成。众所周知，中国地区间经济发展水平存在较大的差异，经济环境的差异会不会给不同地区的市场环境带来影响，使中国的农产品经营市场出现分割现象，从而导致不同地区的农业企业形成不同的“惯例”，继而在它们的经营绩效指标中体现出来呢？对于这种经济发展水平差异对企业经营绩效带来影响，文献非常缺乏，但也有相关实证研究的结果表明，中国东中西部地方财政农业支出有差距，而地方财政农业支出对农业经济增长都具有明显的促进作用[133]；全国不同地区的农业全要素生产率和技术进步率差距缩小，变化趋势趋同，规模效率和配置效率波动较大[134]；但张运华（2007）[135]采用 DEA 法对省际面板数据的研究却表明，中国省际农业生产效率可分为北京等三个地区为最高、山西等四个地区为最低的共六个层次。据此，有理由认为，农业上市公司经营绩效指标中可能存在地域性差异，且行业内绩效波动较大。

大量研究表明，企业对供应链的整合是影响经营绩效的重要因素。叶飞等（2009）[136]、曾文杰和马士华（2010）[59]、赵丽等（2011）[137]都通过实证研究分别从信息共享、协同运作领域，以及整合对企业运作绩效，再到财务绩效的影响路径进行了证实。在农业领域，朱毅华和王凯（2004）[138]对江苏地区龙头企业的研究显示，企业内部整合与外部整合具有高度相关性，同时这种整合会对企业的物流绩效产生正向影响。陈耀和生步兵（2009）[139]也通过研究证实供应链的稳定性对联盟绩效有较强的正向影响关系。因此，我们认为跨供应链多阶段业务的经营模式应该会对提升企业运营绩效有正向影响。

如前所述，在演化理论中，企业对市场的变化并不是简单地依据“利润最大化”作为行为准则的，而是依靠一套被称为“惯例”的技术和规则来运行，且这种决策规则有以下形式：

$$\left(\frac{x_i}{k_i}\right) = D(P, d_i)$$

其中，x_i 为投入产出矢量；k_i 为企业资本量；P 是对应 x_i 投入产出的价格矢量，d_i 为决策规则[119]。由于中国农业领域中体制性障碍的消除和市场的开放，可以认为企业面对的 P 相同的，同时如果行业中“惯例”存在，企业的决策准则 d_i 也是相同的，即 $D(P, d_i)$ 对于所有企业都相同。那么企业中 x_i 与 k_i 就应该是正相关的，亦即企业的资本量只与企业投入产出的矢量即绩效相关。因此，企业绩效得分应该与企业总资产增减线性相关，这种绩效的变化会导致企业总资产的扩张或收缩。

第三节　中国农业上市公司基于绩效特征的分类

一　描述性统计分析

本书采用的样本为2008～2010年年报 panel data 数据共150

组。样本构成按地区分：发达地区63组，占42%；中部地区51组，占34%；欠发达地区36组，占24%。按主要业务[①]在产业链中的位置分：生产环节24组，占比16%；加工环节66组，占比44%；涉及全供应链的39组，占比26%；配套服务21组，占比14%。其描述性分析见表4－2。

表4－2　样本数据分组频率统计

a. 地区变量 area 分组频率

		频率	百分比	有效百分比	累积百分比
有效	1	63	42.0	42.0	42.0
	2	51	34.0	34.0	76.0
	3	36	24.0	24.0	100.0
	合计	150	100.0	100.0	

b. 供应链位置变量 IL 分组频率

		频率	百分比	有效百分比	累积百分比
有效	1	24	16.0	16.0	16.0
	2	66	44.0	44.0	60.0
	3	39	26.0	26.0	86.0
	4	21	14.0	14.0	100.0
	合计	150	100.0	100.0	

二　绩效指标因子分析

因子分析是多元统计中较为常用的降维方法，其目的在于从原有众多存在相关性的变量中提取出几个互不相关的公因子，亦即从错综复杂的数据中找到事物本质的一种统计方法。其原理为假设 m 个实测变量 X 中均含有 n 个互不关联的公因子 F，可以用矩阵

$$X = \begin{bmatrix} \alpha_{11} & \alpha_{12} & \cdots & \alpha_{1n} \\ \alpha_{21} & \alpha_{22} & \cdots & \alpha_{2n} \\ \cdots & \cdots & \cdots & \cdots \\ \alpha_{m1} & \alpha_{m2} & \cdots & \alpha_{mn} \end{bmatrix} F + \begin{bmatrix} \varepsilon_1 \\ \varepsilon_2 \\ \cdots \\ \varepsilon_m \end{bmatrix}$$

① 2010年年报中显示利润贡献超过总营业利润50%的业务。

表示。其中 α_{ij} 为因子负载，ε_i 为特殊因子。

为了系统客观地描述评价对象的真实绩效，首先利用 SPSS 18.0 软件对前述中选择的 18 个年报财务指标进行因子分析。根据巴特利特球形检验的结果，KMO 度量值为 0.614，显著性为 sig = 0.000，表明适合进行因子分析。

本书采用主成分分析法提取公因子，并选取初始特征值大于 1，分析结果显示的主要因子方差贡献率如表 4－3 所示。5 个主要因子累计方差贡献率为 80.232%，说明 5 个因子能够解释 18 个原始变量的大部分变异。为了进一步明确所提取各个因子的意义，选取正交旋转法中的方差最大（Varimax）对因子载荷矩阵进行旋转。采用成分矩阵旋转后因子大负荷（>0.5）指标进行命名，分别为运营能力、盈利能力、现金流能力、偿债能力和发展能力（如表 4－4 所示）。

表 4－3　解释的总方差

成分	初始特征值			提取平方和载入			旋转平方和载入		
	合计	方差（%）	累积（%）	合计	方差（%）	累积（%）	合计	方差（%）	累积（%）
1	4.592	25.510	25.510	4.592	25.510	25.510	3.721	20.672	20.672
2	3.942	21.897	47.408	3.942	21.897	47.408	2.935	16.303	36.974
3	2.543	14.125	61.533	2.543	14.125	61.533	2.735	15.195	52.170
4	1.985	11.030	72.563	1.985	11.030	72.563	2.705	15.030	67.199
5	1.380	7.669	80.232	1.380	7.669	80.232	2.346	13.032	80.232

提取方法：主成分分析。

为了把握不同企业经营中不同领域的绩效水平，继续通过 SPSS 18.0 软件，根据不同指标的因子负载，采用回归法计算出各公共绩效因子得分，并对其进行标准化处理[140]：

表 4－4 农业上市公司的公共绩效因子构成与主要指标负荷

运营能力	TAT_0.932;ITR_0.910;NAT_0.883;Log(OI)_0.682;APT_0.667
盈利能力	OM_0.874;ROE_0.800;ROA_0.761;NAPG_0.657
现金流能力	COI_0.908;TAC_0.850;POCF_0.796;OPE_0.610
偿债能力	CR_0.931;QR_0.925;ALR_－0.722
发展能力	NGP_0.935;TPG_0.924

$$F_{ij}^{*} = \frac{F_{ij} - \mathrm{Min}(F_j)}{\mathrm{Max}(F_j) - \mathrm{Min}(F_j)} \times 100$$

$$(i = 1,2,\cdots,150; j = 1,2,\cdots,5)$$

使得分数位于 0～100 之间（其中最好的公司为 100，最差的为 0）。再根据公式

$$F_i^{*} = \sum_{j=1}^{5} \lambda_j F_{ij} / \sum_{j=1}^{5} \lambda_j$$

得到综合绩效得分（λ_j 为第 j 个因子方差贡献率）。描述性统计见表 4－5。

表 4－5 农业上市公司绩效因子描述统计量

	N	极小值	极大值	均值	标准差	方差	偏度		峰度	
	统计量						统计量	标准误	统计量	标准误
运营	150	0.00	100.00	19.7254	16.58265	274.984	2.675	0.198	9.386	0.394
盈利	150	0.00	100.00	64.8915	13.24389	175.401	－1.273	0.198	4.890	0.394
现金流	150	0.00	100.00	60.6698	11.37179	129.318	－0.901	0.198	6.162	0.394
偿债	150	0.00	100.00	24.8000	14.18869	201.319	2.934	0.198	11.709	0.394
发展	150	0.00	100.00	84.6948	7.71836	59.573	－9.006	0.198	98.705	0.394
综合	150	23.43	72.54	46.1423	8.86660	78.617	－0.224	0.198	1.227	0.394

在各绩效因子得分中，运营能力和偿债能力得分较低（均值分别为19.73和24.8），企业间差距较大（方差分别为274.984和201.319）；发展能力得分较高（均值为84.69），企业间差距也最小（方差为59.573）。这些绩效特性因子最终影响到综合能力，体现为异质性不明显（综合绩效得分基本呈正态分布，极值差距较大。见图4－2）（均值为46.1423，方差为78.617）。

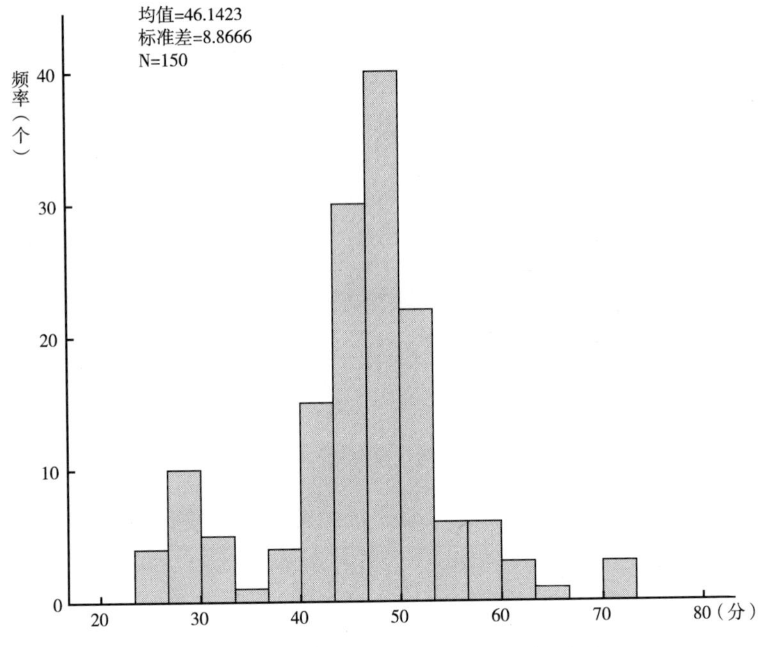

图4－2　农业上市公司绩效综合得分分布

作为分组控制变量与影响绩效因子的关系，本书首先运用area和IL对综合绩效得分绘制了分组箱线图（见图4－3、图4－4）。由图可知，其极大、极小值、均值都没有太大差距，但地区分组中欠发达地区（area＝3）和产业链位置中配套服务组（IL＝4）的整体水平要略高于其他组。另外，分别将区域变量area与产业链位置变量IL作为控制变量对综合绩效得分与之进

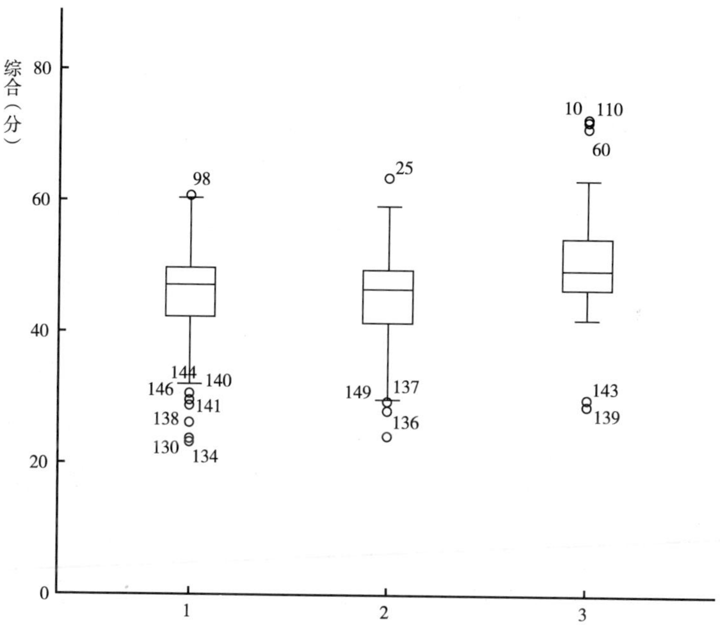

图 4－3　农业上市公司绩效按地区变量 area 分组综合得分

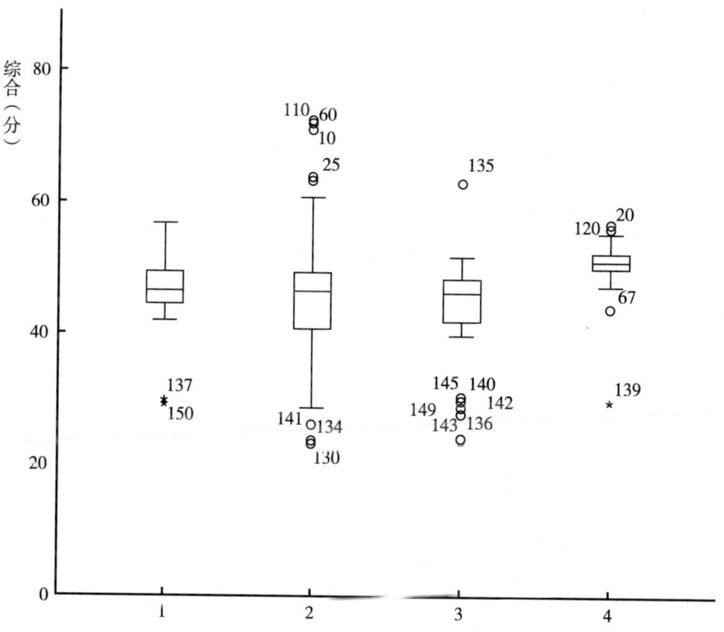

图 4－4　农业上市公司绩效按位置变量 IL 分组综合得分

行偏相关分析发现：所属地区作为控制变量时，产业链位置与综合得分之间相关性不显著；产业链位置作为控制变量时，所属地区与综合绩效得分在1%水平上显著相关。

三　聚类分析

聚类分析是多元分析的主要方法之一，主要是根据样本变量间的亲疏关系来对样本或变量进行分类。这里的亲疏关系辨别，主要是通过计算变量指标间相似性和距离来确定的：假如将 n 个样本通过 p 个指标来进行分类，则每个样本可以看作是一个 p 维空间中的一个点，可用一个 p 维向量来表示 x_i（x_{i1}，x_{i2}，…，x_{ip}），两个点间的距离就可以记作 d_{ij}，计算 d_{ij}的方法有很多种，这里采用了欧氏距离来表示：

$$d_{ij} = \left[\sum_{k=1}^{p} (x_{ik} - x_{jk})^2 \right]^{1/2}$$

由于本研究中的样本数和聚类变量数较多，系统聚类法生成的树状图较为复杂，不利于分析和解读，因此本书采用了快速聚类法（K－mean）。结果显示经过19次迭代，聚类中心达到收敛，最终两个聚类点中心分别为（61.13，66.21，62.14，22.15，79.23）（15.8，64.77，60.53，25.05，82.21），150个样本中仅13个属于1类［正邦科技（2008～2010），通威股份（2008～2009），双汇发展（2008～2010），伊利股份（2008～2010），高金食品（2009～2010）］，其余137个样本都属于2类。根据组间单因素ANOVA分析的结果（见表4－6），发现聚类中类别形成的主要因素为运营能力与发展能力（1%水平上显著）。

表 4-6　类间属性变量 ANOVA 分析

	聚类		误差		F	Sig.
	均方	df	均方	df		
运　营	24397.335	1	111.996	148	217.842	0.000
盈　利	24.765	1	176.418	148	0.140	0.708
现金流	30.873	1	129.983	148	0.238	0.627
偿　债	100.234	1	202.002	148	0.496	0.482
发　展	424.516	1	57.107	148	7.434	0.007

对于在绩效因子得分基础上考虑地区和产业位置这两个固有的分类属性，本书又采用了二阶聚类法对样本进行了进一步分析。二阶聚类是一种于 1996 年才被明确提出的多元统计方法，属于探索性分析。它的优势在于利用统计量作为距离指标进行聚类的同时，又可以根据一定的统计标准来“自动地”建议甚至确定最佳的类别数，使结果更具正确性[141]。由于 IL 与 area 为离散变量，因此系统默认的距离度量为对数似然值①。分析中采用初始距离更改阈值为 0、最大分支为 10、最大树深度为 3 的 CF 调节准则设定。聚类结果平均 Silhouette = 0.4，显示模型质量良好，不同组别的特征重要性构成如表 4-7 所示，个案构成汇总如表 4-8 所示。可以看出，种养殖（IL = 1）的地区差异不明显，归为一类；中部地区的加工企业（IL = 2）与全供应链企业（IL = 3）绩效显示较强地域特性，归为一类；配套服务企业（IL = 4）与欠发达地区的加工型企业绩效趋同，归为一类；欠发达地区和发达地区的全供应链型企业也显示出绩效趋同，可归为一类；发达地区的加工型企业在样本中数量最多（33 个），绩

① 采用对数似然值作为距离度量的前提假设是属性变量间相互独立，并且是服从正态分布的连续变量。本研究使用因子分析结果作为聚类的属性变量，因此满足其假设条件。

效也类似，可单独归为一类。还可以发现，绩效因子中特征重要性居前的分别为运营指标与发展指标，这与前面类间 ANOVA 分析中运营因子与发展因子显著的结论相吻合。

表 4－7　基于地区和产业链位置的二阶聚类结果

分组	比例(%)	特征						
2	23.3	area	运营	偿债	IL	发展	现金流	盈利
5	22.7	area	IL	盈利	发展	现金流	偿债	运营
4	22.0	IL	area	发展	运营	偿债	盈利	现金流
1	16.0	IL	运营	发展	现金流	盈利	偿债	area
3	16.0	IL	运营	盈利	area	偿债	发展	现金流

说明：①总体特征重要性：按单位格底纹颜色深浅分别为 1.0；0.8；0.6；0.4；0.2。

②组内特征按照组内特征重要性排列。

表 4－8　二阶聚类结果个案汇总

	IL code		1			2			3			4		
	area		1	2	3	1	2	3	1	2	3	1	2	3
二阶聚类类别	1	24(16%)	9	9	6									
	2	35(23.3%)					20			15				
	3	24(16%)							18		6			
	4	33(22%)						12				3	6	12
	5	34(22.7%)				33	1							
	N	150(100%)	9	9	6	33	21	12	18	15	6	3	6	12

四　回归分析

由于采用了连续 3 期的面板数据，考虑到不同年份的宏观环境差异，本研究将企业绩效对资本量产生影响的线性回归模型设定为：

$$\mathrm{TCRA}_{it} = \alpha_{0t} + \delta Year + \sum_{j=1}^{5} \beta_j Factorj_{it} + \gamma X_i + c_i + e_{it} \quad (4.1)$$

其中，TCRA_{it}为 i 企业 t 年度的资产增减率，*Factorj* 为可测量的企业绩效因子，*Year* 为年度虚拟变量，X_i 为一组不随时间变化的企业固有的可影响资产变化的控制变量，c_i 为不随时间变化的不可观测因素，e_{it}为随机误差项。待估参数为 α_0 和 β_j，分别代表截距项和每个绩效因子对企业总资产增加值的影响。对式（4.1）进行一阶差分，可得以下模型：

$$\mathrm{TCRA}_{it} - \mathrm{TCRA}_{i(t-1)} = (\alpha_{0t} - \alpha_{0(t-1)}) + \delta + \sum_{j=1}^{5} \beta_j (Factorj_{it} - Factorj_{i(t-1)}) + (e_{it} - e_{i(t-1)})$$

可改写为：

$$\Delta \mathrm{TCRA}_{it} = \alpha_1 + \sum_{j=1}^{5} \beta_j \Delta Factorj_{it} + e_{it} \quad (4.2)$$

由于演化经济学认为企业决策都是在“惯例”影响下做出的，因此这种“惯例”决定论就淡化了企业因个体差异而导致的总资产变化扰动，可以认为式（4.2）可以满足不存在自选择问题的具有非观测效应的模型估计值无偏的假定。经过差分，样本从三期变为两期，样本数也下降为100。模型的回归结果如表4－9、表4－10、表4－11所示。

表4－9　回归模型汇总

模型	R	R^2	调整 R^2	标准估计的误差	Durbin-Watson
1	0.455	0.207	0.164	25.2829369	2.839

预测变量：（常量），发展，偿债，盈利，运营，现金流。

因变量：TCRA。

表 4－10　回归模型 ANOVA

模型		平方和	df	均方	F	Sig.
1	回归	15651.445	5	3130.289	4.897	0.001
	残差	60087.328	94	639.227		
	总计	75738.774	99			

预测变量：（常量），发展，偿债，盈利，运营，现金流。
因变量：TCRA。

表 4－11　系数

模型		非标准化系数		标准系数	T	Sig.	B 95.0%	
		B	标准误差	试用版			下限	上限
1	（常量）	－0.047	2.528		－0.018	0.985	－5.067	4.973
	运营	0.270	0.124	0.201	20.176	0.032	0.024	0.515
	盈利	0.320	0.137	0.217	2.342	0.021	0.049	0.591
	现金流	－0.309	0.150	－0.192	－2.060	0.042	－0.606	－0.011
	偿债	－0.410	0.133	－0.285	－3.081	0.003	－0.674	－0.146
	发展	－0.168	0.198	－0.078	－0.846	0.399	－0.562	0.226

因变量：TCRA。

可以看出，模型在1%水平显著，但拟合度较低，这对于资本量的收缩和扩张与绩效间的复杂关系来说，并不影响演化经济学的解释力。从回归系数来看，在控制其他因素的前提下，偿债指标系数在1%水平显著，运营、盈利与现金流系数三个指标都在5%水平显著，而发展指标系数则不显著。另外，只有运营与盈利绩效两个指标与企业资本量的增减是正向相关的，其余三个指标都是负相关，说明企业绩效对资本量增减的方向影响是多个因素综合作用的结果。

第四节 现阶段中国农企经营的演化特征

一 行业“惯例”

本章对样本数据的因子分析结果显示，中国农业上市企业的综合绩效主要由运营能力、盈利能力、现金流能力、偿债能力和发展能力五个方面的因素构成。这些因素在企业中具体呈现的特征为：

第一，发展能力（主要由NPG和TPG指标构成）在农业上市企业中都有较好表现并显示了较高的共性，说明农业企业在发展模式上形成了“惯例”，其原因可能是深加工农产品市场的扩大及国家政策扶持的结果。但从因子聚类的结果上来看，发展因子的类间差异是显著的（见表4-6），这说明农业企业在不同地区、不同产业的发展水平存在差异。同样，这也可能是由于受到不同产业、不同地区的宏观环境差异影响所致。

第二，运营能力和偿债能力表现出来的特性反映了中国农业企业的经营正处于变革时期，传统的“惯例”正受到新的经营模式的挑战的特征，但整体上仍显弱质性，又说明传统的经营“惯例”仍处于主导地位。另外，运营能力在聚类中表现出较强的特征重要性，说明这种“惯例”的变化带有强烈的地域和产业特征。

第三，盈利能力与现金流能力的表现既反映了农业经营的特性（较充裕的现金流），也反映了农产品消费市场的快速发展（不断增加的盈利性）。但这两个因素的类间方差分析结果都呈不显著特性。这也反映中国农业经营的市场化程度较高，无论不同的地区还是不同的供应链位置都不存在显著差异。

二　产业链特征与地域特征

通过对50家农业上市公司150个年报指标样本的聚类分析，可以发现中国农业经营的产业链位置差异与地域差异存在以下特征（详见表4－8）：

第一，位于农产品经营最末端的种养殖业（本研究中也包括种苗企业）和配套服务类企业在全国范围内呈现一致性特征，这两类分属三个不同地区的所有样本经过聚类都分别属于同一类，说明这两个行业中“惯例”特征最为明显，也说明中国传统的农业经营模式惯性较大，短时期内较难有大的改变。

第二，加工型企业的地域特征最明显，不同地区的加工企业分属不同类别。随着中国消费者收入的提高，消费结构发生了根本变化，这对于直接向消费者提供加工农产品（食品）的经营企业来说是一个重大的机遇和挑战，而它们的业绩也是受地区消费水平、消费观念和消费偏好影响最大的。演化环境的改变，必将对受环境影响较大的企业带来更大的影响，使之不得不根据已改变的环境条件采取“搜寻”行为来适应，加上中国地区经济发展的不均衡，人均收入和消费水平的差异就必然使此类企业带上强烈的地域特征。

第三，对于经营范围覆盖全供应链的农业经营企业，发达地区和欠发达地区呈现趋同性，被分为一类，而中部地区的此类企业则与同属中部地区的加工业的经营特征相似。采用供应链管理模式是农业经营的一种发展趋势，但中国农业经营仍然受传统经营方式影响，再加上大多数涉及供应链全程的经营企业其实尚未真正运用供应链整合模式进行运作。因此，可以认为这类企业呈现的不同的绩效特性是由于不同地区企业对于供应链运作中的位置偏向造成的，例如中部的农业企业在供应链运作中更偏向加工环节，而欠发达地区由于消费市场的落后农产品供应链的供应对象与发达地区的全供应链企业一样都是面对海外或发达地区市场，所以在绩效特性上呈现出一致性特征。

三　企业运营绩效对企业资本量投入的影响

绩效因子与企业资本量的回归结果显示，模型中的截距项为很小的负值，并且是不显著的，说明回归结果不能拒绝常量为0的假设。根据演化经济学对企业资本量与绩效关系的阐述，资本量的增减只与绩效相关，当将绩效指标全部作为控制变量时，资本量应该不会发生变化，这与本书截距项接近于0并且不显著的结果是吻合的。

在回归模型中，运营与盈利指标对资本量都是5%水平上显著的正向关系。当其他绩效指标控制时，这两个指标每增加1个分值，资本量将分别增加0.27个和0.32个百分点（TCRA单位为百分比）。这与演化经济学对资本量增减与绩效正向相关的论断是相符的，也部分验证了本研究提出的假设H2。

本书注意到回归结果中其他三个指标的估计系数都是负值，其中现金流指标系数在5%水平显著，偿债指标系数在1%水平显著，而发展指标则不显著。本书认为这与中国农业经营正处于演化进程中的变革时期有关：由于农业经营具有投资回报期长、盈利性不强（与其他行业相比）的行业特件，导致这类企业都有投资其他回报率更高的行业的动机，而现金流较好的企业同时具备了这种能力（这可能也是造成农业上市公司有多元化经营趋向的原因，其相关关系有待进一步证实），因此会造成资本量的下降。另外，农业经营往往都需要拥有投资回报期较长、变现能力较弱的大量固定资产投入（土地、水利及专有设施等），且资产负债率较高，这些特性会造成企业高退出成本。与前述相同的原因，部分固定资产负担较小（相应偿债能力较强）的企业就有动机因为退出成本较低而抽离资金，进行其他更加有利可图的多元化投资。发展指标的不显著和负向关系可以理解为，由于近年来国家加大了农业补贴的力度，并且是以对流通环节的企业进行直接的辅助性资金支持行为为主[142][143]，所以造成以获得国家补贴为目的的农业经营发展模式，最优补贴效果就容易成为企业经营中重要的决策前提，而这种最优决策对于不同的企业就会造成不一致的资本量增减。

四　演化进程中的“搜寻”行为及“惯例”改变

虽然本书对绩效因子进行快速聚类的分析结果显示了较强的一致性，但也可以在农业上市企业中发现一些“异类”（50 家企业的 150 个样本中的 5 家企业的 13 个样本，如果只考虑连续三期的样本都被聚类为这一群类的企业的话，只涉及三家企业：正邦科技、双汇发展和伊利股份），对于这种由于“惯例”行为导致的趋同现象中的“异类”，演化经济学解释为“搜寻”：面对一个可以盈利的市场价格，行业资本总容量与总产出的容量总是相等的（即 $\sum p_i = \sum k_i$），这就是静态选择均衡状态，而在这种状态下，企业仍然会不断地“搜寻”，才能使行业处于一种动态的自然演化状态，也正是这种“搜寻”产生的创新和模仿最终导致行业“惯例”的改变[119]。

进一步对比两个聚类中心，本书发现导致产生两个类别的主要因素是运营因子（61.13∶15.8）。这说明当前农业上市企业中的这种“搜寻”过程出现在运营领域，如果它能最终获得市场“选择”，就会因为被其他企业模仿最终成为新的“惯例”，从而提高整个行业的运营能力。

第五章　中国农户与企业合作关系研究理论框架

中国农业经营企业绩效的趋同化可以说源自其相似的经营环境：分散、传统的经营模式（内部环境），高度自由与开放的市场化（外在环境），最终形成了中国农业企业的绩效水平在地域、产业分类上的同质性现状。同时，也直接导致长期较低的盈利水平、农民收入增长缓慢、城乡差距进一步扩大的不良后果。因此有必要从企业的内在管理机制入手，从微观角度探索农业经营、组织模式的变革创新之路。

按照经济演化理论，供应链管理模式在农产品领域的推广应用可以说是一种对外部种群行为模式的模仿。但实践中供应链表现出的上游不稳定、订单履约率低、绩效改善不明显等特征，亟须我们对农产品供应链上游农－企合作效能的影响因素及影响路径进行进一步深入的研究和探索。

第一节　中国农户与企业合作中的“关系”

Kale 和 Mcintyre（1991）[144]指出，不同国家由于社会文化方面的不同，渠道参与者的行为会表现出不同的差异。因此，在对中国农产品供应链成员关系的研究中不应忽视传统文化的影响。特别是在中国社会中普遍存在，并且嵌入各种社会、商务活动的“关系”文化。

一　“关系”与信任

在中国农产品供应链管理的践行中，违约与供应链稳定性问题一直困扰着该领域的研究者和实践者。现有研究显示，造成违约率较高的主要原因是成员间缺乏信任，再加上契约精神的缺失，当守约成本较高时，就容易产生机会主义[145]。中国社会文化中的“关系”文化取向非常明显[146]，而这种“关系”可以帮助供应链成员提高资源贡献度和运作协调程度[145]。另外，在构成供应链关系质量的关键因素中，信任通常都被排在构成要素的首要位置，它不但会直接影响供应链的合作的绩效[53]，还会对承诺[56][145]、信息共享[56][147]和协作[148]产生积极影响。同时，信任还具有缓解关系质量中功能性冲突的功效。

关于信任的来源，学者们至今仍没有统一的看法，一种观点认为来自家庭和血缘关系（Durkheim，2000）；社会学及人类学的另一种看法是信任来自文化积淀（Dore，1987），例如宗教和价值观会导致信任度的差异。目前，较有说服力的是社会交换理论：信任通过人与人、组织与人、组织与组织之间的互动、合作逐渐形成（Putnam，1993，1995；福山，1998；Colman，1988；科尔曼，1999）。最近的一些实证研究也支持了这种观点[149]。据此，可以得出一个概念框架：组织间的信任源自组织内个体人与人之间的信任，而人际信任最初可能源自家庭、血缘这样一些与生俱来的因素，相同的文化背景和信仰会促进人际信任，也可以通过不断的交流互动和针对具体目标的协作互动进一步促进信任的发展。这种扩散路径源自信任带来的两个方面后果，一是使个体获得感知信用；二是福利性，即对方的行为会给自己带来收益，至少不会造成损坏（Ganesan，1994）[150]。根据这样的逻辑递进关系，可以绘制信任的构成及影响路径（见图5－1a）。

同时，中国社会中一个典型的文化现象就是“关系”（guanxi），按照杨洪涛等（2011）[75]的描述，“关系”是由“关系”基础、“关系”原则和“关系”效益三个方面构成的。其中“关系”的构成可以认为源自格局差序，这种具有差序的格局包括人情差序：人与人天生或环境因素造成的自然“亲疏远近”；认同程度：由道德、礼数和舆论之类社会文化因素形成的表现为人与人价值观不同的“认同差异”；地位差序：人与人客观存在的社会地位差距。“关系”最终会体现为“关系”网，即由联系产生的期望及关系人脉。“关系”的构成路径如图5－1b所示。

从上述概念模型可以看出，中国社会中的“关系”和信任具有相同的路径关系。由于“关系”的构成非常复杂，作为研究对象也必须具备可度量属性。因此根据以上文献及对相关专家和实践管理者的咨询访问结果，本书将采用“关系”基础中的三个“差序”作为变量，其中人情差序根据关系建立的途径和个体主观感受确定；认同程度根据个体感知确定；地位差序根据合作双方的客观条件确定。这里，人情差序是“关系”的来源，决定了初始信任双方进入“关系”大门的最基本条件；而认同程度的度量客观上包含了文化影响因素，考虑到一个地区农户的文化背景因素应该是完全相同或者相似的，而且个体间彼此的认同一般需要有共同的价值观，并符合双方的习俗惯例（Rutherford，1990）[151]；地位差序则是一种双方合作客观条件的差距。

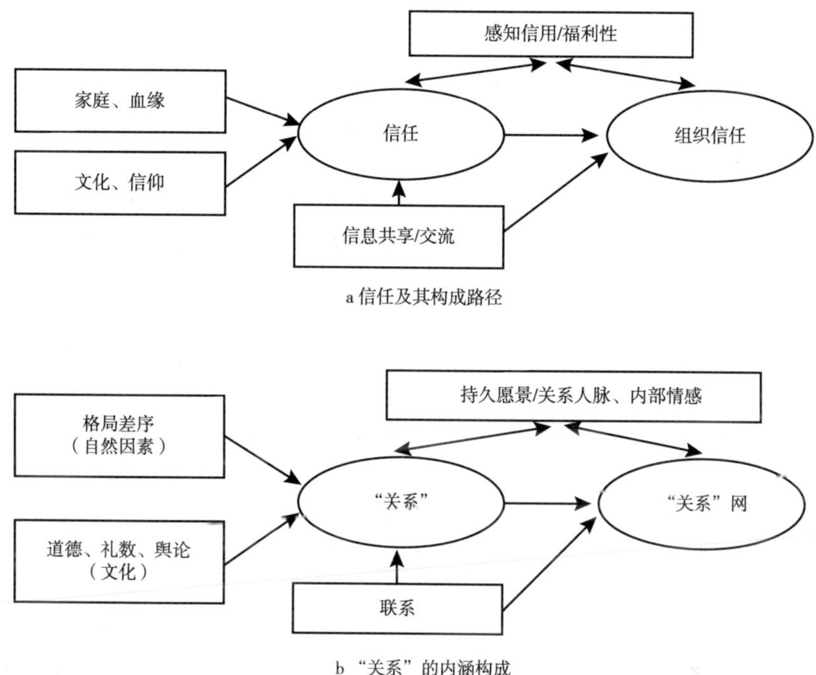

图 5－1 “关系”与信任的内涵构成关系

从某种意义上来说，在中国社会中除非你进入了某个由“关系”构成的圈子，否则是难以获得人际信任的（Fukuyama，1995；Gabrenya & Hwang，1996）。大量的社会学研究认为，作为一种社会资本，“关系”可以帮助组织促进交流，建立信任（Hoskisson et al，2000；Park & Luo，2001）。这与 Laeequddin 等（2012）[152]指出的，信任的建立过程是一个从双边向多边、多层次扩散的过程。可见，中国社会中的人际信任基础就是双方的“关系”。Huang Q 等（2011）[153]的研究结果也显示中国企业中较强的关系导向有助于成员间的知识分享，特别是缄默知识（tacit knownledge），而对于缄默知识的分享可以看作重要的人际信任表现。因此，可以认为在农－企合作中同样有：关系越亲密越容易获得彼此的信任；而信任又会直接对合作绩效产生影响，因此，“关系”可以通过信任的中介作用影响到合作绩效（如图5－2所示）。

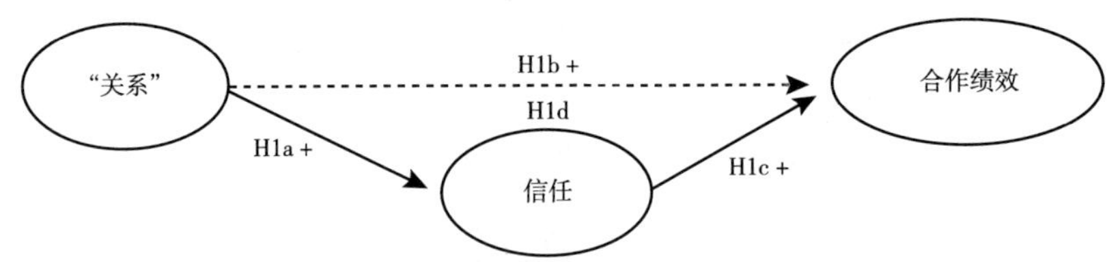

图5－2　“关系”、信任与信息共享影响路径假设

H1a：农－企间的“关系”与信任具有显著的正向关系。

H1b：农－企间的“关系”与合作绩效具有显著的正向关系。

H1c：信任与合作绩效具有显著的正向关系。

H1d：信任在“关系”对合作绩效的影响中具有中介效应。

二　“关系”与交流/信息共享水平

影响共享信息层级和水平的因素很多，文献中提到最主要的有产品特性（功能性、创新性）、生产模式（计划生产、按单组装和按单生产）、供应链关系和企业信息水平等。由于农业供应链中的产品特性和生产模式既定，因此，这里仅考虑供应链伙伴关系和信息水平两个方面。如前所述，供应链伙伴关系中最重要的因素为信任，而信任在很大程度上是由人与人之间的“关系”确定的，因此可以认为，供应链成员间的“关系”越亲密，就越有可能在供应链中实现信息共享，并且在这个影响路径中，信任起到了中介的作用。

H2a：在中国农－企合作中，“关系”与交流水平有显著的正向关系。

H2b：信任在“关系”对交流水平的影响路径中具有中介效应。

现有文献一般认为，信息技术能力水平的差异是影响信息共享的一个重要因素（Forster & Regan，2001）。叶飞和徐学军（2009）针对中国制造业的实证研究也证实了供应链伙伴间信息化水平落差会显著地影响信息共享程度。但这些研究都是建立在应用跨企业信息系统（Interorganizational Information System）的基础上的。中国农产品经营者大都缺乏对信息系统的认知，更鲜有跨企业信息系统的应用。本书认为，中国农产品供应链中即使各合作方事实上存在着信息技术应用能力上的差异，也并不会直接对双方的交流/信息共享水平产生显著影响。

按照 Zand（1972）[154]提出的动态信任模型，信任的产生过程是一个初始信任期望与信息共享（交流）的互动：初始信任期望与信息共享存在着因果关系，同时信息共享又会强化初始信任。Butler（1999）[155]进一步认为，初始信任是可控的，参与者在初始信任期望下进行信息共享，初始谈判的有效性与可以共享的信息量相关。这种观点隐喻了存在一个期望的可共享信息量，当谈判双方存在信息技术（能力）落差时，落后的一方对可共享信息量就存在较大期望，而领先一方也可能借助自己的技术（能力）优势，期望获得进一步信息优势。这种可共享信息期望是客观存在于谈判形成合作合意之前的，亦可认为包含于 Zand 的信任期望之内。在不同“关系”条件下，参与者会产生不同的信息共享期望，这时，双方存在的信息技术落差就会影响其对共享信息的期望（初始信任期望），最终影响信任。因此，本书提出合作方之间存在的信息能力差异会在“关系”对信任的影响路径中起到调节作用的假设（如图 5－3 所示）。

H2c：信息能力差异在“关系”对信任的影响路径中具有调节效应。

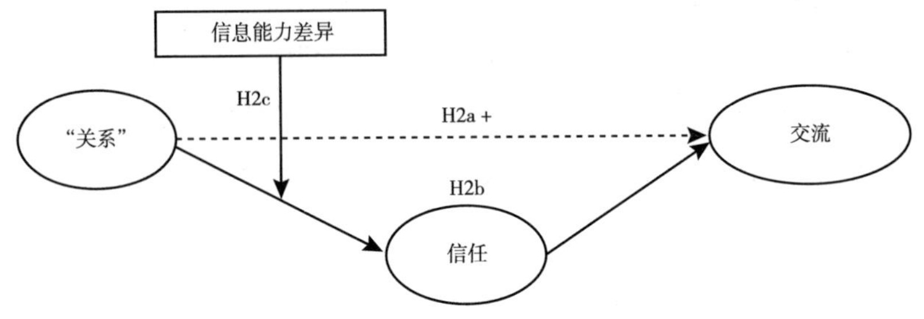

图 5－3　“关系”、信任与信息共享影响路径

三　“关系”与其他关系质量因子

如前所述，供应链中成员关系质量（SCRQ）的概念源自市场战略中，以建立长期关系为目标，进而对这种关系的质量进行评价研究[45]。现有文献中，不同研究者对其构成因子的认识不尽相同，所得结论也各异，但总的来看其构成最后几乎都会收敛于三个主要维度：信任、承诺和相互依赖（Golicic & Mentzer，2006[33]；Fynes & Voss，2005[156]），其他出现频率较高的因子还包括交流/信息共享、协作和适应等。综合这些成果，除了前面提到的信任与交流外，本书还将另外两个主观性较强的因子——承诺与协作作为研究对象。

另外，从早期的研究文献开始，信任就被认为是影响组织间关系的一个最重要的因素[152]，并且也是影响成员间互动、关系承诺以及信息共享的关键因素（Anderson & Narus，1990；Ring & Van，1994；Alvarez et al.，2003；Ballou，2007）。近年来国内的实证研究也在制造业和服务业领域验证了这一结论的有效性

（潘文安和张红，2006；廖成林等，2008；叶飞和徐学军，2009；曾文杰和马士华，2010；等等）。在构成供应链关系质量的关键因素中，信任通常都被排在构成要素的首要位置，它不但会直接影响供应链的合作的绩效，还会对关系承诺、信息共享和协作产生积极影响（Anderson，1990；Krause，1998）。因此可以认为，信任还是中国文化中的“关系”影响供应链关系质量因子的中介变量。据此，我们提出如下假设（如图5－4所示）。

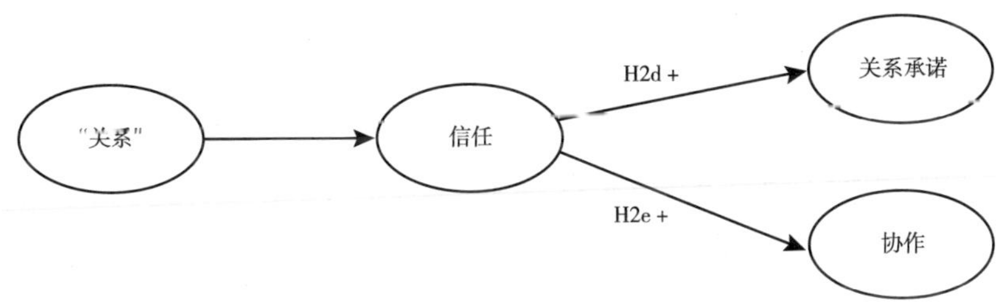

图5－4　“关系”与信任的中介效应

H2d：“关系”通过信任的中介效应与承诺有显著的正向关系。

H2e：“关系”通过信任的中介效应与协作有显著的正向关系。

第二节　中国农户与企业合作中的关系质量

供应链管理是将从原材料到最终客户的整个过程看作一个整体，并跨越企业边界实施系统管理的一种模式。供应链的协调、管理能力的外在表现其实就是对供应链中两个流——物流与信息流的管理，这里高效率的物流可以理解为运作协调的高水平体现；而高效率的信息流则可以理解为信息共享及管理协调的能力体现（Fisher，1997；Huang et al.，2002；Pagell，2004；Power，2005）。而这些因素间也会存在互相促进的关系，例如随着信息共享程度的增加，物流的协调运作程度会提高（Prajogo & Olhager，2011）[34]。另外，在这个过程中，信息共享和协调运作又都需要在不同成员间建立长久的合作伙伴关系（Stock et al.，2000）。所以，在供应链背景下需要考察供应链的治理结构、成员间的信息共享、协调运作能力和水平。这就不可避免地会涉及供应链成员间的关系问题。

一　农产品供应链关系质量

为了对商务伙伴间的关系进行有效度量，Dwyer 和 Oh（1987）[46]提出了关系质量（REALQUA）的概念，虽然随后的实证研究所选取的关系质量构成要素不尽相同，所得结论也各异，但总的来看这些研究对其构成最后几乎都会收敛于三个主要维度：信任、承诺和相互依赖。如 Golicic 和 Mentzer（2006）[33]的研究指出了组织间关系的量级概念，并将信任、承诺、相互依赖作为构成关系量级的组件。本研究根据 Fynes 和 Voss（2005）[156]所使用的供应链关系质量框架，在以上三个主要维度的基础上又加入了其他文献中出现频率较高的信息共享、协作和适应三个维度，共由六个维度构成农产品供应链关系质量（SCRQ），各维度的定义及作用如下。

（一）信任

从早期的研究文献开始，信任就被认为是影响组织间关系一个最重要的因素[152]。相互信任被学者们看作构建长期合作伙伴关系的前提及核心（Kasperson et al.，2003；Spekman & Davis，

2004），也是影响供应链成员间互动、相互承诺以及信息共享的关键因素（Anderson & Narus，1990；Ring & Van，1994；Alvarez et al.，2003；Ballou，2007），也是进行组织关系整合的主要内容（Moorman et al.，1993；Seppanen et al.，2007）。许多研究者开始试图通过信任模型去解释在物流和供应链管理中获得高绩效的案例（Fynes et al.，2005；Ireland & Webb，2007；Li et al.，2007）。从实践者的角度来看，由于大量的供应链管理系统，诸如协同计划、预测和补货（CPFR），供应商管理库存（VMI）等都需要跨组织协调，因此相互信任被看作在供应链管理中有效实施协作的基础（Dyer & Chu，2003），也是构成供应链关系质量的核心因素。

（二）信息共享

在供应链中需要共享的信息一般包括：销售信息及技术信息，订单信息、作业信息、策略性信息和竞争性信息等，可以分为三个层面，即作业信息、管理信息和战略信息。根据供应链管理理论，成员间的信息共享被看作实现供应链协调的一个关键因素[157]：信息共享的实现不但可以减轻供应链上的“牛鞭效应”[158]，缩短供应周期[147]，提高供应链绩效[159]，同时也可以促进相互的信任[160]，也就是说可以通过提高供应链成员间的信息共享（交流）水平来提高供应链的合作绩效。Brynjolfsson 和 Hitt（1996）及 Davenport 和 Short（1997）等的实证研究也表明了信息共享会对供应链绩效产生显著的直接影响。

（三）协作

获得供应链联盟收益的基础就是在企业间建立一种为了达到共同目标而协同运作的机制[20][21]。良好的协作意味着供应链各成员都会努力发挥自身优势以促成对方目标的实现，达成这种协作的基础是信任，而产生这种信任的原因是其自身目标的实现又依赖于对方目标的实现（Lui et al.，2006）[161]。

（四）适应

Bordoloi 等（1999）[162]认为适应性是企业在给定条件下改变自身的能力。在这里把它看作供应链上下游合作伙伴之间能够很好适应对方的能力。在供应链成员的合作过程中拥有更高的适应性就能够减少产生冲突和矛盾的机会，达到更稳定的合作状态。

（五）承诺

承诺是指自愿地尽力去维护这种关系，并表明在遇到不可预见问题时仍继续保持这种关系的态度（Gundlach et al.，1995）。这是一个与合作关系维持时间相关的因素。承诺的一个具体表现就是通过投资专用性交易资产来表明对未来合作的信心及态度（Anderson & Weitz，1992）。

（六）相互依赖

供应链成员企业间为了达到共同目的而需要维持一种长期的关系（Frazier，1983）。决定这种成员间相互依赖程度的主要有三个因素，一是对伙伴的销售份额及该伙伴对自己实现利润的贡献；二是将维持与对方的关系作为自己的销售策略；三是如果对方放弃这种关系将会给自己带来必须面对成本和绩效的压力（El-Ansary & Stern，1972）。在松散型的合作中，依赖关系能够增强合作关系的稳定性，并促进彼此做出相应承诺[163]，相互依赖性的提高还有助于成员间保持长久的合作关系[164]。

二　农产品供应链的合作绩效

目前的文献对于究竟什么是合作绩效仍存在争议。有学者认为，在成果价值难以评估或投入资源不同等条件下，不应纯粹以客观产出指标来衡量这种绩效，而加入适当的主观指标则非常必要[165]。同样，对于供应链绩效的度量和评价，不同研究也采用了不同的方法，常见的主要有：基于财务指标的评价（Chung，2006；Fung et al.，2007），基于市场表现的评价（Gu et al.，2008），以及基于竞争力的评价（Gu et al.，2008），还有基于社会福利的评价（Liu et al.，2010）。考虑到中国区域发展不平衡，农产品供应链中又存在自然禀赋的不尽相同，这些都会导致农户收入的不均。再加上当下中国农业供应链管理实践尚处于初级阶段，农企合作属性仍属于传统的商务关系，对运营绩效会有更显著的影响（Luo et al.，2011）[87]，因此本书借鉴Tsui等（1992）[166]研究中所采用的自分类理论，采用了主观评价法，应用个体水平自我识别的两个维度——满意度和合作愿景来作为合作绩效（运营绩效）的度量，通过直接采用调查问卷或结构式访谈来获得对象的主观感受作为合作绩效的评价指标。同时基于上述原因，作为表征经济绩效的对象个体客观收入，本书中只作为控制变量使用。

三 供应链关系质量与合作绩效

（一）供应链关系质量对合作绩效的影响

正如Rinehart等（2004）[35]指出的那样，供应链成员间建立紧密的合作关系就是为了降低生产成本，缩短流通周期，提升品质及服务。这样就意味着提高供应链关系质量与提高供应链绩效之间存在着必然的正向关系。然而，这篇论文也提出，建立紧密的合作关系需要高昂的成本，这也可能使建立这种关系变得无利可图。最近的研究常常把组织间的合作关系与协作（collaboration）联系在一起，大量文献运用实证来寻找这种协作关系能为企业带来的收益。Droge 和 Germain（2000）发现，协作关系中的信息共享可以帮助企业提升财务绩效。Stank 等（2001）的研究则发现通过与外部伙伴的协作可以改善服务绩效。Corsten 和 Felde（2005）[167]通过对瑞士设备制造商的研究证实，通过与供应商的协作可以提升买方创新能力及财务绩效。Prajogo 和 Olhager（2011）[34]的研究发现，物流整合对运营绩效有非常显著的影响，并且长期合作关系对绩效确实存在着直接及间接的影响，并提出了维持长期供应关系是信息与物流整合动力的结论。国内近年来的实证研究也在制造业和服务业领域验证了这一结论在我国的有效性（潘文安和张红，2006；张翠华和杨佰强，2006；廖成林等，2008；叶飞和徐学军，2009；曾文杰和马士华，2010；等等）。基于 Lages 等（2005）[49]对关系质量的测量方法及 Fynes 和 Voss（2005）[156]的实证框架，本书提出如下假设：

H3a：在对合作绩效的影响路径中，与制造业、服务业等现代行业一样，农-企关系构成中的信任、信息共享、承诺、协作、相互依赖和适应六个因子可以共同构成一个高阶构念——供应链关系质量（SCRQ）。

（二）供应链关系质量在“关系”路径中的作用

作为“关系”研究中的一个重要议题，“关系”与组织绩效的关联性也是学者们关注的焦点。已有文献中，不同的实证研究对于“关系”——绩效相关性得出了不同的结论，如 Peng 和 Luo（2000）[168]通过对中国企业中微观的领导层人际联系与组织绩效间的研究显示，“关系”与绩效具有正向的线性关系；但 Luo 和 Chung（2005）[169]通过对台湾企业的研究却发现，企业领导的个人“关系”对其企业的绩效影响是倒 U 形的；甚至有的研究还显示了负的相关关系（Li et al.，2009[170]；Liu et al.，

2010[171]）。这种不同的结果实际上暗示了不同状况下“关系”对组织绩效的不同影响，特别需要注意的是，它也可能会给绩效带来负面的影响。最新的研究将这种对绩效的影响进行了进一步的深入和细化，即将成员关系细分为商务关系和治理关系；将绩效细分为运营绩效和经济绩效。其研究结果显示，商务关系对运营绩效、治理关系对经济绩效的影响更加显著（Luo et al.，2011）[82]。在农产品领域的农户和企业连接关系中，短期关系偏重于商务关系，而供应链管理模式下的长期合作关系则更偏向于治理关系，而现阶段下的农企关系仍然以商务关系为主。因此本研究认为，农企间存在更高水平的“关系”就意味着有更好的运营绩效。

同时，我们认为“关系”文化对绩效的影响是通过供应链关系质量作为中介来完成的（如图5－5所示）。

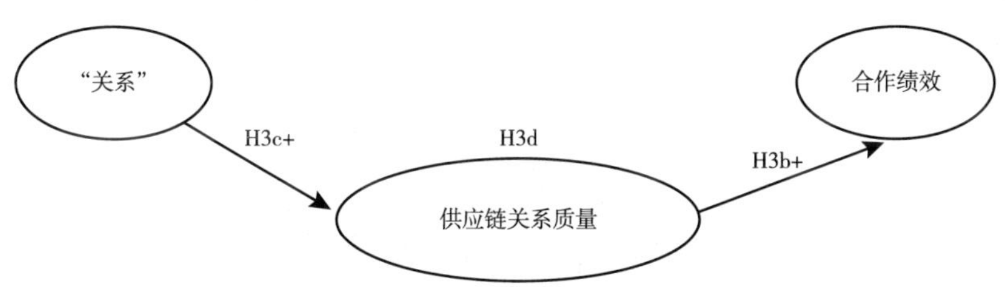

图5－5　“关系”、供应链关系质量与合作绩效的影响路径

H3b：供应链关系质量（SCRQ）与合作绩效有显著的正向关系。

H3c：“关系”与供应链关系质量有显著的正向关系。

H3d：供应链关系质量在“关系”对合作绩效的影响中具有中介效应。

四　中国农－企合作关系研究模型

（一）理论框架

根据以上内容，本书构建了中国基于供应链关系质量的农－企合作研究基本理论框架与模型。整个理论框架由供应链关系质量的构成及其对合作绩效的影响研究；中国社会的“关系”文化对信任与合作绩效的相关性及路径研究，“关系”对信任与交流/信息共享的相关性与路径研究；“关系”对供应链关系质量与合作绩效影响路径研究三个部分组成。如图 5－6 所示。

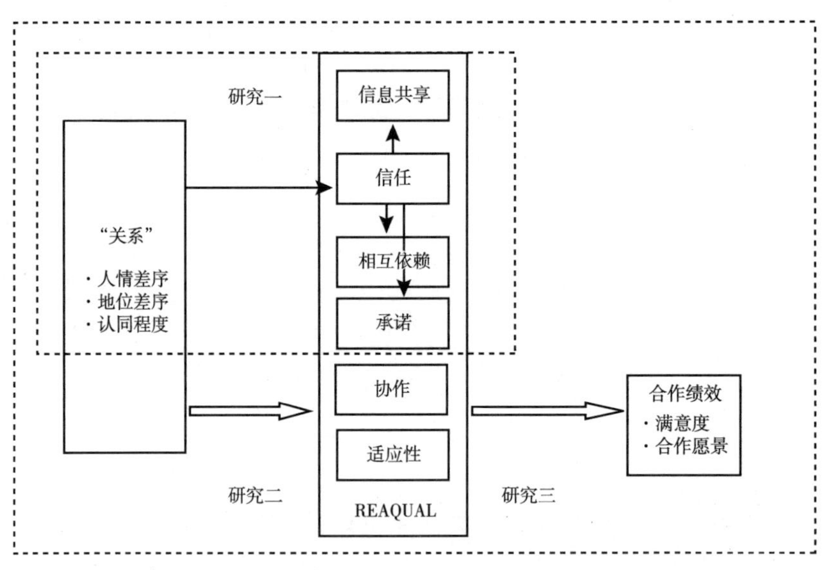

图 5－6　中国农－企合作关系实证研究理论框架

（二）假设汇总

通过构建上述研究框架，本书提出了“关系”会对供应链关系质量的信任、交流/信息共享产生直接或间接的影响，进而对合作绩效产生显著影响的假设。并认为按照供应链关系质量理论，实际上“关系”对合作绩效的影响是通过影响供应链关系质量构成因素的中介方式来完成的。本实证研究的主要假设共分为 3 组 13 个，具体如表 5－1 所示。

表 5－1　本书研究假设关系汇总

假设
H1a“关系”与信任有显著的正向关系
H1b“关系”与合作绩效有显著的正向关系
H1c:信任与合作绩效具有显著的正向关系
H1d:信任在“关系”对合作绩效的影响中具有中介效应
H2a:“关系”与信息共享有显著的正向关系
H2b:信任在“关系”对信息共享的影响路径中具有中介效应
H2c:信息能力差异在“关系”对信任的影响路径中具有调节效应
H2d:“关系”通过信任的中介效应与承诺有显著的正向关系
H2e:“关系”通过信任的中介效应与协作有显著的正向关系
H3a:中国农－企关系构成中的信任、信息共享、承诺、协作、相互依赖和适应六个因子可以共同构成一个直接影响合作绩效的高阶构念——供应链关系质量
H3b:供应链关系质量与合作绩效有显著的正向关系
H3c:“关系”与供应链关系质量有显著的正向关系
H3d:供应链关系质量在“关系”对合作绩效的影响中具有中介效应

第三节　中国农企关系实证研究设计

一　样本数据来源

本书研究的样本来源主要以云南为主，还包括重庆、四川、广西、甘肃、宁夏，共 6 个省份的 28 个县，共向这些地区的农户发出调查问卷 1500 份，相关企业 120 份。最终回收农户问卷 628 份，企业问卷 76 份。剔除填写缺项太多及内容明显前后矛盾等不符合要求的问卷后，最后选用农户问卷343份及企业问卷22份共365份作为研究样本。样本回收率为43.46%，有效回收率为22.53%。对象农户和企业经营产品涉及蔬菜、水果、水稻、小麦等常规农作物种植和猪、牛、羊、鱼等的饲养以及甘蔗、茶叶、咖啡、橡胶等经济作物。

考虑到农户受教育水平状况可能会影响对问卷意思的理解及其真实思想的表达，本次调查专门请家在农村并且以农业经营为主要家庭收入的云南财经大学本专科学生52人作为调查员。调查前进行了较为详细的调查说明。调查员主要针对自己的家庭和关系较为密切的亲戚、朋友家庭进行调查，每名学生负责的调查数限定在10份以内，个别具备特殊条件的（家里为村干部或者农业种养殖、批发经营大户或者在大型农企担任重要职务），适当放宽调查数量限制。调查主要于2011年暑假（7～8月）、2012年寒假（1～2月）学生回家之际展开。另外，还在2011年1月直接针对云南普洱民族中学高中学生68人和云南普洱林业学校学生32人进行了问卷调查。

另外，本书对云南新希望雪兰乳业、云南晨农企业集团、云南滇源经贸有限责任公司等四家龙头企业的一线采购人员进行了农企关系的半结构化的访谈。访谈目的主要是对问卷内容进行筛选，最终的访谈结果经整理后也作为样本数据合并到大样本中。

二　问卷构成与调查内容

本研究的调查问卷分为农户和企业两类，问题所涉及变量完全一致，只是根据家庭与企业的不同情况对问题具体内容进行了修改和调整。对最终所得数据进行了合并，并作为一个大样本进行分析。两类问卷问题都包括基本情况和关系调查两个部分。

（一）基本情况

农户问卷中包括5个问题，分别为主要产品及其收入占比、劳动力数、家庭决策者年龄、主要劳动力的最高受教育程度和产品的主要销售方式。企业问卷包括4个问题，涉及主营业务、企业性质、员工数和初级农副产品的主要采购形式。基本情况的问题主要在研究中作为控制变量使用。

（二）关系调查

主要根据研究内容所涉及的变量，借鉴相关文献所采用的问题进行测量，但由于原文献中的调查对象大都为具有先进生产工艺的现代服务及制造企业，而本研究的对象则主要以中国传统的农户为主。众所周知，中国涉农经营的参与者（本研究中主要为农户及其面对的也是由农户组成的中小型农业企业）普遍受教育程度较低，对于原始问题可能会存在理解障碍及误解，因此本研究对具体的问题表述进行了相应修改，试图在可以被调查对象充分理解的前提下，能尽量提取到足够的准确信息。例如，关于信息能力差异因子的测项中，考虑到调查对象信息化技术运用水平普遍较低，对信息技术的了解和普及程度也远远比不上以往文献中的研究对象，因此，本书将这部分内容主要限定在与生活相关，如智能手机、个人电脑、GPS等相对简单的领域。

三　变量测量

我们进行本次实证研究的调查问卷所涉及的观测变量包括人情差序（Gap of kinship）、认同程度（Identity）、地位差序（Gap of the status）、信任（Trust）、协作（Co-operation）、适应

(Adaptation)、承诺（Commitment)、相互依赖（Interdependence)、信息共享/交流（Information sharing/Communication)、信息能力差异（Gap of IT capacity)、合作愿景（Collaboration vision)、满意度(Satisfaction）和收入（Income）13个，所采用的具体问项大都源自现有文献（见表5－2），少部分问题根据专家咨询和访谈结果得出。问题采用了五级Likert量表形式，但考虑到中国农业成员受教育程度及理解水平，对具体量表内容做出了一定调整（见附录一）。

表5－2 调查问卷主要内容及问题来源

因子	变量	问题	文献作者
"关系"	人情差序 Gap of kinship	GK1:与合作方联系如何建立 GK2:现在与合作方的关系感受 GK3:放弃与对方合作的感受	孙世民等 (2009)[57]
	认同程度 Indentity	Ide1:合作方的正直 Ide2:合作方的信用 Ide3:合作方的能力 Ide4:合作方的做事方法	Ambler等 (1999)[172]
	地位差序 Gap of the status	GS1～GS2:经营规模 GS3:实力	咨询专家
供应链关系质量	信任 Trust	Tru1:合作方值得信任 Tru2:合作方对我的帮助 Tru3:与合作方合作我会成功 Tru4:不会放弃与合作方的合作	Ambler等 (1999)[172]
	信息共享/交流 Information sharing/Communication	Com1:共享/交流方式 Com2:共享/交流频率 Com3～Com5:共享/交流内容	Fynes等 (2005)[156]
	协作 Co-operation	Co1～Co2:生产过程的介入程度 Co3～Co4:贸易方式 Co5:纠纷的解决方式	廖成林等 (2008)[54]

续表

因子	变量	问题	文献作者
供应链关系质量	适应 Adaptation	Adp1:专用设备 Adp2:专用投资 Adp3:专用强度 Adp4:技术支持	廖成林等 (2008)[54]
	承诺 Commitment	Cot1 ~ Cot2:合作关系持续 Cot3:维护合作关系	叶飞和徐学军 (2009)[56]
	相互依赖 Interdependence	Int1:经营依赖 Int2:模式依赖 Int3 ~ Int4:收入依赖 Int5:依赖意愿	Fynes 等 (2005)[156]
信息技术能力	信息能力差异 Gap of IT capacity	CIT1 ~ CIT2:自己的能力状况 CIT3:能力投资意愿 CIT4 ~ CIT5:合作方的能力状况	Green 和 Brock (2005)[173]
合作绩效	合作愿景 Collaboration vision	CV1:合作持续性 CV2:合作支持 CV3:合作意愿	Tsui 等 (1992)[166]
	满意度 Satisfaction	Sat1:工作状态和收入 Sat2:与合作方的关系 Sat3 ~ Sat4:状态感知	Tsui 等 (1992)[166]

（一）“关系”

虽然“关系”的构成非常复杂，但作为研究对象也必须具备可度量属性。因此本书根据文献及对相关专家和实践管理者的咨询访问结果，直接将差序格局中的三个维度作为观测变量。借鉴孙世民等（2009）[57]研究中所使用的问卷设计思路，其中，人情差序根据合作建立过程中所选择的途径（包括随机寻找、政府介绍、第三方介绍、朋友及亲戚五个选项作为表征“关系”强度的不同级别）、个体主观感受（包括对现有“关系”的认知和实际“关系”的感知两个问项，同样分为五级不同强度)，以及维持“关系”的意愿强度三个方面共四个题项得出。认同程度的测量采用的是 Ambler 等（1999）[172]的问卷内容，测量对合作方人品、商业素养、做事方法及能力的认同强度，认同程度的度量客观上包含了文化影响因素，考虑到一个地区农户的文化背景因素应该是完全相同或者相似的，而且个体彼此间的认同一般需要有共同的价值观，并符合双方的习俗“惯例”（Ruther-ford，1990）。地位差序则是一种双方合作客观条件的差距，经过咨询专家采用问卷中农户与企业客观现状进行计算量化得出。

（二）信任

现有文献中对信任测量的量表很多，本书采用的是 Ambler 等（1999）[172]所使用的信任量表。问卷由四个题项构成，分别为是否值得信任、合作对自身的帮助、对合作效果的前景预测以及对合作维持的意愿四个方面，五点量表的分值分别代表针对每个问项感知到的不同强度。

（三）交流

在供应链的研究文献中，信息共享是一个必然涉及的焦点。从文献中也可看出，交流与信息共享在很大程度上是具有相同含义的（Fisher，1997；Huang et al.，2002；Pagell，2004；Power，2005）。如前所述，由于本研究调查对象的种种客观条件限制，在运用现代信息技术以实现生产、流通信息共享的水平还处于一个非常低的层次，因此本研究问卷设计时将信息共享（包括农户生产信息对采购方的共享，以及采购企业向农户及时通报市场信息和产品加工信息等）与交流方式（电话通报、聊天形式的通报等）合并为一个观测变量——交流/信息共享。并采用 Fynes 等（2005）[156]研究中使用过的交流水平测量方法进行了问卷设计。内容主要包括信息交换的频率、为对方提供对其有利的市场（生产）信息的程度、双方为对方提供自身专用信息的程度、相互通报对对方产生影响的信息的程度。

（四）关系承诺

关系承诺是供应链伙伴间建立稳定、持久合作关系的一个非常重要的因素，指自愿地尽力去维护合作关系，并表明在遇到不可预见问题时仍继续保持这种关系的态度（Gundlach et al.，1995）。这是一个与合作关系维持时间相关的因素。关系承诺的一个具体表现就是通过投资专用性交易资产来表明对未来合作的信心及态度（Anderson & Weitz，1992）。对关系承诺的研究早期大都着眼于组织承诺，近年来才开始作为一种合作双方的心理契约（Lagace et al.，1991；Moorman et al.，1992；Thomas et al.，1999）。本书借鉴叶飞和徐学军（2009）[56]所采用的问卷量表内容，分别从合作的中断、合作的持续及合作的维持意愿三个方面来对关系承诺强度进行测量。

（五）合作绩效

目前的文献对于究竟什么是合作绩效仍存在争议。有学者认为，在成果价值难以评估或投入资源不同等条件下，不应纯粹以客观产出指标来衡量这种绩效，而加入适当的主观指标则非常必要[165]。考虑到中国区域发展的不平衡，农产品产销又会因自然禀赋的不尽相同而导致收入的不均。再加上当下中国农业供应链管理实践尚处于初级阶段，大多数农企合作的属性仍属于传统商务关系，这些都给客观的运营绩效带来显著的影响（Luo et al.，2011）[82]，因此本书借鉴 Tsui 等（1992）[166]研究中所采用的自分类理论，仅采用主观评价法，即在个体水平应用自我识别的两个维度——满意度和合作愿景作为合作绩效的度量。其中，合作愿景包括顺利合作的展望、对合作进行继续投入的意愿以及对持续合作的意愿三个问项；满意度包括对工作状态及收入的满意度、对关系的满意度和对经营状况（横向及纵向对比）的满意度共四个问项。

（六）控制变量

根据本研究的调研结果，数据样本中经营品种涉及蔬菜、水果等易腐农产品，水稻、小麦等粮食作物，茶叶、咖啡、烟叶等销售前需要经过初加工的农副产品，甘蔗、橡胶等作为工业原材料的农副产品和牲畜饲养五大类；同时，样本也涉及自产自销、合同收购、基地种植等不同的经营方式；再考虑到经营规模、人均总收入以及受教育程度也会对个体的主观合作感受造成一定影响，因此，本书在研究中将产品类型、劳动力人均收入、决策者受教育程度和主要销售方式四个变量作为控制变量，以剔除其对研究结果产生的影响。

第四节　研究量表的信度效度检验

一　描述性统计

为了对样本概况有个全面认识，本书根据问卷中基本情况部分内容，分别对样本数据进行了产品类型、劳动力人均收入、家庭劳动力人数、决策者受教育程度和产品的主要销售方式五个分组的控制变量频率统计，其结果如表 5 - 3 所示。

表 5－3　数据样本基本情况描述

基本特征	样本数量	百分比(%)	基本特征	样本数量	百分比(%)
产品类型			5 人以上	3	0.8
1. 生鲜类	116	31.8	缺失	1	0.3
2. 粮食类	119	32.6	合计	365	100.0
3. 初加工类	85	23.3	决策者受教育程度		
4. 工业原料类	24	6.6	1. 小学以下	17	4.7
5. 养殖类	16	4.4	2. 小学	101	27.7
缺失	5	1.4	3. 初中	187	51.2
合计	365	100.0	4. 高中及中专	53	14.5
人均经营收入			5. 大专及以上	7	1.9
1. 3000 元以下	9	2.5	缺失	0	0
2. 3000～5000 元	66	18.1	合计	365	100.0
3. 5000～10000 元	95	26.0	产品销售方式		
4. 10000～15000 元	127	34.8	1. 集市出售	178	48.8
5. 15000 元以上	67	18.4	2. 上门收购	146	40.0
缺失	1	0.3	3. 合同收购	31	8.5
合计	365	100.0	4. 企业包销	9	2.5
家庭劳动力人数			5. 拍卖	1	0.3
2 人及以下	240	65.8	缺失	0	0
3～5 人	121	33.2	合计	365	100.0

（一）产品类型

本书首先对种植品种进行了分类，将涉及的主要农副产品分为：①具有保鲜期及保质期限制的生鲜农产品类（蔬菜、水果等）；②保质期较长的粮食类（小麦、水稻、玉米等）；③需要经过粗加工才能进行销售的农产品类（咖啡、茶叶、烤烟等）；④作为工业原料的农林产品类（甘蔗、橡胶、松香等）；⑤畜牧养殖产品类（猪、牛、羊及鸡、鸭等）。频率统计结果显示，有效统计样本占比 98% 以上（基本情况缺失的样本在筛选时并未剔除)，其中养殖类和工业原料类产品样本较少（占比分别为4.4%和6.6%），生鲜类、粮食类和初加工类的分布较为平均（占比分别为31.8%、32.6%、23.3%）。

（二）劳动力人均收入

根据回收样本的基本情况和考虑到农业的季节性经营特征，本书对问卷收入问项进行了相应调整后才作为人均收入变量：将主要产品人均经营收入除以该项经营收入的家庭收入占比。然后进行了分组操作：①3000元以下；②3000～5000元；③5000～10000元；④10000～15000元；⑤15000元以上。统计结果显示：样本收入分布较为平均，5档收入中，人均年收入在3000元以下的仅占2.5%，超过15000元的占18.4%，说明收入档次的幅度设计除稍微偏低外基本合理。

（三）家庭劳动力人数

本项直接以问项内容作为变量值。统计结果显示，样本中小家庭作业占了绝大部分，特别是1～2人的小型家庭经营占65.8%，3～5人的占33.2%，两项合计高达98.9%，表明我国以家庭为单位的农业经营模式继续呈现高度细碎化态势。

（四）决策者受教育程度

对家庭决策者受教育程度变量数据的采集，本书在基本情况问项中设置了五个选项：①小学以下；②小学；③初中；④高中及中专；⑤大专及以上。调查结果显示，具有小学及初中水平的中等教育程度家庭决策者在样本中占最大比例（两项合计占78.9%），受过大专以上高等教育的家庭决策者比例最小（1.9%）。再一次印证了我国农业经营领域参与者受教育程度相对较低的现状，不过也应该看到受过高等教育的人员也开始逐渐进入这一领域。

（五）产品主要销售方式

本书问卷将产品销售方式分为五类：①集市出售；②上门收购；③合同收购；④企业包销；⑤拍卖。统计结果显示，调查样本中大多数农户仍以传统的市场为手段销售产品。其中自己到集市向不特定对象出售产品的高达48.8%，与特定企业进行直接联系的企业上门收购方式占40%，居第二位，属于新型渠道治理模式的合同销售仅占8.5%，企业包销占2.5%。说明中国农产品市场中传统渠道治理方式仍然占据主要位置。

二　信度检验

信度是指利用所选用量表进行测量的结果具有的一致性（consistency）或稳定性（stability），也就是研究者对于相同的或相似的现象（或群体）进行不同的测量（不同形式或不同时间）的结果的一致性程度。任何测量的观测值包括实际值与误差值两部分，而信度愈高表示其误差值愈低，如此则所得的观测值就不会因形式或时间的改变而变动，故有相当的稳定性[174]。本书对问卷中所涉及变量的测量量表部分，采用在Likert量表中常用的Cronbach's α信度检验方法进行了检验。

采用SPSS 18.0软件对样本数据进行可靠性分析的结果如表5-4所示。一般来说，Cronbach's α值>0.70时，属于高信度；0.35≤Cronbach's α值≤0.70时，属于尚可；Cronbach's α值<0.35时为低信度，Bagozzi和Yi（1988）[175]认为在社会科学领域组合信度达0.6即可。本研究所涉及的11组变量中量表α系数值均大于0.60。因此，从总的来看，本书量表数据的结

果属于可接受的信度范围。量表中大于0.8的有合作愿景、经营满意度2组，表征“关系”因子的几组变量人情差序、认同程度、协作和承诺的α系数值均较低（低于0.7）。人情差序最低，仅为0.674，这可能是由于原始文献中的调查对象一般都具有较高素质，而本次调查完全针对知识水平较低的农户，同时，与另外一个较低变量系数的承诺一样，可能是因为有的被调查者对问题含义产生歧义所致，针对这一问题，还有待在今后研究中进一步改进和完善。

表5－4　量表的信度检验

因子	变量	问题数	Cronbach's α	组合信度 CR
“关系”	人情差序(GK)	3	0.674	0.701
	认同程度(Ide)	4	0.691	
	地位差序(GS)	3	0.713	
供应链关系质量	信任(Tru)	4	0.742	0.884
	协作(Co)	5	0.688	
	适应(Adp)	4	0.766	
	承诺(Cot)	3	0.695	
	相互依赖(Int)	5	0.754	
	信息共享/交流(Com)	5	0.734	
合作绩效	合作愿景(CV)	3	0.846	0.801
	满意度(Sat)	4	0.820	

三　效度检验

效度（Validity）是用以检测测量工具是否符合测量目标的程度，这个值越高，表示测量值越能表现检测对象的真正特征。

学术研究中所涉及的效度包括内容效度（content validity）、实用效度（pragmatic validity）和建构效度（constructive validity）三类。

（一）内容效度

内容效度是指该测量工具是否涵盖了它所要测量的某一观念的所有项目（层面）。对于内容效度的决定，是靠研究者来判断的。在确定测量工具时，研究者必须考虑两件事情：①测量工具是否能真正测量到所想要测量的观念（变量）；②测量工具是否涵盖了所要测量的观念（变量）的各项目（各层面）。由于本书所涉及各变量的题项内容及量表形式大都是以国内外学者的研究为基础，所以可认为已具备相当的内容效度。而有限的自编题项也经过相关学科专家的审阅，并根据实践领域专家的建议进行了修改，故本问卷在内容效度上应该是能够符合并达到研究要求的。

（二）实用效度

实用效度也称为校标效度，通常是指对同一观念的多重测量，即当目标问题内涵较复杂时，使用的测量工具能否涵盖到这一复杂概念的每一个方面。在实际研究中，通常以一个已被证明具有校标效度的测量工具来检视另外一个测量工具的指标。本书测量所采用的工具多为已被其他学者使用并证明是有效的，因此，本研究在多方征求专家意见的基础上，主观认为具有一定的实用效度，在今后研究中还需要不断改进和完善。

（三）建构效度

建构效度是指测量工具能够测量理论概念或特质的程度，又分为收敛效度和区别效度。收敛效度（convergent validity）探讨的是采用不同方法测量同一特质对象所表现出的一致性程度，探讨的是周延性的问题，即各可观测变量反映潜变量特质的一致性，涉及的是周延性问题。区别效度（discriminant validity）指不同特质之间的区别性，即要求各因子之间具有显著差异，探讨的是排他性的问题。在实际研究中一般采用探索性因子分析EFA（Exploratory Factor Analysis）和验证性因子分析CFA（Confirmatory Factor Analysis）来验证建构效度的适切性与真实性[176]。

对于本书测量量表的建构效度，本书首先采用了探索性因子分析来探索问卷与相关构念之间的相关性，确定各变量的组成。本书采用的具体方法是，运用SPSS 18.0软件的因子分析（factor analysis），抽取特征值大于1的因素，然后选取正交旋转法中的方差最大（Varimax）对因子载荷矩阵进行正交旋转（orthogonal rotation），最后根据问项权重进行因子的聚合检验。检验结果显示，共识别出11个因子，并且每个因子的变量最大负荷量结果与本书理论相符。因此，可以认为本书量表具有较好的收敛效度。

1. 收敛效度

接下来本书分别对每个变量量表进行探索性因子分析，并且利用AMOS 18.0软件对不同因子组合进行模型拟合，通过模型拟合情况来验证所用量表的收敛效度。其结果如下。

（1）“关系”量表。本书调查问卷涉及“关系”变量的问项共有10个，运用SPSS 18.0软件对测量值进行探索性因子分析的结果如表5－5所示。

结果显示，累计变异量为59.898%，所有的因子负荷量都在0.5以上，不需要剔除任何一个项目。

表 5－5　“关系”观测变量的因子负荷

观测变量	问项内容	因子负荷量	KMO 值
人情差序（Gap of kinship）	GK1 建立交易“关系”的途径	0.846	0.665
	GK2 与交易对象的“关系”现状感知	0.886	
	GK3 对现有“关系”的客观反映水平	0.568	
认同感（Identify）	Ide1 对对方“正直”程度评价	0.770	
	Ide2 对对方“信用”程度评价	0.800	
	Ide3 对对方“能力”程度评价	0.570	
	Ide4 对对方“行事风格”评价	0.674	
地位差序（Gap of states）	GS1 自己的规模和属性	0.867	
	GS2 对方的规模和属性	0.873	
	GS3 地位差距感知	0.601	
累计方差（%）＝59.898			

采用 AMOS 18.0 软件对该变量的验证性因子分析显示，一阶模型输出的拟合结果为：卡方自由度比 $\chi^2/df=15.14$，拟合度 GFI＝0.784，调整 AGFI＝0.670，基准拟合度 NFI＝0.406，比较拟合度 CFI＝0.417，平均残差平方根 RMSEA＝0.197，模型拟合度较差。二阶模型输出的拟合指标为：卡方自由度比 $\chi^2/df=1.855$，拟合度 GFI＝0.963，调整 AGFI＝0.937，基准拟合度 NFI＝0.921，比较拟合度 CFI＝0.954，平均残差平方根 RMSEA＝0.059，模型拟合度远远优于一阶模型指标，符合模型标准，说明“关系”为二阶因子。

（2）信任量表。涉及问项共 4 个，探索性因子分析的结果如表 5－6 所示。

结果显示，累计变异量为 56.520%，所有的因子负荷量都在 0.5 以上，不需要剔除任何一个项目。

表 5－6　信任观测变量的因子负荷

因子	观测变量	因子负荷量	KMO 值
信任（Trust）	Tru1 对合作方的信任程度	0.794	0.752
	Tru2 合作方对我的帮助程度	0.800	
	Tru3 与合作方继续合作能否成功	0.767	
	Tru4 重新选择其他合作者的意愿	0.635	
累计方差（%）＝56.520			

（3）信息共享/交流量表。涉及问项共 5 个，探索性因子分析的结果如表 5－7 所示。

表 5－7　信息共享/交流观测变量的因子负荷

因子	观测变量	因子负荷量	KMO 值
信息共享/交流（Information sharing/Commnunication）	Com1 沟通频率	0.581	0.761（0.744）
	Com2 产品信息共享	0.736（0.758）	
	Com3 加工信息共享	0.661（0.631）	
	Com4 成本信息共享	0.725（0.778）	
	Com5 市场信息共享	0.766（0.789）	
累计方差（%）＝48.583（58.708）			

注：括号内数据为剔除问项 1 后的指标。

结果显示，累计变异量为 48.583%，低于 50%，因此我们剔除了因子负荷量最小的沟通频率问项。剔除该问项后，累计方差变异上升为 58.708。剩余问项因子负荷量均在 0.5 以上。

（4）协作量表。涉及问项共 5 个，探索性因子分析的结果如表 5－8 所示。

结果显示，累计变异量偏低，为 48.462%，问项中 Co5 因子负荷量小于 0.5，应予以剔除。剔除后累计方差为 58.708%。

表 5 -8 协作观测变量的因子负荷

因子	观测变量	因子负荷量	KMO 值
协作 (Co-operation)	Co1 产品品种的确定方式	0.781(0.787)	0.660 (0.717)
	Co2 收获时机的确定方式	0.768(0.781)	
	Co3 交易的确定方式	0.822(0.826)	
	Co4 收购标准的确定方式	0.653(0.662)	
	Co5 纠纷的解决途径和办法	0.348	
累计方差(%) =48.462(58.708)			

注：括号内数据为剔除问项 5 后的指标。

(5) 适应量表。涉及问项共 4 个，探索性因子分析的结果如表 5 -9 所示。

表 5 -9 适应观测变量的因子负荷

因子	观测变量	因子负荷量	KMO 值
适应 (Adaptation)	Adp1 专用设备所占比例	0.747	0.755
	Adp2 专用投资所占比例	0.800	
	Adp3 生产方式的专用比例	0.756	
	Adp4 生产问题的解决方式	0.765	
累计方差(%) =58.864			

结果显示，累计变异量为 58.864%，所有的因子负荷量都在 0.5 以上，不需要剔除任何一个项目。

(6) 承诺量表。涉及问项共 3 个，探索性因子分析的结果如表 5 -10 所示。

结果显示，累计变异量为 62.380%，所有的因子负荷量都在 0.5 以上，不需要剔除任何一个项目。

表 5-10　承诺观测变量的因子负荷

因子	观测变量	因子负荷量	KMO 值
承诺（Commitment）	Cot1 对保持关系的承诺	0.761	0.659
	Cot2 对保持关系的希望	0.829	
	Cot3 对保持关系的投入承诺	0.778	
累计方差（%）=62.380			

（7）相互依赖量表。涉及问项共 5 个，探索性因子分析的结果如表 5-11 所示。

表 5-11　相互依赖观测变量的因子负荷

因子	观测变量	因子负荷量	KMO 值
相互依赖（Interdependence）	Int1 产品销售的依赖	0.755	0.758
	Int2 经营模式的依赖	0.808	
	Int3 收入的依赖	0.786	
	Int4 关系破裂带来的影响	0.570	
	Int5 期望维系关系的强度	0.612	
累计方差（%）=50.799			

结果显示，累计变异量偏低，为 50.799%，所有的因子负荷量都在 0.5 以上，不需要剔除任何一个项目。

（8）合作绩效量表。本书调查问卷涉及合作绩效变量的问项共有 7 个，运用 SPSS 18.0 软件对测量值进行探索性因子分析的结果如表 5-12 所示。

结果显示，累计变异量为 71.748%，所有的因子负荷量都在 0.5 以上，不需要剔除任何一个项目。

表 5－12　合作绩效观测变量的因子负荷

<table>
<tr><th>因子</th><th>观测变量</th><th>因子负荷量</th><th>KMO 值</th></tr>
<tr><td rowspan="3">合作愿景（Collaboration Vision）</td><td>CV1 合作持续性感知</td><td>0.940</td><td rowspan="7">0.789</td></tr>
<tr><td>CV2 合作收入期望</td><td>0.727</td></tr>
<tr><td>CV3 合作持续愿望</td><td>0.920</td></tr>
<tr><td rowspan="4">合作满意度（Satisfaction）</td><td>Sat1 收入及状态满意度</td><td>0.825</td></tr>
<tr><td>Sat2 合作关系满意度</td><td>0.749</td></tr>
<tr><td>Sat3 同类对比满意度</td><td>0.765</td></tr>
<tr><td>Sat4 职业满意度</td><td>0.815</td></tr>
<tr><td colspan="4">累计方差（%）=71.748</td></tr>
</table>

采用 AMOS 18.0 对该变量的验证性因子分析显示，一阶模型输出的拟合结果为：卡方自由度比 $\chi^2/df=33.193$，拟合度 GFI＝0.660，调整 AGFI＝0.321，基准拟合度 NFI＝0.622，比较拟合度 CFI＝0.627，平均残差平方根 RMSEA＝0.297，模型拟合度较差。二阶模型输出的拟合指标为：卡方自由度比 $\chi^2/df=5.402$，拟合度 GFI＝0.951，调整 AGFI＝0.894，基准拟合度 NFI＝0.943，比较拟合度 CFI＝0.953，平均残差平方根 RMSEA＝0.110，模型拟合度远远优于一阶模型指标，并达到模型标准，说明合作绩效为二阶因子。

2. 区别效度

区别效度需要检验不同因子特质之间的区别，即要求验证各不同因子之间具有显著差异的潜在特质间低度相关或有显著的差异存在。这种差异性可以通过运用 AMOS 软件求两个构面或面相间区别效度的简单检验方法加以验证：利用单群组生成两个模型，分别为未限制模型（潜在构念间的共变关系不加以限制为 1，潜在构念间的共变参数为自由估计参数）与限制模型（潜在构念间的共变关系限制为1，潜在构念间的共变参数为固定参数），接着进行两个模型的卡方值差异比较，若是卡方值差异量大且达到显著水平（$P<0.05$），表示两个模型间有显著的不同，未限制模型的卡方值愈小则表示潜在特质（因素构面）间相关性愈低，其区别效度就愈高（张绍勋，2005；Bagozzi & Phillips，1982）。卡方值差异量检验结果，若是限制模型与非限制模型之间卡方值差异量达到0.05的显著水平，表示潜在构念间具有高的区别效度[176]。

本书理论模型涉及13个因子（其中2个已证明为二阶因子），现将这些构念间两两相关的CFA模型与上述限制性模型比较，其结果如表5－13所示。

表5－13　变量区别效度分析

构念名称	模式	χ^2	$\triangle\chi^2$
信任（Trust）	与Com相关模型	78.212(236.157)	157.945***
	与Co相关模型	70.775(193.241)	122.466***
	与Adp相关模型	43.306(208.432)	165.127***
	与Cot相关模型	22.512(175.065)	152.553***
	与Int相关模型	64.352(216.822)	152.470***
	与GK相关模型	31.666(112.684)	81.019***
	与Ide相关模型	43.710(169.099)	125.389***
	与GS相关模型	19.832(167.988)	148.156***
	与CV相关模型	34.109(65.958)	31.850***
	与SAT相关模型	25.941(172.170)	146.229***
信息共享/交流（Information sharing/Commnunication）	与Co相关模型	113.704(225.567)	111.862***
	与Adp相关模型	82.981(215.530)	132.549***
	与Cot相关模型	41.539(213.105)	171.566***
	与Int相关模型	115.314(239.537)	124.223***
	与GK相关模型	73.457(173.686)	100.229***
	与Ide相关模型	63.135(218.163)	155.028***
	与GS相关模型	38.727(231.194)	192.466***
	与CV相关模型	84.236(126.479)	42.243***
	与SAT相关模型	76.747(227.835)	151.088***

续表

构念名称	模式	χ^2	$\triangle\chi^2$
协作 (Co-operation)	与 Adp 相关模型	94.733(180.227)	85.493***
	与 Cot 相关模型	74.851(215.559)	140.708***
	与 Int 相关模型	65.322(225.342)	160.019***
	与 GK 相关模型	62.241(120.065)	57.824***
	与 Ide 相关模型	78.623(204.854)	126.232***
	与 GS 相关模型	67.766(170.915)	103.150***
	与 CV 相关模型	65.844(86.047)	20.203***
	与 SAT 相关模型	65.470(208.042)	142.572***
适应 (Adaptation)	与 Cot 相关模型	43.759(204.974)	161.215***
	与 Int 相关模型	75.794(167.067)	91.273***
	与 GK 相关模型	27.507(118.816)	91.309***
	与 Ide 相关模型	31.453(216.783)	185.329***
	与 GS 相关模型	22.720(177.512)	154.792***
	与 CV 相关模型	47.559(91.586)	44.027***
	与 SAT 相关模型	42.139(170.101)	127.962***
承诺 (Commitment)	与 Int 相关模型	65.322(225.342)	160.019***
	与 GK 相关模型	16.495(125.704)	109.209***
	与 Ide 相关模型	28.411(177.465)	149.055***
	与 GS 相关模型	17.111(200.816)	183.705***
	与 CV 相关模型	27.598(71.529)	43.930***
	与 SAT 相关模型	11.791(163.404)	151.613***
相互依赖 (Interdependence)	与 GK 相关模型	47.806(138.302)	90.496***
	与 Ide 相关模型	68.956(250.008)	181.052***
	与 GS 相关模型	90.496(169.155)	117.530***
	与 CV 相关模型	57.150(86.259)	29.109***
	与 SAT 相关模型	64.037(217.661)	153.623***
人情差序 (Gap of kinship)	与 Ide 相关模型	30.805(110.443)	79.639***
	与 GS 相关模型	15.349(98.741)	83.391***
	与 CV 相关模型	32.043(48.056)	16.014***
	与 SAT 相关模型	20.634(102.602)	81.967***

续表

构念名称	模式	χ^2	$\triangle\chi^2$
认同程度（Identity）	与 GS 相关模型	32.315(206.092)	173.778***
	与 CV 相关模型	29.670(65.385)	35.715***
	与 SAT 相关模型	44.016(186.198)	142.182***
地位差序（Gap of states）	与 CV 相关模型	6.649(28.829)	22.181***
	与 SAT 相关模型	11.861(191.335)	179.474***
合作愿景(CV)	与 SAT 相关模型	70.229(108.962)	38.734***

注：括号内为相关系数限定为 1 时的 χ^2 值，$\triangle\chi^2$ 以相关系数未限定时的测量模式为基准。*** 表示 $P<0.001$。

从以上结果可以看出，本书涉及的 11 个构念两两相关的 CFA 模型均显示为，做任何限制的模型 χ^2 均小于限定二者关系为 1 时的 CFA 模型，且均在 0.001 水平上显著，说明本书不同构念间具有极佳的区别效度。

第六章　中国农户与企业合作关系实证研究

第一节　变量间两两关系分析

本节对模型主要研究变量进行了描述性统计，运用 SPSS 18.0 软件对数据进行 zero-order pearson correlations 相关系数分析，并计算各变量的均值和标准差。

结果显示，控制变量中只有销售方式与受教育程度显著相关（$r=0.204$，$P<0.01$）；产品种类与家庭成员数负相关（$r=-0.121$，$P<0.05$），同时与信息能力差异也是负相关的（$r=-0.141$，$P<0.01$）。控制变量与模型变量的关系中，产品种类与相互依赖显著相关（$r=0.134$，$P<0.05$）；人均收入则与关系（$r=0.194$，$P<0.01$）、信任（$r=0.165$，$P<0.01$）、交流（$r=0.140$，$P<0.01$）、协作（$r=0.143$，$P<0.01$）、承诺（$r=0.108$，$P<0.05$）和合作绩效（$r=0.217$，$P<0.01$）都显著正相关；家庭成员数只与相互依赖负相关（$r=-0.103$，$P<0.05$）；决策者年龄与所有变量的相关性都不显著；受教育程度与关系（$r=0.141$，$P<0.01$）、信任（$r=0.203$，$P<0.01$）、交流（$r=0.166$，$P<0.01$）、协作（$r=0.171$，$P<0.01$）和相互依赖（$r=0.110$，

$P<0.05$）都显著正相关；主要销售方式与所有变量——关系（$r=0.361$，$P<0.01$）、信任（$r=0.210$，$P<0.01$）、交流（$r=0.128$，$P<0.05$）、协作（$r=0.275$，$P<0.01$）、适应（$r=0.197$，$P<0.01$）、承诺（$r=0.142$，$P<0.01$）、相互依赖（$r=0.237$，$P<0.01$）、合作绩效（$r=0.215$，$P<0.01$）都显著相关。

结果还显示，模型变量之间除了信息能力差异仅与相互依赖呈显著的负相关性（$r=-0.198$，$P<0.01$）而与其他变量不相关外，其余变量间大都呈显著的相关关系（详见表6－1）。

通过对以上数据结果分析可知，变量间相关性与本书理论模型预期具有较好的一致性。要验证本书模型的合理性还需要通过对各个变量进行模型回归的结果来检验和验证。因此，在接下来的部分将对模型进行验证和分析。

第二节　变量间效应分析

对于上一章理论假设中变量间的效应关系，本节将利用SPSS 18.0软件的层次回归分析法对中介效应和调节效应显著性进行检验。其中，利用SPSS软件进行中介效应检验，主要有以下四个步骤。第一步：将自变量（X）、中介变量（M）、因变量（Y）对应的潜变量的项目得分合并取均值并中心化。第二步：按温忠麟中介检验程序进行第一步检验，即检验方程 $Y=cX+e$ 中的 c 是否显著。第三步：按温忠麟第二步检验程序分别检验 $M=aX+e$ 和 $Y=c'+bM+e$ 中 a 和 b 的显著性，如果都显著，则需要检验部分中介效应和完全中介效应；如果都不显著，则停止检验；如果 a 和 b 中只有一个较显著，则进行sobel检验。第四步：检验部分中介与完全中介，即检验 c' 的显著性。

表 6－1　中国农－企关系实证研究各变量均值、标准差和相关系数

Variables	1	2	3	4	5	6	7	8	9	10	11	12	13	14	15
1. 产品种类															
2. 人均收入	0.062														
3. 家庭成员数	-0.121*	0.089													
4. 决策者年龄	-0.040	0.016	0.023												
5. 受教育程度	-0.095	0.068	0.090	-0.018											
6. 主要销售方式	0.103	0.089	0.067	-0.079	0.204**										
7. 信息能力差异	-0.141**	-0.053	0.023	0.015	-0.070	-0.054									
8. 关系	0.085	0.194**	0.098	-0.005	0.141**	0.361**	-0.050	(0.70)							
9. 信任	0.052	0.165**	0.058	-0.059	0.203**	0.210**	-0.082	0.559**	(0.74)						
10. 交流/信息共享	0.080	0.140**	0.043	-0.013	0.166**	0.128*	-0.089	0.327**	0.409**	(0.73)					
11. 动作	0.037	0.143**	0.012	0.003	0.171**	0.275**	-0.072	0.370**	0.390**	0.401**	(0.69)				
12. 适应	-0.024	0.042	0.020	-0.011	0.049	0.197**	-0.005	0.225**	0.318**	0.378**	0.388**	(0.77)			
13. 承诺	0.091	0.108*	0.077	0.003	0.077	0.142**	-0.091	0.340**	0.504**	0.421**	0.301**	0.290**	(0.70)		
14. 相互依赖	0.134*	0.067	-0.103*	-0.049	0.110*	0.237**	-0.198**	0.273**	0.338**	0.449**	0.486**	0.476**	0.275**	(0.75)	
15. 合作绩效	0.096	0.217**	0.084	0.007	0.087	0.215**	-0.072	0.475**	0.508**	0.492**	0.358**	0.375**	0.477**	0.375**	(0.80)
均值	2.68	3.49	2.54	2.76	2.81	1.65	3.62	2.2749	3.0336	2.1443	3.0432	3.2110	2.7123	2.3144	2.8822
标准差	3.091	1.064	1.004	1.313	0.807	0.760	1.267	0.92562	0.57900	0.73538	0.58043	0.78844	0.72125	0.72767	0.65824

注：* 为 $P < 0.05$，** 为 $P < 0.01$。

一 “关系”、信任与合作绩效

第一步：首先检验“关系”与信任之间的显著性，其回归结果如表6－2、表6－3所示。第二步：检测信任对合作绩效的显著性。第三步：将“关系”和信任同时作为自变量对合作绩效进行线性回归，检测其显著性。第二、三步运用SPSS 18.0软件对数据进行层次回归时，首先放入因变量，依次放入控制变量和中介变量。其输出结果见表6－4、表6－5。

表6－2 “关系”对信任的模型汇总

模型	R	R^2	调整 R^2	标准估计的误差	更改统计量				
					R^2 更改	F 更改	df1	df2	Sig. F 更改
1	0.559[a]	0.312	0.310	0.48213	0.312	164.566	1	363	0.000

a. 预测变量：（常量），guanxi。

表6－3 “关系”对信任的模型回归系数[a]

模型		非标准化系数		标准化系数	t	Sig.
		B	标准误差	试用版		
1	（常量）	1.489	0.124		12.034	0.000
	guanxi	0.626	0.049	0.559	12.828	0.000

a. 因变量：TRU。

表6－4 信任中介效应检验模型汇总

模型	R	R^2	调整 R^2	标准估计的误差	更改统计量				
					R^2 更改	F 更改	df1	df2	Sig. F 更改
1	0.316[a]	0.100	0.084	0.81513	0.100	6.492	6	352	0.000
2	0.505[b]	0.255	0.240	0.74264	0.155	73.072	1	351	0.000
3	0.578[c]	0.334	0.318	0.70328	0.079	41.390	1	350	0.000

a. 预测变量：（常量），MoS，Memb，Age，Income，KoP，Edu。

b. 预测变量：（常量），MoS，Memb，Age，Income，KoP，Edu，guanxi。

c. 预测变量：（常量），MoS，Memb，Age，Income，KoP，Edu，guanxi，TRU。

表 6 -5　信任中介效应检验模型

	标准化系数(因变量:合作绩效)		
	模型 1	模型 2	模型 3
(控制变量)产品种类 KoP	0.077	0.053	0.049
收入 Income	0.195	0.13	0.111
家庭成员数 Memb	0.085	0.058	0.06
决策者年龄 Age	0.023	0.013	0.033
最高教育程度 Edu	0.014	-0.01	-0.053
销售方式 MoS	0.18	0.036	0.044
(自变量)关系 guanxi		0.432**	0.247**
(中介变量)信任 TRU			0.344**
R^2	0.084	0.240	0.318
ΔR^2	0.100	0.155	0.079
F	6.492	17.143	21.9
ΔF	6.492	73.072**	41.390**

Notes：因变量，PERF；N =365；** 为 P <0.01；* 为 P <0.05。

由以上数据结果可知，“关系”对信任具有显著正效应，相关系数 r =0.559，P <0.001；同时，“关系”对合作绩效也具有显著的正效应，相关系数 r =0.432，P <0.001；因此，“关系”对信任以及“关系”对合作绩效的显著性假设检验都得到了验证和支持。当将信任作为中介变量时，“关系”的相关系数由 0.432 减少到 0.247，仍具显著性，在多层线性回归分析中，F 更改值具有显著性。信任的中介效应占总效应的比值为 effect = a · b/c =0.344 × 0.559/0.432 =0.45。中介效应的方差变异为 Sqrt（0.334 -0.255） = 0.28。说明信任在“关系”和合作之间中介效应较弱[177]。“关系”与合作绩效之间的影响路径仍需要在后续研究中进一步探讨。

二　“关系”、信任与交流/信息共享

（一）信任对交流/信息共享的中介效应

使用相同的方法和步骤，可以得到信任与交流/信息共享的

模型回归结果如表6-6、表6-7所示。加入“关系”变量后的层次回归结果如表6-8、表6-9所示。

表6-6 信任对交流/信息共享的模型汇总

模型	R	R^2	调整R^2	标准估计的误差	更改统计量				
					R^2更改	F更改	df1	df2	Sig. F更改
1	0.409[a]	0.167	0.165	0.72048	0.167	72.912	1	363	0.000

a. 预测变量：（常量），TRU。

表6-7 信任对交流/信息共享的模型系数[a]

模型		非标准化系数		标准化系数	t	Sig.
		B	标准误差	试用版		
1	（常量）	1.520	0.202		7.543	0.000
	TRU	0.556	0.065	0.409	8.539	0.000

a. 因变量：COM。

从回归结果可以看出，信任对交流/信息共享具有显著的正效应，相关系数r=0.409，P<0.001；因此，信任对交流/信息共享的显著性假设检验可以得到验证和支持。

表6-8 信任中介效应检验模型汇总

模型	R	R^2	调整R^2	标准估计的误差	更改统计量				
					R^2更改	F更改	df1	df2	Sig. F更改
1	0.235[a]	0.055	0.039	0.77107	0.055	3.416	6	352	0.003
2	0.356[b]	0.127	0.110	0.74221	0.072	28.911	1	351	0.000
3	0.436[c]	0.190	0.172	0.71571	0.064	27.471	1	350	0.000

a. 预测变量：（常量），MoS，Memb，Age，Income，KoP，Edu。
b. 预测变量：（常量），MoS，Memb，Age，Income，KoP，Edu，guanxi。
c. 预测变量：（常量），MoS，Memb，Age，Income，KoP，Edu，guanxi，TRU。
Notes：因变量，COM；N=365。

表6－9　信任中介效应检验模型

	标准化系数		
	模型1	模型2	模型3
（控制变量）产品种类 KoP	0.08	0.065	0.06
收入 Income	0.117	0.072	0.055
家庭成员数 Memb	0.030	0.012	0.013
决策者年龄 Age	0.000	－0.006	0.011
最高教育程度 Edu	0.135	0.118	0.080
销售方式 MoS	0.077	－0.021	－0.014
（自变量）关系 guanxi		0.294**	0.128*
（中介变量）信任 TRU			0.309**
R^2	0.039	0.110	0.172
ΔR^2	0.055	0.072	0.064
F	3.416	0.064	10.294
ΔF	3.416**	28.911**	27.471**

Notes：因变量，COM；N＝365；** 为 P＜0.01；* 为 P＜0.05。

当将信任作为中介变量时，“关系”的相关系数由0.294减少到0.128，虽仍具有显著性，但显著性明显下降，同时我们也可以发现，在多层线性回归分析中，F更改值具有显著性。说明信任在“关系”和交流/信息共享之间起部分中介作用。“关系”对交流/信息共享的影响并不完全是通过中介变量信任的中介作用来完成的，应该还存在部分直接影响。信任的中介效应占总效应的比值为 effect＝a·b/c＝0.309×0.559/0.294＝0.588，中介效应的方差变异为 Sqrt（0.190－0.127）＝0.251。

因此，以上数据说明信任在“关系”和交流/信息共享之间起到了部分中介效应，其中中介效应占总效应的比值为0.43，中介效应解释了因变量24.9%的方差变异，且回归系数均为正值，假设H2b得到部分验证。

(二) 信息能力差异的调节效应

对信息能力变量对“关系”与信任路径中调节效应的检验，本书仍然采用在模型中加入交叉项，通过对其回归系数的显著性进行检测判断的方法。分析结果如表 6 - 10 所示。

表 6 - 10　信息能力差异的调节效应检验

	标准化系数		
	模型 1	模型 2	模型 3
(控制变量)产品种类 KoP	0.043	0.013	0.001
收入 Income	0.138	0.056	0.070
家庭成员数 Memb	0.029	-0.005	-0.004
决策者年龄 Age	-0.045	-0.057	-0.050
最高教育程度 Edu	0.154	0.123	0.091
销售方式 MoS	0.156	-0.023	-0.044
(自变量)关系 guanxi		0.539**	0.577**
(交叉项)guanxi * CIT			0.167**
R^2	0.077	0.320	0.344
ΔR^2	0.093	0.241	0.025
F	5.983	25.088	24.49
ΔF	5.983**	126.882**	13.812**

Notes：因变量，Tru；N = 365；** 为 P < 0.01；* 为 P < 0.05。

从回归结果可以看出，信息能力与“关系”的交互效应显著为正，相关系数 r = 0.167，P < 0.001；说明随着信息能力差异的加剧，“关系”对信任的正向影响会增强。信息能力差异具有显著调节效应的假设 H2c 得到验证和支持。

三　“关系”、信任与其他关系质量因子

(一) 信任对承诺的中介效应

将承诺作为因变量，采用层次回归的结果如表 6 - 11、表 6 - 12 所示。

表 6－11　信任中介效应检验模型汇总

模型	R	R^2	调整 R^2	标准估计的误差	更改统计量				
					R^2 更改	F 更改	df1	df2	Sig. F 更改
1	0.204[a]	0.042	0.025	0.64940	0.042	2.549	6	352	0.020
2	0.353[b]	0.124	0.107	0.62164	0.083	33.145	1	351	0.000
3	0.517[c]	0.267	0.250	0.56952	0.143	68.178	1	350	0.000

a. 预测变量：(常量)，MoS，Memb，Age，Income，KoP，Edu。
b. 预测变量：(常量)，MoS，Memb，Age，Income，KoP，Edu，guanxi。
c. 预测变量：(常量)，MoS，Memb，Age，Income，KoP，Edu，guanxi，TRU。
Note：因变量，COT；N＝365。

表 6－12　信任中介效应检验模型

	标准化系数		
	模型 1	模型 2	模型 3
(控制变量)产品种类 KoP	0.088	0.070	0.064
收入 Income	0.088	0.040	0.014
家庭成员数 Memb	0.065	0.045	0.047
决策者年龄 Age	0.010	0.003	0.029
最高教育程度 Edu	0.048	0.030	－0.027
销售方式 MoS	0.109	0.004	0.015
(自变量)关系 guanxi		0.316**	0.066
(中介变量)信任 TRU			0.463**
R^2	0.025	0.107	0.25
ΔR^2	2.549	33.145	68.178
F	2.549	7.119	15.944
ΔF	2.549**	33.145**	68.178**

Notes：因变量，COT；N＝365；** 为 P＜0.01；* 为 P＜0.05。

当将信任作为中介变量时，“关系”的相关系数由 0.316 减少到 0.066，且由显著变为不显著。另外，多层线性回归分析中的 F 更改值具有显著性。说明信任在“关系”和承诺之间起到完全中介作用。“关系”对承诺的影响完全通过中介变量信任来完成。信任的中介效应占总效应的比值为 effect = a · b/c = 0.463 ×0.559/0.316 =0.819，中介效应解释了因变量的方差变异为 Sqrt（0.267 －0.124） =0.378。

因此，以上数据说明信任在“关系”和承诺之间具有完全的中介效应，其中中介效应占总效应的比值为 0.727，中介效应解释了因变量 37.8% 的方差变异，且回归系数均为正值，假设 H2d 得到验证。

（二）信任对协作的中介效应

将协作作为因变量，采用层次回归的结果如表 6 －13、表 6 －14 所示。

表 6 －13　信任中介效应检验模型汇总

模型	R	R^2	调整 R^2	标准估计的误差	更改统计量				
					R^2 更改	F 更改	df1	df2	Sig. F 更改
1	0.323[a]	0.104	0.089	0.88695	0.104	6.827	6	352	0.000
2	0.407[b]	0.166	0.149	0.85720	0.061	25.856	1	351	0.000
3	0.438[c]	0.192	0.174	0.84467	0.027	11.489	1	350	0.001

a. 预测变量：（常量），MoS，Memb，Age，Income，KoP，Edu。
b. 预测变量：（常量），MoS，Memb，Age，Income，KoP，Edu，guanxi。
c. 预测变量：（常量），MoS，Memb，Age，Income，KoP，Edu，guanxi，TRU。
Note：因变量，Co；N =365。

表 6 －14　信任中介效应检验模型

	标准化系数		
	模型 1	模型 2	模型 3
（控制变量）产品种类 KoP	0.034	0.019	0.017
收入 Income	0.145	0.104	0.093
家庭成员数 Memb	－0.040	－0.057	－0.056
决策者年龄 Age	0.011	0.005	0.016

续表

	标准化系数		
	模型 1	模型 2	模型 3
最高教育程度 Edu	0.100	0.084	0.060
销售方式 MoS	0.233	0.143	0.147
(自变量)关系 guanxi		0.272*	0.165*
(中介变量)信任 TRU			0.199*
R^2	0.089	0.887	0.857
ΔR^2	0.104	6.827	25.856
F	6.827	9.958	10.410
ΔF	6.827**	25.856**	11.489**

Notes：因变量，CO；N = 365；** 为 $P<0.01$；* 为 $P<0.05$。

当将信任作为中介变量时，“关系”的相关系数由 0.272 减少到 0.165，虽仍具有显著性，但显著性有所下降，多层线性回归分析中 F 更改值具有显著性。说明信任在“关系”和协作之间起部分中介作用。“关系”对协作的影响并不完全是通过中介变量信任的中介作用来完成的，应该还存在部分直接影响。信任的中介效应占总效应的比值为 effect = a · b/c = 0.199 × 0.559/0.272 = 0.409，中介效应的方差变异为 Sqrt（0.192 − 0.166）= 0.161。

以上数据说明信任在“关系”和协作之间起到了部分中介效应，其中中介效应占总效应的比值为 0.409，中介效应解释了因变量 16.1% 的方差变异。假设 H2e 得到部分验证。

四　“关系”、供应链质量与合作绩效

“关系”变量与合作绩效有显著的正相关关系，下面对供应链关系质量的影响路径中的中介效应进行验证。结果如表6 − 15 至表 6 − 18 所示。

表 6－15 "关系"对供应链关系质量影响的回归模型汇总

模型	R	R^2	调整 R^2	标准估计的误差	更改统计量				
					R^2 更改	F 更改	df1	df2	Sig. F 更改
1	0.540	0.292	0.277	0.50505	0.292	20.634	7	351	0.000

a. 预测变量：（常量），guanxi。

表 6－16 "关系"对供应链关系质量的回归系数[a]

模型		非标准化系数		标准化系数	t	Sig.
		B	标准误差	试用版		
1	（常量）	1.113	0.186		5.986	0.000
	Guanxi	0.518	0.056	0.455	9.219	0.000

a. 因变量：REAQUAL。

表 6－17 供应链关系质量中介效应检验模型汇总

模型	R	R^2	调整 R^2	标准估计的误差	更改统计量				
					R^2 更改	F 更改	df1	df2	Sig. F 更改
1	0.316[a]	0.100	0.084	0.81513	0.100	6.492	6	352	0.000
2	0.505[b]	0.255	0.240	0.74264	0.155	73.072	1	351	0.000
3	0.790[c]	0.624	0.615	0.52822	0.369	343.797	1	350	0.000

a. 预测变量：（常量），MoS，Memb，Age，Income，KoP，Edu。

b. 预测变量：（常量），MoS，Memb，Age，Income，KoP，Edu，guanxi。

c. 预测变量：（常量），MoS，Memb，Age，Income，KoP，Edu，guanxi，RELQUA。

表 6－18 供应链关系质量的中介效应检验

	标准化系数		
	模型 1	模型 2	模型 3
（控制变量）产品种类 KoP	0.077	0.053	0.016
收入 Income	0.195	0.130	0.070
家庭成员数 Memb	0.085	0.058	0.089
决策者年龄 Age	0.023	0.013	0.021
最高教育程度 Edu	0.014	－0.010	－0.057

续表

	标准化系数		
	模型 1	模型 2	模型 3
销售方式 MoS (自变量)关系 guanxi (中介变量)REAQUAL	0.180	0.036 0.432 **	-0.034 0.104 * 0.722 **
R^2	0.084	0.240	0.615
ΔR^2	0.524	0.155	0.369
F	6.492	17.143	72.624
ΔF	6.492 **	73.092 **	343.797 **

Notes：因变量，合作绩效 PERF；N = 365；** 为 P < 0.01；* 为 P < 0.05。

分析结果显示，当将供应链关系质量作为中介变量时，“关系”的相关系数由 0.432 减少到 0.104，虽仍具有显著性，但显著性水平有所下降，同时我们也可以发现，在多层线性回归分析中，F 更改值具有显著性。说明供应链关系质量在“关系”和合作绩效之间起部分中介作用。供应链关系质量的中介效应占总效应的比值为 effect = a · b/c = 0.722 × 0.505/0.432 = 0.85，中介效应的方差变异为 Sqrt（0.624 - 0.255） = 0.607。因此，以上数据验证了供应链关系质量在“关系”和合作绩效之间起到了部分中介效应，其中中介效应占总效应的比值为 0.43，中介效应解释了因变量 60.7% 的方差变异。

第三节 基于结构方程模型的路径分析

结构方程模型评估的首要任务是用样本数据对所设定的模型参数进行估计，再根据这些参数估计来重建（reproduce）方差和协方差，然后尽可能地将重建的方差、协方差矩阵以及观测的方差和协方差矩阵相匹配；重建的方差和协方差矩阵匹配观测的方差和协方差矩阵的程度，决定了结构方程模型拟合样本数据的程度。模型重建的方差和协方差矩阵非常接近于观测的方差和协方差矩阵时，残差矩阵各元素接近于0，即表示模型拟合数据了。

为了验证理论模型的合理性与有效性，相关文献提出各种拟合指数用于评价SEM模型。整体拟合指数包括卡方值χ^2、RMSEA（Root Mean Square Error of Approximation，近似误差均方根）、TLI（Tucker-Lewis Index，塔克－刘易斯指数）、CFI（Comparative Fit Index，比较拟合指数）、GFI（Good-of-Fit Index，拟合优度指数）等。卡方值χ^2越小，表明数据与计量模型的拟合程度越高。美国社会统计学者Blar Wheaton等人认为，卡方值与自由度之比在5左右，模型与数据的拟合程度就是可以接受的。一些学者则认为应该采用更严格的标准，卡方值与自由度之比应在2～3之间，模型与数据的拟合程度才是可以接受的。第二个指标是卡方检验的P值，P值不显著，表明模型与数据的拟合程度较高。但卡方值受样本量的影响，样本量越大，卡方值也就越大，P值一般都是显著的。因此，笔者主要根据拟合优度指数（GFI）、均方根残差（RMR）、基准拟合优度指标（NFI），增量拟合指标（IFI）、近似误差均方根（RMSEA）、比较拟合指数（CFI）等，衡量模型与数据的拟合程度。学术界普遍认为，CFI、GFI、IFI、AGFI大于0.9，RMR小于0.05，RMSEA小于0.05，表明模型与数据的拟合程度很好。但有学者也认为，RMR和RMSEA在0.05和0.08之间，AGFI在0.7与0.9之间，模型与数据的拟合程度也是可以接受的（Chin & Todd，1995；Gefen et al.，2000；Sears & Varun，1995）。

一　供应链关系质量的二阶模型

许多研究文献将信任、相互依赖、承诺等观测变量看作是构成供应链关系质量的不同维度（Woo & Ennew，2004[178]；Fynes et al.，2005[156]；Lages et al.，2005[49]），并且通过实证数据得到了支持（Carr，2006[51]；宋永涛等，2009[58]）。但是这些研究都是在诸如高科技、现代服务业等行业领域进行的。本书利用中国农户数据对这个理论进行了验证，所构建的的二阶模型如图 6－1 所示。

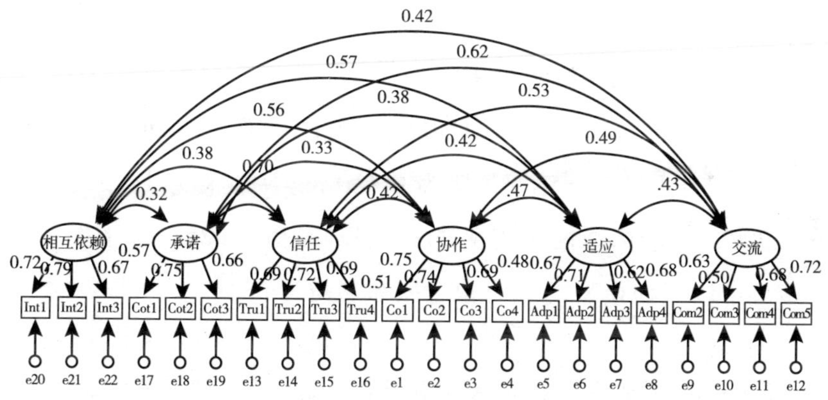

图 6－1　供应链关系质量二阶验证模型

通过 AMOS 18.0 软件对样本数据进行分析，得出该二阶模型的标准化路径图和一些模型数据拟合指标。模型拟合指标数据结果显示：该模型的卡方值（χ^2）为 1531.87，自由度为 409，$\chi^2/df = 2.111$，$P<0.001$，RMSEA = 0.055，RMR = 0.057，IFI = 0.914，CFI = 0.912。可见，本模型的拟合度较好。供应链关系质量为由信任、相互依赖、承诺、协作、适应、交流/信息共享六个维度变量构成的二阶潜变量假设可以得到验证和支持。各拟合指标详见表 6－19。

表 6－19　供应链关系质量二阶验证模型拟合指标

Model	卡方值（χ^2）	χ^2/df	GFI	RMR	IFI	TLI	RMSEA	CFI
拟合结果	409.495	2.111	0.904	0.057	0.914	0.895	0.055	0.912
理想结果		<3	>0.90	<0.08	>0.90	>0.90	<0.08	>0.90

二　“关系”、供应链关系质量（REAQUAL）、合作绩效路径模型

应用 AMOS 18.0 软件对“关系”、供应链关系质量对合作绩效影响的路径回归模型及结果如图 6－2 所示。

（一）模型拟合指标分析

如表 6－20 所示，本模型拟合度指标：模型整体的 χ^2 值为 807.177，自由度为 654，P 值为 0.001，χ^2/df 值为 1.234；GFI 为 0.902，大于标准推荐值 0.90；RMSEA 为 0.025，小于推荐值 0.05，可以认为模型的绝对拟合效果较好。

表 6－20　“关系”、供应链关系质量、合作绩效模型拟合指标

Model	卡方值（χ^2）	χ^2/df	GFI	RMR	IFI	TLI	RMSEA	CFI
拟合结果	807.177	1.234	0.902	0.047	0.971	0.966	0.025	0.970
理想结果		<3	>0.90	<0.08	>0.90	>0.90	<0.08	>0.90

增量拟合度：整体模型的 AGFI 为 0.883，略小于 0.90 的标准推荐值，NFI 为 0.844，低于推荐标准值 0.9 但大于 0.8，CFI 为 0.970，略大于 0.90 的标准推荐值，因此模型的增量拟合效果属于可接受范围。

简约拟合度：PGFI 值为 0.756，PNFI 值为 0.761，均大于推荐值 0.5 的标准，表明模型的简约拟合效果很好。

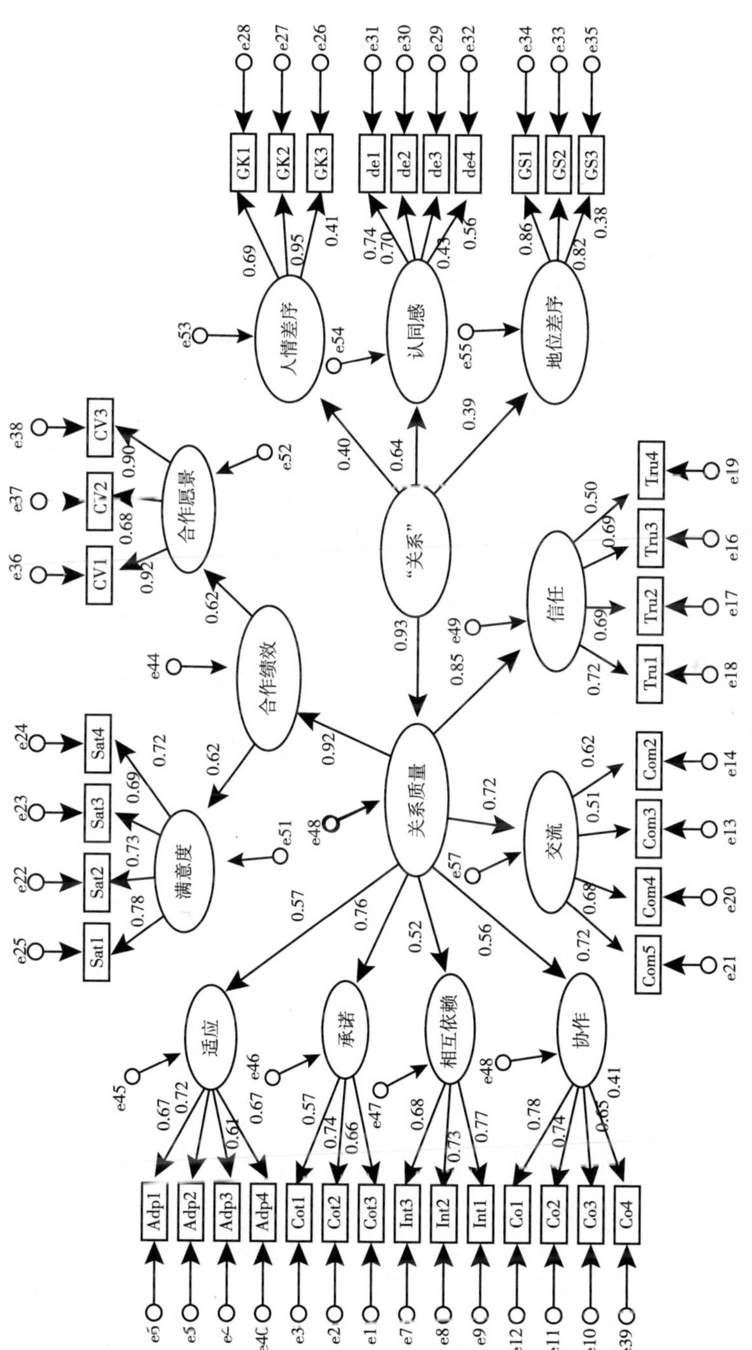

图6－2　基于"关系"的供应链关系质量模型及路径系数

（二）路径回归系数

根据软件运行的输出结果，本模型的路径系数标准估计值如表6-21所示。从表中可以看出，“关系”通过供应链关系质量的中介效应对合作绩效产生影响，其中“关系”到供应链关系质量的路径系数为 r = 0.935，P < 0.001；供应链关系质量到合作绩效的路径系数为 r = 0.917，P < 0.001。通过上述路径系数可以发现，“关系”、供应链关系质量、合作绩效的路径系数都具有显著性，从结构方程模型的拟合结果看，可以认为，供应链关系质量的构成、供应链关系质量与合作绩效间有显著的正相关关系，以及供应链关系质量的中介效应等假设都通过了模型检验。可见，在农产品供应链农户与企业的衔接机制中，是通过对供应链关系质量产生影响来间接影响合作绩效的。

表6-21　模型的标准权重估计值

	标准估计值	SE	C. R.	P
关系质量←“关系”	0.935	1.297	3.475	***
合作绩效←关系质量	0.917	0.172	6.937	***

注：*** 表示 P < 0.001。

第四节　实证结果及其意义

一　假设验证结果

本实证研究一共提出了3组共11个假设，通过运用 SPASS 和 AMOS 软件进行问卷数据的处理统计对这些假设进行的验证，最终的验证结果如表6-22所示。

表 6－22 假设的模型验证结果

假设	内容	验证结果
H1a	“关系”与信任有显著的正向关系	在1%水平证实关系显著，标准化系数为0.559，有显著的正向关系，假设得到验证
H1b	“关系”与合作绩效有显著的正向关系	在1%水平证实显著，路径关系系数达到0.889，说明具有显著影响，假设得到验证
H1c	信任与合作绩效具有显著的正向关系	在1%水平证实显著，路径关系系数达到0.475，说明具有显著影响，假设得到证实
H1d	信任在“关系”对合作绩效的影响中起中介效应	相关系数减小，中介效应占比为0.588，方差变异为25.1%，说明具有部分中介效应
H2a	“关系”与交流有显著的正向关系	在1%水平证实显著，路径关系系数达到0.409，说明具有显著影响，假设得到验证
H2b	信任在“关系”对交流的影响路径中具有中介效应	相关系数减小，中介效应占比为0.59，方差变异为25.1%，说明具有部分中介效应
H2c	信息能力差异在“关系”对信任的影响路径中具有调节效应	交叉项回归系数为0.167，在1%水平显著，说明具有调节效应，假设得到验证
H2d	信任在“关系”对承诺的影响路径中具有中介效应	相关系数减小，显著性下降，中介效应占比为0.819，方差变异为37.8%，具有完全中介效应，假设得到验证
H2e	信任在“关系”对协作的影响路径中具有中介效应	相关系数减小，显著性不变，中介效应占比为0.409，能解释的方差变异为16.1%，具有部分中介效应。假设得到验证
H3a	信任、信息共享、承诺、协作、相互依赖和适应六个因子共同构成一个直接影响合作绩效的高阶构念：供应链关系质量	通过验证性因子分析，二阶模型拟合度较好，证实该假设

续表

假设	内容	验证结果
H3b	供应链关系质量(REAQUAL)与合作绩效有显著的正向关系	路径关系系数为0.917,在0.001水平显著,说明具有较强的正向关系,假设得到证实
H3c	"关系"与供应链关系质量(REAQUAL)有显著的正向关系	路径关系系数为0.935,在0.001水平显著,说明具有较强的正向关系,假设得到证实
H3d	供应链关系质量(REAQUAL)在"关系"对合作绩效的影响中起中介效应	相关系数减小,自变量回归系数显著性下降,中介效应占总效应比值为0.85,方差变异为60.7%,说明中介效应明显,证实假设

由表6－22可以看出，本章所提出的假设都得到了证实（其中信任变量对交流与协作的中介效应为部分中介效应）。

二　实证结果的意义

本实证研究主要是通过对农产品供应链中农户与农产品经营企业进行问卷调查的数据，围绕二者之间合作关系形成的因素，从供应链关系质量概念的视角，运用统计回归和结构方程模型进行的。研究结果显示，由理论演绎提出的3组13个假设全部都在一定程度上得到了证实。这说明供应链理论及在中国传统的农产品领域仍具有解释力，但也必须考虑一定的特殊性。

（一）“关系”的作用

中国文化中的“关系”在农产品供应链连接中发挥着极为重要的作用，主要体现在“关系”文化对供应链关系质量构成中例如信任、交流等因素的影响，并以此为中介间接影响合作绩效。其中，模型验证结果显示，“关系”对于信任具有非常显著而强烈的正向相关性。这就要求实践者和研究者，需要特别注意在中国的农业经营领域，农－企双方的初始信任往往还是建立在传统的“关系”文化之上的，特别是在供应链管理模式仍未真正建立或者建设初期。从结构方程模型的路径标准回归系数估计值来看，构成“关系”的三个维度分别为人情差序（0.40）、认同感系数（0.64）、地位差序（0.39）。这说明，在构成“关系”差序格局中的人情差序与地位差序与认同感相比已经退居次要位置，认同感即使在中国较为传统的农村也正在取代“家族”观念与“地位”观念而成为“关系”最重要的构成因素。这一结果的启示在于，在商业合作中信任的建立和维系，仅仅依靠“家族”“亲情”以及“权威”是不够的，只有建立在彼此认同基础上的“关系”才是有效和稳定的。

如前所述，在中国农－企合作中，认同感是指对合作方客观条件的主观评价，包括对对方文化、组织模式和行为方式的认可程度，供应链成员会根据这种评价的结果来采取行动和决策。这个结果还可以说明，在农产品供应链管理中稳定成员关系的一个重要前提是成员间价值观、经营理念及行事方式的高度认同。由于传统制造行业供应链的对象都是企业，除了管理层的高素质以外，从业人员也大都为受过现代工业化教育的产业工人，在市场经济和工业流程化作业的环境中，成员间行事方式和目标的认同应该是必然的，只要基于对现代工业生产方式和经营模式的认同，认同感就很容易获得，这可能也是因为现代供应链管理研究的中外文献中都较少考虑“关系”因素的一个重要原因。但是在农业领域，特别是中国的初级农副产品经营领域，传统的经营运作模式，较低的从业者教育程度，使作为供应链管理模式中本应属于必然的工业化流程理念也成为阻碍集成化管理的障碍。在实践中，这种认同感的缺乏常常体现为现代化运作模式与传统农业生产模式的冲突。一方面，农户对现代化运作模式不认同和不理解；另一方面，采用现代化管理模式的企业又不能接受农民的传统生产、交易的理念和模式。最终造成双方信任度不高，造成农业供应链上游不稳定、违约率较高和机会主义泛滥的结果。

（二）信任是“关系”影响路径中重要的中介变量

“关系”是中国社会中一种普遍存在，并对社会成员决策及行为方式产生深刻影响的文化现象。特别是在深受传统文化影响和缺乏现代商业契约精神的农村地区，这种“关系”的作用就愈发显得重要了。在实施供应链管理的过程中，只有充分把握形成亲近“关系”的构成要素及其影响路径，才能保证管理运营过程的顺利进行。

同时，本书在理论综述部分已经通过文献研究发现了信任在供应链成员关系管理中的核心作用。另外，在实证研究的理论假设部分，也较为详尽地论证了“关系”与信任之间的联系。实证研究结果显示，“关系”不但与信任具有显著的正相关性（回归系数 0.559，$P<0.001$），而且信任在“关系”对其他一些影响农－企合作的因素产生影响的路径中起到重要的中介作用。其中，“关系”对合作绩效的影响中的中介效应占总效应的比值为 0.45，能够解释的方差变异为 28%。由于“关系”对合作绩效的影响是一个非常复杂的过程，同时信任也是一个影响其他供应链关系质量因子的重要因素，因此，在其对合作绩效产生影响中，28%的中介作用也可以算是一个非常重要且不容忽视的效应了。

本实证研究结果还证实了“关系”也是通过信任的中介作用对供应链关系质量中几个构成因子——信息共享、承诺和协作产生影响的。在将“关系”作为预测变量、交流/信息共享作为因变量的回归模型中，信任的中介效果明显，中介效应占总效应的比值达到了0.59，能解释的方差变异为25.1%，显示了至少存在部分中介效应；承诺作为因变量进行回归时，信任的中介效果更加明显，中介效应占总效应的比值达到了0.819，能解释的方差变异为37.8%，信任完全中介了“关系”对承诺的影响；当协作作为因变量进行回归时，信任也具有部分的中介效果，中介效应占总效应的比值为0.409，能解释的方差变异为16.1%，信任部分中介了“关系”对协作的影响。

上述结果说明，“关系”对供应链管理实施效果的影响是全方位的，不但可以通过直接作用对合作绩效产生影响，还会通过信任的中介作用对供应链关系质量的多个主要构成因子产生直接或间接的影响。

（三）信息能力差异、交流/信息共享与信任

前述提出假设时已经提过，大量的研究文献都指出供应链中信息共享的程度受到信任和信息能力差异的影响。在本实证研究中，由于与信息共享及信任的题项均来自既有研究，因此探索性因子分析的结果比较理想，所有因子负荷值都在0.5以上，没有因子被剔除。这说明这两个变量测量工具无论是在高科技的创新企业还是传统的农业都是适用的。同时，由于本研究的调查对象其实大都未在生产经营中实际使用现代信息和网络技术来实现生产、运营信息的共享，生产经营过程中有限的信息共享也仅是通过口头交流、电话等传统方式完成的。这也从另一个侧面证明了在供应链关系质量文献中分别被不同学者提到的交流（Communication）与信息共享（Information sharing）因子，其实具有相同的内涵（因此本书将这个因子称为交流/信息共享）。

虽然有文献研究结果显示，合作双方的信息技术能力差异会对信息共享产生显著的影响（叶飞和徐学军，2009）[44]。但由于在中国农产品生产经营领域，信息技术应用客观上较低的应用水平，本实证研究提出了这种能力差异只是在“关系”到信任路径中产生的调节变量的假设①，并最终在结果中验证了这一假设（交叉项回归系数 $B = 0.167$，$P < 0.001$）。这个结果意味着，当农－企间信息技术的能力差异增加时，“关系”对信任的影响就会加剧，虽然路径回归系数显示这一影响并不很大，但却非常显著。因此，可以认为如果企业方采用较为先进的信息技术，会促进“关系”对信任的影响，由于信任是诸多影响关系质量的重要因子，因此这种影响除了可以通过信任的中介作用最终促进交流/信息共享水平的提升外，还可以影响到其他构成因子的水平。

（四）供应链关系质量

在本章利用结构方程模型所做的回归分析中，由于供应链关系质量的构成因素较多，同时又受到调查问卷质量的影响，开始时模型拟合度并不十分理想，后来采用了释放同源方差的方式改善了拟合度指标，最终使之达到了较好的拟合程度水平。[179]现代供应链管理研究指出，供应链成员间的合作关系会对供应链绩效产生非常显著的影响，并有学者将这些影响关系构成的因素合称为供应链关系质量，并由此产生了一个专门研究供应链成员间关系的理论——供应链关系质量理论（Athanasopoulou，2009）[45]。通过实证研究，本书运用结构方程模型验证了供应链关系质量在中国农产品供应链中，也是一个由与现代工业中相似的六个维度

① 本研究进行的探索性研究显示，农－企信息能力差异对所涉及变量的直接影响都是不显著的。

构成的高阶构念，其对合作绩效具有非常显著的影响（路径系数达到 r = 0.917，P < 0.001）。本实证研究另一个通过结构方程模型得到证实的假设就是供应链关系质量在“关系”对合作绩效影响路径中的中介作用，回归结果表明，“关系”对供应链关系质量也有非常显著和强的影响（r = 0.935，P < 0.001），通过这种影响最终决定了合作绩效的高低。

结构方程模型中，由三个二阶因子构成了一条影响路径。无论是二阶变量间关系，还是构成这些二阶因子的一阶变量路径系数估计结果，都显示了在 0.001 水平的显著性，并且大多数路径系数都在 0.5 到 0.95 的理想水平。但需要指出的是，构成差序格局的三个显变量到“关系”的路径系数中，人情差序和地位差序的路径标准系数估计值都明显小于认同感的路径系数，这说明即使在受传统文化影响较深的农村地区，“关系”文化的构成也已经发生了微妙的变化，这种变化体现在认同感已经超越传统的家族、朋友联系的影响，以及对“权威”的屈从，从而成为形成亲密“关系”过程中最重要的影响因素。

第七章　农产品供应链中的正式契约

在本书第六章的实证分析中，并没有按照农户与企业间不同连接方式对研究样本进行分组讨论，其主要原因是该实证的核心是基于中国“关系”文化大背景下对关系质量的研究。

然而在本章对促进关系质量发展的关系契约进行讨论时就不能不考虑不同连接方式下构成要素的差异了。首先，根据中国农产品领域的现状，我们总结了以下五种农户与企业的连接模式。

国内对于契约的优化，大多都将目光聚焦到供需合约及其优化上（郭敏、王红卫，2002；柳键、马士华，2004；蔡建湖等，2006；白世贞、李翠亭，2008；欧新环等，2009）。但正如刘凤芹（2003）[4]指出的那样，订单农业中，虽然“合约双方为了避免风险和高昂的市场交易费用，倾向于合约的缔结”，但对违约行为或“合约注定不完全性”的监督和规制却面临高额的成本，甚至会导致政府失灵，因此并不具有可操作性。

第一节　农产品供应链中的农企连接模式

一　传统的市场化运作模式

在传统的市场化（如图7－1所示）连接模式下，供应商直接向分散的农户收购产品，有些企业为了保证供应的相对稳定性甚至也会与农户签订一定的购销协议，但是由于前述市场变化与契约不完全的原因，最终的购销活动基本上仍是属于根据市场机制进行的短期交易。这种连接方式对买卖双方而言，交易成立与否的根本因素仍然是价格，二者关系并不紧密，也谈不上真正意义上的合作。即使签订了相关的购销协议，也只能起到一种心理安慰或暗示的作用。但是，“关系”在这种连接模式形成过程中也会起到一定的作用，由于交易是在完全独立决策的条件下进行的，因此双方在每次交易时都需要面临交易对象选择问题，这会在一定程度上增加交易费用。通过利用现有“关系”来保持一种相对稳定的交易关系可以降低交易费用，无疑是一种理性的选择。

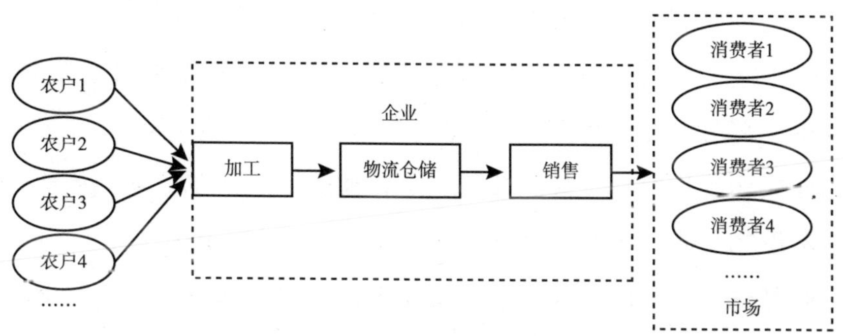

图7－1　传统的市场模式

这种模式本质上是一种市场治理结构，由于农户与企业间的信息不对称，彼此间并不存计划上的协同和运作上的协调，彼此的最终决策完全取决于市场供求关系的变化，所以不可避免地会带来信息传递的“牛鞭效应”，最终导致市场价格的“蛛网效应”。这种模式对企业来说存在的主要问题是供应不稳定、难以进行有效的质量控制、产品价格波动大等。农户方则必然要面对市场极大不确定性的问题。

二　企业－经纪人－农户模式

从某种程度上来说，农产品经纪人制度就是一种完全基于关系质量管理的供应链组织模式（如图 7－2 所示）。在这种模式下，供应商并不直接向分散的农户收购产品，而是通过比较固定的个人或企业取得货源，供应商再向这些走村串巷收购农产品的农业经纪人收购产品，加工、流通环节的企业也可以直接通过经纪人与农户进行联结。这样的结果是，对购销双方而言，由于长期合作彼此熟悉，交易更容易。企业可以从经纪人处获得货源，而农户通过经纪人就可以方便地销售产品。因此，无须采用密切的生产或者营销合同形式，经纪人实际上起到了农户与企业间一种信任中介的作用。在交易中各方仍保持较高水平的独立决策权，连接上也呈现松散的市场关系形式，彼此的控制程度较低。但由于都与已经获得双方“信任”的经纪人交易，可以从客观上间接地改善农－企关系质量。这种模式是建立在重复交易信任的基础之上的，在一定程度上减少了企业所面临的质量和数量的不确定性，经纪代理人的存在也在很大程度上减少了农民的交易成本，降低了价格和付款的不确定性。

这种模式其实是一种典型的传统信任代理机制，由于农户与

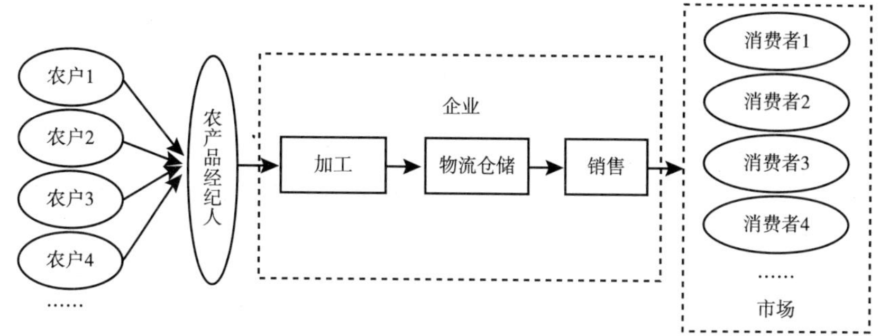

图 7－2　农业经纪人模式

企业间的信息不对称，彼此又缺乏必要的信任感，因此需要一个位于二者间帮助交易成立的纽带。但该模式也会给农业加工或流通企业带来三方面不利后果：一是产品供应不稳定。农产品价格的周期性波动，或者一些不确定事件的发生会造成或加剧供应链的不稳定。二是难以有效地控制产品质量。三是由于产－购脱节，造成信息壁垒，易发生逆向选择问题。另外，经纪人个人素质的参差不齐也会导致供应链的信任感危机。

三　农业合作社模式

作为一种以化解小生产、大市场之间的矛盾，有效提高农民收入的新型农业生产组织形式，近年来，尤其是在 2006 年颁布实施《农民专业合作社法》后，全国各类农业合作社发展迅猛。在农产品供应链中，这种以“自愿参加”及“民主控制”为基本原则的新型组织形式，发挥了帮助农民提高市场地位，以及在制度性的农地细碎化制约下实现横向生产协调两个主要作用。从供应链连接中的关系质量角度来说，通过集体性的交易和谈判地位的提高，可以增加合作双方的信任感，降低协调成本。因此，以农业合作社作为供应链成员主体的模式越来越受到农企双方的欢迎。

本书第三章中曾经介绍的福易得保健食品有限公司的产销组织模式和家乐福的农超对接模式，都属于这种以农业合作社为合作主体的模式。它的典型组织模式如图 7－3 所示。从其供应链结构来看，类似于传统的农业经纪人模式，只不过将作为中介的信任代理人由农业经纪人变为具有集体属性的合作社。相比经纪人模式，专业的合作社模式不仅可以实现集体承诺，增加信用度，同时通过横向的生产协作还可以提高生产效率，避免由农业经纪人依靠控制信息渔利的情况发生。另外，企业也可以直接面对生产者（组织），进一步简化了信息传递结构，降低了信息壁垒，还可以避免由于合作主体过于分散而带来的沟通成本、谈判成本、协调成本等交易成本过高的情况发生。从欧、美、日等发达国家农业发展的经验来看，在这种制度安排下，即使市场环境发生了变化，农业合作社仍然可以依据自身的资源基础对其市场战略和内部安排不断进行变革和调整[180]。即使土地政策发生根本性改变，中国这种以生产协调为导向的“生产导向型”农业合作社仍然可以在批量交易、成员资格开放、保留公共积累、资

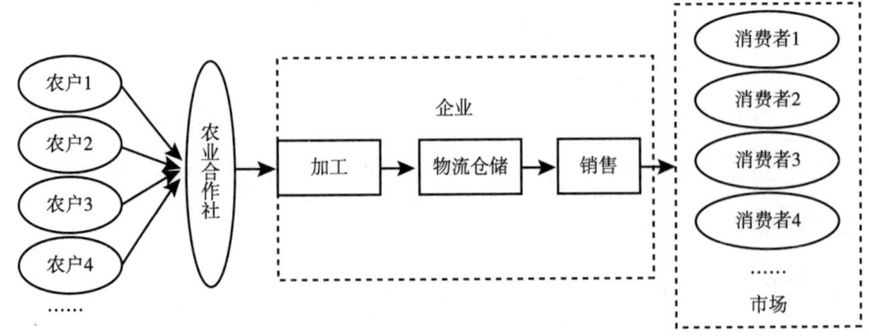

图 7－3　农业合作社模式

本报酬有限、民主治理、意识形态中立等传统原则的基础之上[180]，迅速转变为“市场导向型”的专业农民合作组织。可见，农业合作社模式是一种具有长期性、稳定性、可操作性属性的理想的供应链组织模式。

四　企业－基地－农户模式

也可称为基地模式，这种模式以大型农产品加工企业为龙头，建立自有基地，采用“以薪代租”的方式获得土地使用权，对基地农户采取承包与雇佣相结合的模式（如图7－4所示）。以基地带动种养殖户，进行准一体化的经营，形成“风险共担、利益共享”的生产利益共同体。与内部一体化模式相比，农户拥有更大的自主权，与企业也不存在隶属关系，仍是依靠合同进行联结。在这种模式中，企业居主导地位，它不仅收购农户所有的产品，还负责向基地农户提供饲料、种苗、化肥乃至技术支持等服务。基地一般由企业村委会、农户及政府的农技服务机构组成，可通过多种形式把农户、加工企业、行业协会、农技部门等联系起来，由企业统一向农户提供种苗、肥料、饲料和病虫害防疫等，但其所有产品必须交由企业统一收购，农户根据合同要求

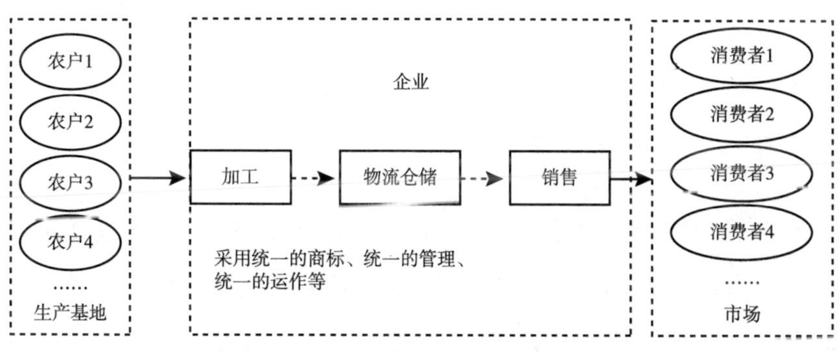

图7－4　企业－基地－农户模式

负责具体的生产行为。

企业采用这种模式的目的是为了在不涉及所有权的前提下，提高对产品质量的可控程度，保障商品质量，防止单方违约等。其优势在于：①降低了交易成本。由于农户集中在基地统一进行生产，就能帮助企业降低收购和技术服务的难度。农户既是企业生产的一个环节，又是基地生产的投资者，积极性较高，帮助企业减少了交易成本和管理成本。②农户一方面可以继续在自己的土地上耕作，另一方面可以从企业领到薪酬，但不能自由地向市场出售产品，这就大大减少了单方面违约的几率。再加上企业进行了大量专用资产投资，可以大大增加未来收益的预期，提高了农户违约成本。而对农户来说，由于生产集中，既可降低农-企间的信息不对称，也可以保证农户能获得稳定的较高收益。③产品质量有保障。生产过程完全集中在基地进行，实行统一的管理和技术支持，可以减少病虫害的发生，并且使企业实现全程的生产监控，保证农户完全能够按照企业要求进行生产，在保证商品质量的前提下降低监督成本。

在这种模式下，企业通过合作的形式将供应链生产环节的农户及其资本（土地）进行整合，通过合同建立了一种更为紧密的农-企合作关系。其本质上是一种不涉及所有权的管理内部化的模式。

五　内部一体化模式

内部一体化（如图 7-5 所示）是指对农产品供应链的生产、流通加工及销售的各个环节都完全实现纵向一体化，将涉及供应链运作所有部分的所有权都集中到一个决策主体手中的连接模式。这种模式实际上是将供应链中的衔接、共享、协调问题全部内部化，使用层级治理代替原有的市场治理部分。亦即由同一个利益主体来统筹、运营整个供应链。这样一来，农户的身份就发生了彻底的改变，从原来的独立决策主体成为组织内的一个成员，企业与农户的关系也从原来的合作关系彻底变为雇佣关系或者委托－代理关系。于是，在供应链管理中非常重要的关系质量管理也被层级治理中的权威管理所取代。采用完全的内部一体化可以促进组织内信息的流动和共享，使不同环节能够进行更好的衔接。供应链控制权的集中可以使货源及产品质量控制能够得到更好的稳定性保障，降低了生产环节风险，实施规模化、集约化的经营，可以带来规模经济。

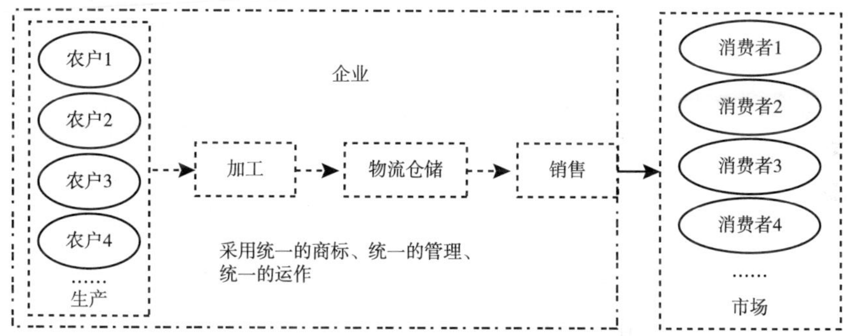

图 7－5　农产品供应链的内部一体化模式

该模式的本质是通过对所有权的控制来屏蔽供应链成员关系质量给供应链运作所带来的负面影响。但随之而来的是会带来层级管理过程中诸如官僚主义、道德风险、监管困难等缺点。同时，由于各环节的所有权都属于一个利益主体，内部化的层级管理会造成管理权高度集中，管理难度增加，市场风险和经营风险变大，也需要庞大的资金作为保障。所以，目前该模式只在一些高附加值、对产品质量要求较高的农产食品行业中有所实践，如猪肉行业的雨润、双汇、天环等企业。它们的所有权属于自己，从良种研究、繁育、苗猪繁育到生猪养殖直至终端销售的所有环节，保证从源头开始就对产品实行全程控制，最大限度保证了商品质量。

第二节　作为正式契约的购销合同

一　购销合同对供应链协作的影响

农产品的生产过程由于受到诸多非可控自然条件影响，例如温度、湿度、日照、病虫害等，往往造成其产成品数量、质量与计划相比有较大偏差，这种生产的不确定性加上信息的不对称，会在生产方与采购方之间形成巨大的供需矛盾和合作障碍。也就是说，农产品供应链除了与制造业供应链一样面临需求不确定的同时，还必须面对生产不确定的影响。因此，在实践中农产品供应链管理的效果往往不能像现代制造业中那样令人满意。再加上我国的农业经营由于受到传统及土地制度等因素的制约，农产品供应链的参与者往往是以个人或家庭的形式出现的，供应链成员众多，协调难度更大，更增加了供应链的维护和管理成本。因此，在这种双向不确定性、成员众多条件下，通过设定有效的正式契约（主要是购销合同）对供应链成员的行为进行协调，是我国农产品领域施行供应链管理过程中一个非常重要的途径。

如前所述，我国农业企业与分散农户之间的链接通常有三种模式：一是直接通过市场机制进行连接，可称为市场模式；二是采用长期合作的模式进行连接，即“公司＋（合作组织或中介）＋农户”或“公司＋（合作组织或中介）＋基地＋农户”模式，以下简称“公司 + 农户”模式；三是企业采用承租土地返聘农民的方式，可称为“一体化”模式。由于市场竞争的激化，目前完全采用市场机制与生产部门连接运作的市场模式，除一些小型农产品批发、加工企业外，已被大多数农业龙头企业所摒弃；而一体化模式则受到土地流转、农户身份等政策因素的制约也较难实现。因此，当前由国家认定的大多数农业龙头企业均采用了“公司 + 农户”模式，其中最具代表性的有奶制品企业内蒙古蒙牛乳业、以牛肉及其加工食品为主的河北富成公司和主营鸡肉产品的北京大发正大有限公司、以主营农作物良种的郫县种子公司等。采用“一体化”模式的企业，大都集中在不涉及土地的养殖业中，如以鸡蛋、肉鸡为主要产品的北京福清源、大连韩伟集团等。由于市场模式为传统的分散式运作，所以企业一般规模较小，经营也极不稳定；而“一体化”模式则是将供应链流程中的采购、物流等环节内部化，虽然运作的稳定性提高了，但采用这种模式往往也伴随着进入门槛过高、投资风险过大等缺点（喻闻，2008）[181]。而对于日益成为主流的“公司 + 农户”模式来说，签订长期的购销合同就成为企业与农户进行连接的重要纽带。

在经济学范畴中，合同是一种具有法律效力的贸易契约，具有在交易前确定各交易方权利和义务的职能（刘凤芹，2003）[4]。而“公司 + 农户”模式实际上就是“订单农业”，这一模式按照双方签订的契约界定权利与义务，农户按照契约约定进行指定品种和数量的农产品生产，而龙头企业则按照契约约定专事农产品的收购、加工和销售，并为农户生产提供相应服务（赵晓飞、李崇光，2007）[145]。可见，通过农产品购销合同的方式实施供应链的整合和协调，是现代农业发展的一个重要途径。然而在我国的这一实践中，由于生产部门实力较弱且分散经营，如果合同不能保证农民在生产过程中获得利润，那么农民仍然会按照优化自身收益的原则进行决策，这往往会与供应链整体利益产生矛盾，违约也就成为农业购销合同中的家常便饭了（陈耀、生步兵，2009）[139]。而众所周知，我国农产品购销合同违约的强制执行有极大难度，因此，基于利益判断的纳什均衡才是保障合同顺利执行的有效途径。

根据 Simchi-Levi 等（2003）[182]对供应链管理的定义："采用有效的方法，对供应商、制造商、零售商、仓库进行有效管理，即建立能以最小的系统成本在合适的时间、正确的地点进行生产和配送的同时，满足客户服务水平的管理机制。"可见，其本质是通过实施跨越组织界限的管理，来协调和控制成员间的运营，以达到在保证客户服务水平的前提下，降低供应链系统的成本，提高利润。在这个框架下，降低系统成本的关键就集中到两个方面：一是协调供应链各成员的预测和计划；二是协调供应链成员的行动（Arunachalam et al.，2003）[183]。主要包括通过信息和资源的共享来实现供应链各成员生产计划、库存计划和调运计划的整合，协调各成员的运作，以杜绝生产的过剩和不足、减少供应链总库存、避免无效物流等手段来降低成本，最终达到整体利润最大化的目标。

从组织的角度来看，供应链的运作过程会涉及三个相互交织的环境维度：一是组织间的依存度（Aviv，2001）[184]，二是供应链面临的不确定性环境（Majumder & Groenevelt，2001）[185]；三是信息共享的程度（Gavirneni et al.，1999）[186]。两头大、中间小的哑铃形结构和受到需求与供应两个方向的驱动的运作模式（Van Der Vorst et al.，2002）[7]，使农产品供应链面临较为复杂的组织环境，较低的依存度、来自两个方向的不确定性贯穿供应链全过程，这就导致实现信息共享的成本和难度都很高。这样，通过设计对双方都有践约动机的合同就成为农业供应链实现协调运作的重要手段。

在制造业的供应链协调合同研究领域，国内外都有大量的文献进行了详尽的阐述。当零售商面临不确定的需求时，生产商可以通过提供回购（Pasternack，1985）[187]、数量折扣（Jeuland & Shugan，1983[188]；Weng，1995[189]）、收益共享（Cachon & Lariviere，2005）[190]、柔性数量（Tsay，1999）[191]等形式的合同来协调销售商订货数量，还可以利用合同来提高下游企业的努力程度（Krishnan et al.，2004）[192]，最终实现供应链整体的最大利润。在农业领域，农副产品由于具有生物特性，通常被归类于最早由Ghare和Schrader（1963）提出的易逝品理论（Perishable Theory）范畴，主要围绕其库存问题展开讨论。

近年来，我国一直在农业领域推行以“订单农业”为导向的产业化，购销合同更是农业领域中为数不多的协调手段之一。从这一政策的提出开始，就有学者进行了农产品合同的研究，如应瑞瑶、郭忠兴（1998）[193]针对农业产业化实施的合同形式进行了探讨；刘凤芹（2003）[4]通过研究，将订单农业模式中农户履约率低的原因归为合同的不完全性，并提出了合约外风险共担的建议；胡定寰等（2006）[194]对采用合同模式对农户收入及产品质量所带来的影响进行了实证研究；郭红东（2006）[195]则通过建立博弈模型，对合同形式、价格、条款对农户履约所产生的影响进行了实证研究。但是，这些研究目前都主要集中在确定影响因素、建立理论框架的阶段。也有学者从运营角度，采用易逝品理论研究农产品供应链的协调问题，如曹细玉、宁宣熙（2008）[196]通过将销售努力对需求和退货率的影响引入三阶层易逝品供应链，建立了需求不确定环境下顾客退货及制造商、分销商分级回收模型，指出基于回馈与惩罚策略下逐层回收剩余产品的合同能够实现供应链的协调；欧新环等（2009）[197]研究了基于供应链环境下的回购契约，并验证了回购契约在易逝品领域对供应链的有效协调作用。

以上研究的特点是，只考虑易逝品的易逝特性对销售期限产生的影响，将其看作一个单周期问题，同时供应链的运作背景都是假设在随机需求的前提下，没有考虑生产本身的不确定性，以及生产不确定性会对农企协作关系产生的影响。因此，我们将从生产过程随机的角度，通过建立模型，探讨不同合同的农产品供应链中农户收益情况，力图提出基于履约动机的前提实现供应链协调的合同形式。

二　购销合同的形式及描述

（一）问题描述

从交易成本理论来看供应链协调，其实就是供应链成员对成员间的转移付款、制造成本、物流成本（配送成本及仓储成本等）以及缺货成本进行权衡的结果（Xu & Beamon，2006）[198]。而且，这种权衡涉及两个经济学概念，一个是纳什均衡：当达到稳定状态时，各成员都没有改变这种运作模式的动机；二是帕累托改进：协调过程必须是在不损害其他成员利益的条件下，去改善某个成员的收益状况（Cachon，2003）[27]。

生鲜农副产品一般都具有易逝的生物属性，使其在销售过程中面临一个保值时限的问题，超过这个时限，产品价值就会大幅度下降直至为零。另外，在订单型的“精细农业”模式中，企业往往具备某种特殊的销售渠道针对特定的高质量产品进行销售，而农户不具有这种能力（严格地说，这是“订单农业”产生的背景）。在这种模式下，当农户实际产量大于订单数量或品质不能满足要求时，只能将剩余部分和达不到标准的产品在普通的农副产品市场上以较低的价格出售，这里假设在一般市场上出售的价格低于生产高质量产品的成本，所以数量和质量的不确定问题都可以用符合订单要求的高质量产品产出数量来表示。由于这种不确定性的存在，供应链中各环节就会出现利益“不一致”的问题，个体的最优决策往往并不是供应链的最优选择。根据上述对供应链协调机制文献的梳理可知，要实现供应链整体利益最大化目标，设计能使供应链参与各方都有动机去协调行动的供应链合同，是实现系统最优化的第一步。

（二）基本假设与模型

现在我们设定模型的基本假设为：只有一家加工或销售农产品的企业和一个作为生产商的农户，双方都是理性的。企业面对一个报童问题：在一定销售期限内（这个期限由产品的保鲜期或保质期决定），由订单合同确定企业的定货数量 Q，对于农副产品生产的不确定性，这里假定实际供货量为一个服从正态分布的随机变量 $q = F(x)$，$f(x)$ 为其密度函数，F 可微且严格递增，$F(0) = 0$，$\mu = E(Q)$；零售价格为外生的 p，供应链面临的需求 D 只与价格负相关，由市场价格决定［本书并不需要考虑其是分段的线性关系 $D = a - bp\ (P < P_m)$，$D = a\ (P \geqslant P_m)$，还是负指数关系[199] $D = ap - k$］，并可以被观察。农户生产一个单位产品的成本为 c_f（完成订单的实际成本为 $c_f' = c_f \cdot Q/q$）；由于过剩产品的价值 $v < c_f$，因此，农民不愿意产出大于订单的产品，而是根据自己的经验安排产量 Q^*（可能少于实际订货量

Q），从而使最终的实际产量 $q \leqslant Q$；企业销售一个单位产品的成本为 ce，且 $c_f + c_e < p$。当实际产量小于需求时，农民的缺货成本为 g_f，企业的缺货成本为 g_e，对于企业来说过剩商品的残值仍为 v。供应链上总成本为 $c = c_f + c_e$，总缺货成本为 $g = g_f + g_e$，双方都是风险中性的。

供应链具体流程为企业观察到市场价格 p，并据此预测市场需求为 D，考虑到生产的不确定性，向供应商发出订单 $Q \geqslant D$：①农户接受零售商订货数量开始生产并供货，供应商与零售商间发生支付行为；②企业拒绝订单。

Cachon 和 Lariviere（2001）[200]在研究制造业的供应合同时，提出了能力成本的概念，即供应商为完成订货必须预先为具备相应能力而支付处理成本。相似的，这里我们也假设，在农业供应链中企业面对不确定的最终交货数量时，也必须根据所能观察到的产量 q 支付每件商品的销售成本 $c_q > 0$，来使自己具备加工、销售最终交货数量商品的能力，直至完全满足市场需求 D。企业对产品的加工销售能力准备不超过实际产量 q，令 $E(Q)$ 为期望加工（销）量，则有：

$$E(Q) = E(q - (D - q)^+) = \int_0^D xf(x)\,dx + K\bar{F}(D)$$

$$= D - \int_0^D F(x)\,dx$$

式中，$(x)^+ = \max(x,0)$ 是为了获得一个正值。对于企业来说，如果实际产量小于订货量发生缺货，缺货量为 $L(Q) = (D - Q)^+ = E(Q) - \mu$，当实际产量大于订货量时，将产生剩余库存 $I(Q) = (Q - D)^+ = E(Q) - Q$，农户与企业间的转移付款为 T，则不考虑产品剩余时的两者利润函数分别为：

$$\pi_f(Q) = T - g_f L(Q) - c_f Q \tag{7.1}$$
$$\pi_e(Q) = pE(Q) - g_e L(Q) - c_e Q - T \tag{7.2}$$

式中，T 为在企业与农户之间的转移付款。考虑供应链中存在剩余库存的情况，供应链总利润为：

$$\Pi(Q) = \pi_f(Q) + \pi_e(Q) + vI(Q) \tag{7.3}$$

将供应链的最佳订货数量记为 $Q^o = \operatorname{argmax}(\Pi(Q))$，并且有 $\Pi(Q^o) > 0$。因为 F 严格递增，Π 严格凹，因此有唯一最优解。

农户的最优产能安排为 Q^*，即 $Q^* = \operatorname{argmax}(\pi_f(Q))$。

根据最优化条件 $\frac{\partial\ E(Q^o)}{\partial\ (Q)} - (p - g + v)S(Q^o) - (c + v) = 0$，即 $E'(Q^o) = \frac{c + v}{p - g + v}$。

此时，供应链合同需要解决的协调问题为：转移付款的形式和数量；剩余产品的处理。下面，我们就这两个问题对不同合同展开讨论。

三　购销合同的履约动机分析

（一）按照订货数量收货和付款的订单合同

1. 基本形式

在我国的农业供应链实践中，企业向农户发出订单，收购时按照实际收货数量进行付款的形式较为普遍，即企业以每件产品 w 的收购价格按照实际交货数量支付给农户，因为市场需求固定，农户的多余产品只能获得残值 v，即生产中如果产生剩余，则风险完全由农户承担，产量小于订货数量时的缺货成本则由农户和企业共担，但 $g_f \leqslant g_e < c$。

在这种合同制度的安排下，企业对农户的转移付款为：

$$T_w\ (Q,\ w)\ =wQ$$

农户的利润为：

$$\pi_f(w,v,Q)\ =wQ-g_f(E(Q)-\mu)-c_fQ+v(E(Q)-Q)$$

$\dfrac{\partial\ \pi_f(w,v,Q)}{\partial\ Q}=(v-g_f)E'(Q)+(w-v-c_f)=0$，即 $E'(Q^*)=\dfrac{w-v-c_f}{g_f-v}$时有最佳利润。$S'(Q)$单调递增，因此仅当 $Q^o=Q^*$时，供应链符合协调条件。此时有：

$$\pi_f=\frac{(c+v)(g_f-v)}{p-g+v}+v$$

由于农户缺货时的声誉损失（g_f）较小，因此有 $\pi_f\leqslant v$。农户是否能够盈利完全取决于残值（由市场决定）大小，因此，在这种情况下，农户将按照自身最优的生产计划 Q^* 组织生产，合同并不具有协调效果。

2. 预付生产成本

按订单数量金额全额预付生产成本，按订单产量收货。在这种情况下，企业预先向农户支付成本 c_fQ，付款时按照实际收货数量扣除预付款 $T_w\ (q,\ w)\ =wE\ (Q)\ -c_fQ$，此时农户的利润为：

$$\pi_f(w,Q)\ =(wE(Q)-c_fQ)-g_f(E(Q)-\mu)+v(E(Q)-Q)$$

分析结果同第一类合同，区别仅在于转移付款中，部分金额预付，但仍不能保证农户盈利。

（二）按照实际产量收购和付款的包销订单合同

1. 按订单金额付款

企业按订单金额全额支付，并包销农户所有产品。在这种情况下，企业对农民的转移付款为 $T_w\ (w,\ Q)\ =wQ$，农户的利润为 $\pi_f(w,q)\ =wQ-c_fQ$，此时，农民不承担生产不确定性所带来的风险，和一体化效果类似，企业面临的是委托代理中的道德风险问题。

2. 按统一价格付款

另外一种较为常见购销合同形式为企业以每件产品 w 的收购价格按照实际产量全额收购农户的产品。由于企业完全承担了市场风险，农户通常会最大化自己的产量，这时企业只能通过调整签约农户的数量来适应自己对市场需求的预测。

在这种情况下，企业对农民的转移付款为：

$$T_w(w,Q) = wE(Q)$$

农户的利润为：

$$\pi_f(w,Q) = wE(Q) - c_f Q$$

最佳利润时，$E'(Q^*) = c_f/w$。当 $Q^o = Q^*$ 时，$\pi_f = c_f(\frac{p-c-g}{c+v})$，所以当 $p-c \geqslant g$ 时，农户有利可图，该状态为纳什均衡。

3. 按不同价格付款

如前分析，包销合同由于使农户不承担生产过程中的风险，容易造成当满足 $w \geqslant c_f$ 时，农户有动机擅自扩大生产规模，因此，企业可采取多余产品仅支付生产成本的方式进行弱化。

在这种情况下，企业对农民的转移付款为：

$$T_w(w,Q) = wQ + c_f(E(Q) - Q)$$

农户的利润为：

$$\pi_f(w,Q) = wQ + c_f E(Q) - g_f(E(Q) - \mu) - 2c_f Q$$

最佳利润时，$E'(Q^*) = \frac{w - 2c_f}{g_f - c_f}$。当 $Q^o = Q^*$ 时，$w - c_f =$

$\frac{(p-c-g)c_f+(c+v)g_f}{p-g+v}$，所以当 $p-c\geqslant g$ 时，$w>c_f$，农户有利可图，最优时为纳什均衡。

第三节　基于履约动机的案例分析

（一）案例背景

山葵（Wasabi），又名山嵛菜，为十字花科山葵属多年生草本植物，原产日本，是一种经济价值很高的蔬菜兼药用植物，是日本式饭菜必备之物。但其生产周期长、初期投资大、种植成本高、病虫害发生率高等因素也给这种在我国尚属新型蔬菜品种的开发和种植带来了极大的困难。

云南某实业有限公司是一家专门种植从事山葵种植、加工、出口销售的专业公司。其产品构成中主要以新鲜山葵和山葵加工品为主，其中新鲜山葵售价较高（国际市场为400元/公斤，收购价约为120元/公斤），但对品质的要求也较高（外形、有效成分、口感），保鲜期较短（按主要有效成分损失50%计算，常温5天，干燥处理后低温冷链环境可保存1～2个月），不能达到品质要求和及时冷藏处理的只能作为加工品原料，收购价格较低（30元/公斤）。

（二）合同分析

对农户来说，山葵的种植和培育前期投入较大，约每亩2万元人民币（建设大棚、土壤处理等）。种植期18～20个月，每亩产量为200～300公斤，根据不同的种植方式，种植成本约为30元/公斤（粗培）、85元/公斤（精培）（未考虑机会成本）。但由于受气候、病虫害等因素影响，一般情况下符合鲜货要求的比率约为0%（粗培）、30%（精培）。现以鲜货销售为例，对山葵种植合同进行分析。分析中，首先需要假定该企业的山葵鲜货严格按照订单数量进行交货，多余产品只能按照加工品原料的价值（即残值）计算①。其成本收益如表7－1所示。

表7－1　山葵种植中精培方式（一季）数值

变量名	c_f（元）	c_e（元）	g_f（元）	g_e（元）	p（元）	w（元）	v（元）	$Q=\mu$（公斤）
数值	85①	100②	10③	100④	400	120	30	100

注释：①农户成本：人工：6000元/亩；设施折旧：500元/亩；遮阳网：1500元/亩；有机肥、农药等：500元/亩。

②企业成本：估算值，主要考虑产品拣选、包装、储存、运输等冷链物流费用。

③农户缺货成本：估算值，当发生缺货时，企业有可能更换合同户，取消技术支持等服务。

④企业缺货成本：估算值，当需求不能满足时，海外客户有可能取消或减少下期订单。

1. 按实际产量付款合同

农民最优投产决策时的单位利润为 $\pi_f=\frac{(185+30)\ (10-30)}{400-110+30}+30=16.56$ 元，每亩地年收入为 $16.56\times100/1.8=920$ 元，与土地的机会成本大致持平，如考虑前期投资、外出打工收益、技能培训投入等因素，农户实际收益并不比种植其他作物或在有垫付投资时选用粗培方式生产高。如市场变化至残值为0时，单位收益为6.72元，

① 该假设的经济意义在于如前分析结果：由于包销合同使农户不承担生产过程中的质量风险，因此当 $w\geqslant c_f$ 时，农户有动机擅自扩大生产计划，使之脱离供应链最优。

约合373元/亩，远低于种植其他作物的机会成本。

2. 统一价格付款的包销合同（收购价格假设为40元/公斤）

（1）对于本案例，如果采用此方式，农户在生产过程中质量的不确定性可以不作为其决策因素，而只考虑产量变化的影响。而种植方式的不同，主要影响产品的质量，而质量的提高并不增加农户的收益。所以选择精培方式只会大幅增加农户成本：精培方式时投入为85元/公斤，而产品价格无论高低仅为40元/公斤，产量的增加并不能弥补成本的上升，因此农户没有动机选择精培方式，该合同模式的结果是导致逆向选择。

（2）粗培方式，农户按供应链最优决策生产的利润：所有产品均不符合鲜货要求，总产量按最低计算为200公斤，则农户每亩收益为（40－30）×200＝2000元。

3. 包销合同按等级付款

农民按供应链最优进行投产决策时的单位利润为 $\pi_f = \frac{(400-185-110)\times 85+(185+30)\times 10}{400-110+30} = 34.61$ 元，每亩地的年收入为34.61×100/1.8＝1922.78元。农户收入与统一付款的包销合同大致持平，并可有效避免农户选择种植模式过程中的逆向选择问题。

（三）现实的困惑

1. 合作模式选择

云南某实业有限公司从筹创之初，就开始面临基地建设及与农民合作方式的决策问题：从对产品品质和产量的保证上来说，由公司自建基地、自行管理是最佳的选择；但是，考虑到政府对扶贫的呼吁和要求，决策层依然决定为了让更多的农民能够通过种植山葵增加收入脱贫致富，于是采取了通过与数百农户签订种植和购销协议的方式进行合作。

2. 合同类型选择

考虑到该项目前期投入较大，公司采取了由公司垫付所有种苗、农药、化肥的资金，并按统一价格付款的包销合同形式。同时，在种植技术上，所有技术员也由公司聘请，免费到种植基地为农户提供种植技术指导。公司的要求只有一个，产品成熟时全部由公司回收，从收购款中扣除公司为农户垫资即可。

3. 残酷的现实

但是，让公司没有料到的是，在产品成熟的时候，外地的一些小公司来到丽江私下里向农户们抢购原料，由于这些小公司在产品种植期内没有任何投入，可以在一定程度上抬高收购价格，相当部分农户为了眼前的利益，有意无意也配合了这些公司的恶意抢购。一场抢购大战下来，公司不仅在原材料的收购上损失巨大，并且由于农户的转移销售，致使公司的大部分前期投入无法回收，同时原材料的供应不足还让公司不得不放弃了大量订单。受山葵种植周期的限制，这种状况竟然持续了三年多的时间。无奈之下，公司不得不对众多农户进行了一场艰难的诉讼。在官司胜诉以后，公司又主动放弃了所有的赔偿要求。

4. 启示

云南某实业有限公司所选择的合同类型是典型的预付生产成本并由企业统一价格的包销模式。根据公司的经营实践和前述分析，可以得到如下启示：①预付生产成本只是转移付款形式发生改变，并不影响农户的收益函数。当农户决策完全以收益作为标准时，机会主义就会发生。②企业采取统一价格的包销合同，会使农户决策逆向选择，结果是低投入导致低品质，无差异的低品质产品往往只形成单纯的价格竞争。在本案中，由于作为加工品原料的品质要求较低，后续加工过程也相对简单，进入门槛较低，因此市场竞争较为激烈。③从市场的发展趋势来看，粗培低质产品会在几年内达到饱和，收购价格将进一步降低，种植收益会明显下降。以新鲜山葵为主的基于订单的精细化农产品种植必将成为市场竞争中的主流，选择分级定价的包销合同是适应这一发展趋势的明智之举。

第四节　结论和建议

在供应链管理研究中，“协调”是一个非常重要的领域。由于供应链在运作过程中会面临种种不确定性，因此，各成员的管理决策往往并不是供应链整体的最优。特别是在分散型供应链中，通过设置合理的供应链合同使分散的各成员都有动机采取有利于实现供应链目标的行动，是一个非常有效的协调手段。针对我国农产品供应链，本书着眼于生产过程的不确定性，基于以下假设（①在采用“企业＋农户”模式进行订单式生产的农产品供应链中，不同的合同设定会直接影响合同的执行效果；②农户基于自身的盈利判断对合同内容进行诠释，并根据自己的最优化结果选择行为），借鉴制造供应链研究中经典报童模型的思想，建立了农产品订单模型，经过推导论证，并结合案例分析和验证，得出以下结论和建议：

第一，合同中的预付生产成本条款，只是转移付款形式的简单变化，对农户的盈利性不会产生影响，因此，也不会对具有该类条款的供应链合同协调效果产生影响。因此，企业可采取帮助农民贷款的方式取代合同中的预付生产成本条款。

第二，按照订单数量进行收货和付款的订单合同，由于生产过程的不确定性由农户完全承担。在供应链最优生产决策条件下，不能保证农户进行农业生产的盈利性，因此，此类合同并不具备协调效果。在此类合同的制度安排下，农户仍然会依照自身的最优目标行动，在实践过程中容易出现机会主义和违约行为。因此，不建议企业采取单纯的此类订货合同（但可通过增加附加条款使农户具有履约动机的方式对此类合同进行改进）。

第三，无论产量如何，全部按照订单金额付款，并包销农户产品的订单合同，相当于让农户完全不承担市场和生产的不确定性所带来的风险。农户的生产行为本质成为企业的委托生产，这种制度安排将带来与一体化相同的效果。企业面临委托代理关系中的道德风险问题，企业如果采用此类合同，必然需要增加获取信息的成本投入，对农户行为实施有效监控。

第四，按照统一价格包销订单合同，农户按照供应链计划组织生产可以获利，具有一定的供应链协调效果。但通过案例分析可知，由于此类制度安排可以帮助农户规避生产不确定性中的质量风险，因此，当收购价格大于其最低成本要求时，会使农户产生逆向选择的问题，企业无法通过这类合同获得高品质的农副产品。所以当企业要求产品质量较高时，应避免采取这种类型的合同。

第五，根据不同质量进行分级付款的包销订单合同，农户的获利性及供应链协调效果与统一价格包销合同类似，并可有效防止逆向选择的发生。因此，此种类型的合同形式应该是精细化订单农业中的首选。

第八章　农产品供应链中的关系契约

可以认为，在农产品供应链中，特别是在供应链前端的农户与企业的结合部，正式合约的影响力非常有限，即使存在正式合约，但对最终绩效产生决定作用的，仍然是供应链中购销双方的实质关系。这种由实质关系所表现出来的就是一种心理承诺，即一种具有"自履行机制"的关系契约。但是根据现有契约理论的研究成果，关系契约实际上还是一个非常宽泛的概念，也没有统一的形式。即使对于那些在实践中已经通过运用关系契约获得成功的企业案例来说，它们的经验也是很难借鉴和模仿的。因此，在发展这种基于供应链合作的成员关系时，应根据实际情况入手，深入分析对合作双方产生影响的主要因素，再根据分析的结果采取能够促进双方进一步合作的措施。

第一节　关系契约

一　关系契约的内涵

关系契约的产生源自缔约双方合作条件及环境的不确定性，

这种不确定性会导致正式的合同条款不可能涵盖所有可能出现的情况，这就会造成正式合同的“不完全性”（Macneil，1977）。而关系契约背后的机制是缔约双方的自主履约动机，因此不需要第三方参与，强调的是非正式的规则和自我清算交易（费方域，1996）。其实在大量的契约研究文献中，履约动机一直都是学者们及实践中关注的焦点（Dyer & Singh，1998；Poppo & enger，2002；Gulati & Nickerson，2008；Bond & Gomes，2009）。但关系契约与正式格式契约的本质区别在于，格式契约的主要任务是规范缔约双方的行为（Aghion & Holden，2011）[201]，而关系契约则是促进产生对有效合作有帮助的行为（Fuchs，2007[202]；Halac，2011[203]），即激励这种行为的发生。因此，农 - 企关系契约的核心是激励农 - 企双方的合作行为。在农 - 企连接环节，既然契约注定是不完全的，那么由正式契约所导致的合作效果就非常有限了。因此，依靠双方默认的规则来缔结关系契约以促进合作就成为一条重要的途径。

对于关系契约的作用机理，Kreps（1990）采用了一个简单的博弈模型（见图 8 - 1）来进行描述，他将之称为信任模型：首先，参与者 1 对于关系合同所包含的默认规则有两个选择：信任和不信任。如果选择不信任那么关系契约直接终止（或理解为不存在），双方获得 0 支付；如果选择信任，则参与者 2 就会面临（对默认规则的）遵守及背叛两个选择。如果选择遵守，博弈重复，双方各获得一个支付；如果选择背叛，博弈结束（合同终止），双方共获得一个支付（背叛方获得两个支付，而信任方损失一个支付）。由此可见，使关系契约得以延续的条件是两个：①基于双方的相互信任而进入重复博弈阶段；②参与者都自觉遵守双方约定（关系契约的规则），或者采取隐藏手段藏匿背叛行为，一旦背叛行为暴露则博弈终止。

关系契约与传统格式契约的另外一个重要区别在于，虽然二者大都是采用博弈论来作为分析工具的，但传统的博弈分析中往往只考虑了经济因素，即仅将经济收益作为各种博弈策略的支付，这使分析过程变得非常简单，但同时也使结论普遍受到质疑。事实上，现实中博弈局中人的决策通常还会受到诸如任务的指定方式、任务自由度、在组织或团队中的地位等合作条件，以及“公平”、“正义”、归属感、独特性等一些心理因素的影响（Fehr & Schmidt，1999[204]；Gibbons & Henderson，2011[107]）。另外，博弈中对决策行为的严格界定也是一个问题，如究竟什么样的行为构成合作？什么样的行为是背叛行为？等等。因此，在建立关系契约时，不仅仅要让成员知道他们的支付具体是什么，也要知道什么样的具体行动构成了合作、背叛和会受到什么样的惩罚（例如图 8－1 中的信任、遵守和背叛）。这显然不同于在传统理论分析时预先设定好的各种假设条件，因为任何不同的实例就会导致这些行为和支付的具体内容迥异。

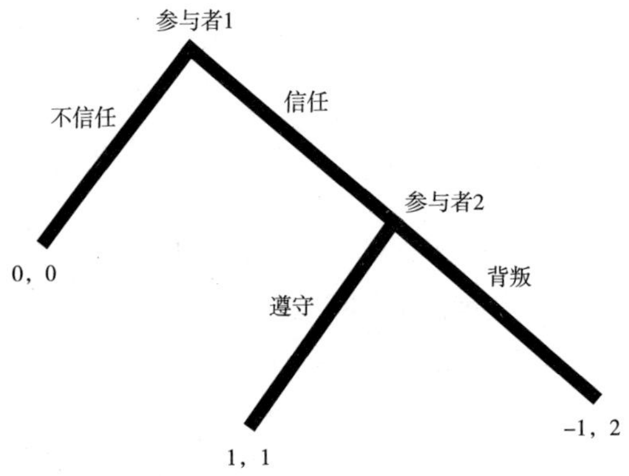

图 8－1　信任博弈模型

二　农－企关系契约成立的条件

农产品供应链中需要建立关系契约的首要前提条件是，作为合作双方的农户与企业都必须认识到，紧密的合作必然会给双方带来更好的收益，然而在这样一个前提下进行的合作必然会面临诸多对合作背叛的诱惑。例如，当市场价格高于合同收购价格时，农户私自出售会带来短期更高的经济收益，即使在产品完全由企业包销的模式下，也会存在农户由于监管困难而产生“偷懒”诱惑；另一方的企业也有可能利用信息和渠道优势，而产生刻意压低收购价格的机会主义诱惑。根据图8－1的博弈过程，可以简单地用C表示参与方合作的支付，D表示参与方面临的背叛诱惑，P表示参与方背叛时会受到的惩罚。此时合作双方契约达成的条件为合作的收益大于背叛的收益，即$(1+\frac{1}{r}C)>(D+\frac{1}{r}P)$。因此，所有采用重复博弈进行分析的方法，都隐含了一个潜在的假设，就是合作双方都有耐心（在博弈分析中体现为贴现率$r>0$）将未来的收益与当期收益进行权衡后再决定自己的行为，当双方都缺乏这种耐心时（$r<0$），任何当期收益大于履约收益的情况发生都会导致合作的中断。

其次，合作双方对于长远合作带来更大收益的耐心（r）决定了合作方采取合作行为的程度，也可以看作存在一个阈值，当采取机会主义行为的短期收益大于一定程度，或者合作条件发生变化导致博弈支付发生变化从而使r达到阈值时，参与方就会放弃合作而选择背叛，即背叛的阈值是$r<\frac{C-P}{D-C}$，或者通过进行再次谈判重新获得对合作新条件的认同，重新达到博弈均衡状态。

另外，在一个重复的多期博弈中，如果每一期的支付都按照一个独立分布的概率发生变化，如从（C，D，P）变为（C，D'，P），且有 $D'>D$。这时，如果双方仍然有足够的耐心满足 $r>\frac{C-P}{D'-C}$，那么即使发生变化，双方也仍将继续合作，保持博弈均衡。直至合作条件中支付再次发生变化，直至不能满足该条件而导致合作结束。

最后，对于支付并不是一个常数或者如预先预计的那样恒定不变，而是会随时间的推移或者客观条件的改变而发生变化的情况，那么就假设支付是独立同分布的，以及参与者是在每一期看到当时的支付后采取行动的。在合作中的某期，如果参与者观察到当下的合作与背叛的支付为 C_t 和 D_t，未来的预期支付为 $E(C_t)$ 和 $E(D_t)$，如果 $C_t+\frac{1}{r}E(C_t)>D_t+\frac{1}{r}E(P_t)$，即长期收益 $E(C_t)-E(D_t)$ 在未来每个周期都大于短期诱惑 D_t-C_t，那么就意味着在 r 位于阈值以上，即使支付存在一定波动，参与者还是能够维持永久的合作。相反，如果短期诱惑足够大（r 位于阈值以下），合作将结束。然而这时合作的结束并非源于参与者非常没有耐心，那么这也是一个双方经过重新谈判、修订条件继续合作并达到博弈均衡的过程。

三　农－企关系契约的内容

关系契约得以履行的重要条件就是关系契约中包含了激励合作行为发生的隐含条款：对于缔约方来说，选择信任契约条款是依赖他人对这些条款的遵守。要正确地判断自己或者他人是否遵守了这些条款，就需要在双方间建立一种明确条款内容①的共有知识。这种知识既包括诸如合作技能等的任务知识；还包括大量诸如各方不同行为所对应的支付、各方产生背叛行为的诱因，以及应该受到惩罚的行为及由此带来的支付等关系知识[107]。

对位于农产品供应链末端的种植户与企业来说，采取不同的连接方式，其关系契约所需要的共有知识是不一样的，即关系契约的条款不同。例如，在一体化的连接模式下，企业管理人员和农户都必须掌握的共有知识包括：什么时候应该除草、什么时候应该施肥、采用何种防止病虫害的方式是有效的等任务知识；如果发现相关种养殖规定有误而不提出来会造成什么样的后果、如果作物（牲畜）在生长过程中出现问题而不报告会造成什么样的后果、如果产品品质未达到相关标准会给企业带来什么样的损失等关系知识。在通过供应链管理方式进行的联结中，共有知识中的任务知识包括产品收购等级确定、达到收购标准产品的种植技巧、货款的兑现方式等；关系知识包括采购方如果收购了达不到等级的产品会造成的后果、如果不根据相关规定支付货款会造成的后果、私自出售本应根据合同进行销售的产品会有什么后果、坚持按照采购合同进行销售会给自己带来什么样的好处等。在实践中，诸如此类实践问题更加广泛：不仅会涉及关系契约条款的可靠性问题，还会涉及这类知识的进一步共享。

从严格意义上来说，一体化模式更接近于依靠层级来进行的权威管理，关系契约的主要任务是通过建立监管者和组织成员之间的共享知识，解决道德风险问题。而采用非层级的供应链连接

---

①　关系契约中的条款都是彼此认同但并没有被明确列出的。

方式时，则需要通过在供应链成员间建立与合作相关的任务知识及关系知识，避免合作双方出现机会主义行为。

四　农－企关系契约的细则

在信任博弈模型中，如果一方选择了信任，就相当于关系契约开始在缔约双方间生效了，那么第二阶段他将面临守约或违约的选择。在农户与企业的合作中，农户将产品交给企业，其收益实际上就由企业决定了（信任模型中选择遵守还是背叛），由于操作实践中监管的困难，实际上农户选择是否将合适的产品交给企业也是由其自主决定的（信任博弈模型中选择遵守还是背叛）。要想通过关系契约在农户与企业之间真正建立合作关系，就必须在双方间建立双方认同的关系契约规则（虽然这个规则是隐性的）。作为一个简单的范例，其契约构成见表8－1。

表8－1　农产品供应链中农－企合作关系契约细则（范例）

	合作	背叛	惩罚
农户	行动： 1. 发现产品种养殖过程中出现问题时及时通报 2. 对产品种养殖方式提出建议 3. 分享自己的种养殖经验	行动： 1. 藏匿产品存在的缺陷 2. 发现问题时不通报 3. 不分享个人经验	行动（基于企业的感知）： 1. 以次充好 2. 故意诋毁、阻挠新技术推广 3. 损人利己
企业	行动： 1. 出现新的种养殖技术时大力推广 2. 种养殖户面临困难时及时帮助 3. 农户成本发生大幅变化时及时给予补偿	行动： 1. 不主动、及时地与农户沟通 2. 对于农户方存在的困难视而不见。 3. 故意隐匿市场信息	行动(基于农户的感知)： 1. 随意决定农户产品标准,刻意压低收购价 2. 让农户种养殖无利可图的产品 3. 对所有农户没有做到公平对待

第二节　基于公平及善意回报的心理契约分析

从农业参与者的角度来看，在传统的农产品生产流通领域引入供应链管理，是减轻信息传递过程中的“牛鞭效应”、降低物流成本、增加产品附加值、提升经营效益的有效手段。但是，实施供应链管理有一个前提，即这种联盟关系是可靠和稳固的。在存在不确定性和信息不对称的情况下，供应链成员常常会面临在短期利益与相互信任并继续合作间进行决策的问题，如果市场需求波动大，价格变化剧烈，则其最优选择往往是短期利益，特别在有行为不被发现的预期时，更是如此。违约（公开的和隐含的）发生频率的高低会严重影响供应链的稳定性，并对供应链的整体绩效产生极大的负面影响[205]。

由于农产品价格受生产、市场两个方面不确定性的影响（农业的生产与消费双驱动特性[7]），再加上极度分散的生产模式和小农经营意识，使联盟成员在产品价格大幅波动的情况下，更容易产生机会主义行为，从而破坏联盟的稳定性，大大降低供应链的运作效率。这已经成为供应链管理思想在农业领域推进和实践过程中较其他产业困难的重要原因[10]。因此，研究这种供应链中的生产协同组织成员间的博弈关系是非常有意义的。

一　农业生产组织的特征及其关系管理

（一）我国农业的生产组织模式

我国农业产业中，受长期小农经营模式的影响，生产者大多为分散经营的农户；流通渠道虽然近年来有了极大改善，但“农户－粮（菜、肉、蛋、奶等）贩－（加工企业）－市场

（超市）－消费者”的模式在部分大城市及大多数中小城市仍占据相当大的份额。在这样的传统流通模式中，各参与者独立决策、独立经营、独立运作，最后通过市场交易的方式进行相互联系。这种模式所带来的后果就是：第一，经营分散造成“牛鞭效应”严重，使生产与市场脱节；第二，物流分散运作，管理混乱，造成浪费严重，使农业经营利润率低；第三，信息不对称，造成食品安全问题突出。

作为农业经营方式转变的制度创新，1993 年提出了农业产业化的概念[3]，并且迅速得到企业、政府及学术界的重视。经过 20 多年的发展，以国家重点农业产业龙头企业为代表的一批按农业产业化模式运作的企业被建立起来并得到了国家的大力扶持。从实际效果上看，这些企业的生产环节大都采用了“公司＋农户”的组织模式，这种运作模式在改善农业生产效率、运用先进技术和装备提升产品附加值以及保障食品安全方面都取得了非常显著的成效，但同时也暴露出上游生产环节不稳定、信息沟通不充分、集成化的动态联盟运作欠缺等问题，其成败在很大程度上取决于一体化组织联结机制的稳固与否。因此，与农户建立战略伙伴关系、与农户合作便成为龙头企业的首要基本功[10]。

（二）供应链组织中的关系管理

企业建立供应链联盟的目的是为了共同拥有市场、合作研发、共享资源和增加竞争能力等，产生联盟绩效[206]。由于维持一个稳定、紧密的联盟能提供学习、获得知识、共享和创新机会，降低成本，缩短设计周期，增强技术手段，对顾客需求做出更快的反应，因此，供应链联盟关系的稳定性状况对联盟绩效有着极其重要的影响。供应链联盟关系的稳定性是指：供应链成员间结成一种长期稳定的战略合作伙伴关系，并具有相对稳定、分工组合以及合作较长时间的特征。不同的文化背景会导致对相同问题的不同看法，从而采取有差异的处理手法，最后产生不同的结果。如何协调供应链成员之间不同的文化特征，限制成员间机会主义行为的发生，这是令供应链各方为难的问题[207]。一般说来，影响供应链联盟关系稳定性的因素主要有关系资本、关系投入意识、供应者信任和文化兼容性[139]。

针对我国农产品供应链联盟成员关系的研究，张明林等(2007)[208]采用合作博弈的研究方式，得出“公司+合作组织+农户”模式优于其他模式的结论。何亮等（2009)[209]采用完全信息静态博弈分析的方法，提出通过采用长期合同、建立惩罚机制以及建设信用数据库等措施，从而在合作的基础上取得长期利益，最大化自己的效用，以达到“合作双赢”策略的建议。这些研究虽然从各自视角对农产品供应链的组织问题进行了诠释，丰富了农产品供应链的研究，但由于合作博弈是一种正和博弈，本质上仅仅是对“联盟剩余”进行合理分配的问题，与我们所提出的问题不在同一范畴；而其他应用经典博弈论的文献，往往或假设条件与现实差距太大，或简单地将效用最大化简化为利润最大化，而剔除一些行为人重要的心理影响因素，因而据此得出的结论与现实相去甚远。

20世纪90年代，Camerer 和 Loewenstein（2003)[210]提出了一种应用心理学规律来弱化经典博弈论中理性假设的研究方法，被称为行为博弈论。它通过加入情绪、错误、有限预见力以及学习来扩充经典博弈理论，使结果能更加接近现实。

二　基本假设和经典博弈模型

产业化农业概念最早由美国哈佛大学商学院的高德博格于

20 世纪 50 年代提出，但至今学术界对其内涵仍没有统一的界定。综合来看，通过协作方式实现以市场为导向、以提高经济效益为中心的目标是其重要内容。而协作组织中成员间的关系则可描述为一种分别相机决策的过程，即博弈过程，不同的决策会导致不同的协作效能。

供应链组织中，一般采用合同形式对成员进行约束，意图使之成为一种长期的合作关系，但最终的协作关系形成却是依赖于效用选择的博弈结果：每一个合同期对于成员来说，都会面临“守约”与“违约”的决策。这种决策的依据就是效用，因此每一期合同执行的顺利与否都是一次博弈。如果是一个长期合同，那么合同的执行就成为一个重复博弈的过程。如果我们只考虑物质收益给我们带来的效用的时候，如果给定一个贴现值 δ，参与者的支付就变为当期收益与未来收益的现值之和。参与人只需要简单地判断支付的大小就可以采用选择占优策略的方式进行决策。

在经典博弈论中，决策人是完全“理性”的，即会完全依据经济收益的大小来决策。在本书中，局中人的一方为位于上游分散生产的农户（以下简称农户），另一方为对生产进行组织、对产品进行收购的企业或农业合作组织（以下简称企业）。两者以合同形式达成协议，由企业通过给予农户种苗、原料、农机具、化肥等生产物资以及生产技术、市场信息等方面的帮助作为条件，而换取农产品的专属采购权。在市场价格大大低于企业承诺的保护价情况下，企业就会产生违约动机；而当市场价格上涨，大大高于企业的最高协议收购价时，农户就会有违约动机。

假设农户从企业获得帮助带来的收益为 v，农户利润为出售价格的函数 $\pi_f(p)$，企业利润为收购价格的函数 $\pi_c(p)$，则 π_f

对 p 单调递增，π_c 对 p 单调递减。当市场价为 p_m，而收购价格为 p_c 时，在一次博弈条件下，企业与农户的支付矩阵见表 8－2。

表 8－2　企业与农户一次博弈的支付矩阵

		农户：合作	农户：违约
企业	合作	$\pi_c(p_c)$，$\pi_f(p_c)$	$\pi_c(p_m)$，$\pi_f(p_m)$
	违约	$\pi_c(p_m)$，$\pi_f(p_m)$	$\pi_c(p_m)$，$\pi_f(p_m)$

当 $p_m < p_c$ 时，$\pi_f(p_m) < \pi_f(p_c)$，$\pi_c(p_m) > \pi_c(p_c)$，企业有违约动机；当 $p_m > p_c$ 时，$\pi_f(p_m) > \pi_f(p_c)$，$\pi_c(p_m) < \pi_c(p_c)$，农户有违约动机。可见，只要 $p_c \neq p_m$，战略组合｛合作，合作｝就会成为其中一方的严格劣策略，特别是当没有相应惩罚措施或虽然有惩罚措施但由于信息不对称以至有不被发现的预期时，合作就不可能成为一种均衡。即使合同规定由企业预先支付生产支持 v，任何一方违约罚款 u 时，情况仍不会得到改善。再进一步假设，农户的利润函数为 $\pi_f(p) = p - c$，其中 c 为农户成本，企业的利润函数为 $\pi_c(p) = 1 - p$，则有当 $\pi_f(p_m) + v - u > \pi_f(p_c) + v$ 亦即 $p_m > p_c + u$ 时，农户违约；同理，当 $\pi_c(p_m) - v - u > \pi_c(p_c) - v$ 即 $p_m < p_c + u$ 时，企业违约。

结论：在企业与农户的合作中，当合同价格与市场价格不一致时，单次合同没有约束力。

如果制订有限期合同，则为有限期重复博弈。通过逆向归纳法可以证明，有限次重复博弈并不会改变博弈双方的行为方式，博弈双方仍采用原博弈的策略，其结果只是一次性博弈均衡结果的简单反复。因此，在供应链合同中一般大都采用虽有一定期限限制但可以永久延期的合作协议。这样能使这种博弈近似于无限期重复博弈。

在无限期重复博弈中，假设双方贴现因子相同均为 d，$d \in (0,1)$，考虑到环境因素造成的经营不确定性，再假设博弈下期继续存在的概率为 $\varphi,\varphi \in (0,1)$，令 $\delta = d\varphi$，考虑到农产品价格的不确定性，假设对博弈双方来说，未来预期的每期收益只能与当期相同。双方均采用触发战略，即一方违约则要求赔偿，并中止合同。

农户：合作时的收益为：

$$V_f^c = \pi_f(p_c) + v + \delta(\pi_f(p_c) + v) + \delta^2(\pi_f(p_c) + v) + \cdots = \frac{\pi_f(p_c) + v}{1 - \delta}$$

违约时的收益为：

$$V_f^d = \pi_f(p_m) + v - u + \delta\pi_f(p_m) + \delta^2\pi_f(p_m) + \cdots = \frac{\pi_f(p_m)}{1 - \delta} + v - u$$

守约时的激励约束为：

$$V_f^c \geqslant V_f^d$$

即：

$$\tilde{\delta}_f \geqslant \frac{\pi_f(p_m) - \pi_f(p_c) + v}{v - u}$$

同理，企业合作时的收益为：

$$V_c^c = \frac{\pi_c(p_c) - v}{1 - \delta}$$

违约时为：

$$V_c^d = \frac{\pi_c(p_m)}{1-\delta} - v - u$$

守约时的激励约束为：

$$\tilde{\delta}_c \leqslant \frac{\pi_c(p_c) - \pi_c(p_m) + u}{v + u}$$

即合同约束为：

$$\frac{\pi_f(p_m) - \pi_f(p_c) + v}{v - u} \leqslant \delta \leqslant \frac{\pi_c(p_c) - \pi_c(p_m) + u}{v + u}$$

带入企业与农户的利润函数则有：

$$\frac{p_m - p_c + v}{v - u} \leqslant \delta \leqslant \frac{p_c - p_m + u}{v + u}$$

讨论：① $u^2 > v^2$ 时，若 $p_c < p_m - v - \frac{u^2}{v}$，则上式成立。

② $u^2 < v^2$ 时，若 $p_c > p_m + u + \frac{v^2}{u}$，则上式也成立。

上式成立时，贴现率位于二者之间，双方都没有背离动机，合作可以继续。

当价格持续变化，使上式条件不能满足时，通过调整 p_c 可以使合作继续，也可根据双方合作意愿大小，通过改变 u 和 v 值使上式成立。

三　基于心理因素的行为博弈模型

作为生产者的农户，由于其文化背景、心理素质及风俗习惯的不同，对事物的判断也有着巨大的差异。Camerer 等(2004)[211]指出，现实中的行为人在确定自己战略时，往往在很大程度上受到所谓“社会性偏好”的影响。因此，在其效用函数中，应该加上描述“公平”等的心理因素变量。

（一）基于“公平”的影响

农户们在面临市场价格波动时，除了追求自身收益最大化以外，对其行动战略选择起到重要作用的影响因素还有价格涨落造成的收益差对自己与他人的影响是否“公平”。这里所说的“他人”主要指与企业签订合同的其他农户。

“规避不均等”（Inequity－Aversion）理论指出，博弈参与者不仅关心自己的收益，还关心与其他人收益之间的差距[204]。这种差距在农产品供应链组织中可以这样描述：假设与企业签订合同的分散农户数量为 n，每一个农户都独立决策，则农户 i 在进行决策时，会本能地将自己的预期收益与其他农户 $-i$ 的收益进行比较，并由此产生“嫉妒”（当他人的收益高于自己）或“内疚”（当他人的收益低于自己）的情绪从而对自身的效用产生影响，然后才在效用最大化的前提下进行战略选择。这里，虽然农户在进行决策时并不知道其他农户的选择，但总会对选择违约的农户有一个先验概率 q。于是，他对收益集 $\Pi \equiv \{\pi_1, \pi_2, \cdots, \pi_n\}$ 的效用为：

$$U_i(p) = \pi_i(p) - \alpha q[\pi(p_m) - \pi_i(p)] - \beta(1-q)[\pi_i(p) - \pi(p_c)]$$

这里假定 $0 \leqslant \beta < 1$ 并且 $\beta \leqslant \alpha$。α 为嫉妒指数，β 为内疚指数。上式中第一项为农户的物质收益；第二项为如果选择守约而与违约农户造成的“不公平”感；第三项为如果选择违约而与守约农户造成的“不公平”感。

由于农户 i 只有在市场价大于合同价且 $U_i(p_m) > U_i(p_c)$ 时才会违约，因此农户守约的约束为：

$$U_i(p_m) \equiv \pi_i(p_m) - \beta(1-q)[\pi_i(p_m) - \pi_i(p_c)] \leqslant U_i(p_c)$$
$$\equiv \pi_i(p_c) - \alpha q[\pi_i(p_m) - \pi_i(p_c)]$$

可得：

$$q \leqslant \frac{\beta}{\alpha+\beta}$$

即当农户预测所有签约农户中违约概率不大于 $\frac{\beta}{\alpha+\beta}$ 时，会选择守约。

（二）基于善意回报的影响

另外，农户进行决策时还有一个重要的心理因素是企业对待自己是否“公平”。这里的“公平”可以理解为供应链联盟关系研究中常被称为“供应者信任”的概念，Fynes 和 Voss (2002)[212]认为“供应者信任”为伙伴创造了更好的工作环境，能为合作提供动力并减少不确定性。Ellram 和 Cooper (1990)[213]也指出，一个成功的长期联盟需要信任、忠诚、信息、风险和回报的共享。可以说，职责、平等和可信赖度被视为信任的三个基础，这种信任又是培育关系稳定性的基础[214]。在行为博弈论中，这种信任可以用“公平均衡”（Fairness equilibrium）理论来解释：人们会向对自己友善（Kind）的人示以友善；也会敌视那些对自己不友善（Unkind）的人，即使这样做会损害自己的物质利益[215]。对于农户来说，如果企业在市场低迷时不违约，那么在市场高涨的时候自己也不应违约。这样，我们参考 Dufwenberg 和 Kirchsteiger（2004）[216]对 Rabin 模型的修正，建立农户对企业基于公平均衡理论的博弈模型：①局中人的战略空间 $s=\{$守约，违约$\}$ 记作 $\{Y, N\}$；②用 b 来表示他对企业的信念，即基于对企业的“信念”而对企业行动的判断；③用 c 表示他实际观察到的企业的行动。可以定义：

企业的公平支付：

$$\pi^{fair} = [\pi^{\max}(b) + \pi^{\min}(b)]/2$$

农户对企业的善意：

$$f_1(s,b) = \pi_c(b,s) - \pi_c^{fair}(b)$$

农户感受到的企业善意：

$$f_2^*(b,c) = \pi_f(c,b) - \pi_f^{fair}(c)$$

其中，$\pi^{\max}$，$\pi^{\min}$ 分别为可能支付的最大值和最小值，π^{fair} 为最大最小收益的平均值。

则农户基于“公平”的偏好则为：

$$U_f(s,b,c) = \pi_f(s,b) + \gamma f_2^*(b,c) \cdot f_1(s,b)$$

其中，$\gamma(\gamma \geqslant 0)$ 为公平心理影响系数，简单表示“公平”在其决策因素中的重要程度。第一项为农户在自己“信念”下的物质收益；第二项为农户的感受善意，即在既有“信念”下的善意回报。

（三）讨论

1. 农户守约

（1）初始期 t_0，$p_c^0 < p_m^0$，农户对企业的信念为 Y_a，选择行动为 Y_b，即认为企业在即使无利条件下仍会守约时，自己也应守约，此时农户的善意函数为：

$$f_1(Y_a,Y_b) = \pi_c(p_c^0) - (\pi_c(p_m^0) + \pi_c(p_c^0))/2 > 0$$

t_1 时，$p_c^1 > p_m^1$，企业采取守约行动，则企业的善意函数为：

$$f_2^*(Y_a,Y_b) = \pi_f(p_c^1) - (\pi_f(p_m^1) + \pi_f(p_c^1))/2 > 0$$

代入效用函数，则有：

$$U_f(Y_a,Y_b,Y) = \pi_f(p_c^0) + \frac{\gamma}{2}(\pi_c(p_c^0) - \pi_c(p_m^0)) \cdot [\pi_f(p_c^1) - \pi_f(p_m^1)]$$

第二项中，农户善意函数、企业善意函数均为正，则心理因素会导致效用上升，且善意值越大，效用值上升得也越大，守约策略可以延续。

（2）因为“理性人”不会在预计对方肯定违约的前提下而自己放弃物质利益去守约，所以其初始信念为 N 而行动为 Y 的情况可以不做讨论。

2. 农户违约

（1）初始期 t_0，$p_c^0 < p_m^0$，农户对企业的信念为 N_a，选择行动为 N_b，即认为企业在有利可图条件下会违约，则当自己有利可图时首先违约，此时农户的善意函数为：

$$f_1(N_a,N_b) = \pi_c(p_m^0) - (\pi_c(p_m^0) + \pi_c(p_c^0))/2 < 0$$

t_1 时，$p_c^1 > p_m^1$，企业采取守约行动，则企业善意函数为：

$$f_2^*(N,Y_a) = \pi_f(p_c^1) - (\pi_f(p_m^1) + \pi_f(p_c^1))/2 > 0$$

代入效用函数，则有：

$$U_f(N_a,N_b,Y) - \pi_f(p_m^0) + \frac{\gamma}{2}(\pi_c(p_m^0) - \pi_c(p_c^0)) \cdot [\pi_f(p_c^1) - \pi_f(p_m^1)]$$

可以看出，第二项中，由于农户善意函数为负，企业善意函数为正，则效用由于第二项的负值而降低，且善意值越大，效用值下降得也越大。

（2）初始期 t_0，$p_c^0 < p_m^0$，农户对企业的信念为 Y，选择行动为 N，即认为企业在有利可图条件下会守约，但当自己有利可图时却仍然选择违约，此时善意函数与（a）相同，效用函数中，由于第二项的负值而降低，且善意值越大，效用值下降得也越大。

可见，当农户选择行动为 N 时，无论其对企业的初始信念是什么，只要企业在以后期间内都选择守约，则当农户效用函数 $U_f(N, *, Y) < U_f(Y, *, Y)$ 时（＊表示无论初始信念是什么），即满足以下条件：

$$0 \leqslant \frac{\pi_f(p_m^0) - \pi_f(p_c^0)}{(\pi_c(p_c^0) - \pi_c(p_m^0))(\pi_f(p_c^1) - \pi_f(p_m^1))} \leqslant \gamma$$

即可使农户改变自己的战略，转而选择“守约”使合作可以延续。

初始期 $p_c > p_m$ 时，“理性”农户会自觉选择“守约”策略；之后某期，$p_c^0 < p_m^0$ 时，可设为 t_0 期，分析同前。

小结：通过以上两个加入了“公平”及“善意回报”的博弈模型分析可以看出，在农产品供应链中，心理因素对联盟组织的稳定会产生非常重要的影响，这里考虑的影响因素主要包括嫉妒和内疚、善意回报。所以就供应链合同来说，应根据不同地区农户的社会偏好来制订相应条款。如果能满足一定的约束条件，无论农户初始时采取的态度如何，联盟关系也能够被建立及保持稳定。

四　启示与意义

我国加入 WTO 后，落后的农业已经开始直接面对国际市场的剧烈竞争，经营环境将进一步恶化。因此，推行产业化农业，运用供应链管理思想建立供应链联盟就成为一条能够保证农业产业顺利升级的必由之路。通过分别运用经典博弈论和行为博弈论模型对农产品生产环节联盟组织关系的上述分析，我们得到以下结论：

第一，联盟参与者对单周期合同完全没有履约动机，加上其本身执行成本较高的因素，这类合同的实际效果与完全的现货市场采购效果一致。因此，在采取“订单农业”模式进行农业生产组织或者采用“企业＋农户”的供应链建设时，合同设计应充分考虑农户的时间折现影响，尽量避免单纯的一次性采购合同。

第二，在企业及农户对履约与否的判断标准都是基于对长期总收益的权衡时，如果合约规定了相应事前、事后的利益转移（如预付生产成本和违约罚款），那么，可续约的长期合同就能使参与各方都没有违约的动机，可以建立和维持稳定的联盟关系。所以，农产品供应链合作合同的设计，应根据农产品价格变动的规律和幅度，通过在合同中设置相应的预付和惩罚机制，从而使农户与企业都具有履约的动机，主动采取合作的策略。

第三，通常情况，人们除了上述基于对总收益的权衡进行利益判断以外，还会受到社会心理因素的影响。在这样的假设前提下，农产品供应链合同的设计就应该充分考虑不同地区、不同社会环境、不同社会发展水平对合同执行效果所产生的影响。这些影响因素最终都会体现在合作各方的心理变化上。这种心理变化在农产品供应链合作中，可以大致分为“收入公平”和“善意回报”两类。因此，在农产品供应链合同设计时，也应该充分考虑收入各合作方的社会心理因素。

第四，基于社会性偏好的假设，不同地区、不同社会文化背景的人对“收入公平”的判断（本书模型中具体为：嫉妒指数

α，内疚指数 β）不尽相同。在这种“收入公平”心理的作用下，签约农户就会根据其他签约农户违约比例的预期来决定自己的行动（该预期大于 $\frac{\beta}{\alpha+\beta}$ 时，选择违约；小于 $\frac{\beta}{\alpha+\beta}$ 时，选择守约）。所以，要保证农产品供应链上游的稳定性，提高履约率，还必须针对这一心理因素帮助农户提高其对周边的同样农户选择履约的比例预期。

第五，另外一个影响农户行动的重要心理因素为“善意回报”心理。可以认为，虽然不同的人有不同的道德标准，但都会存在一个 $\gamma(\gamma \geqslant 0)$（善意回报系数），当由于企业的善意而带来的收益，满足条件 $\frac{\pi_f(p_m^0) - \pi_f(p_c^0)}{[\pi_c(p_c^0) - \pi_c(p_m^0)][\pi_f(p_c^1) - \pi_f(p_m^1)]} \leqslant \gamma$ 时，农户就会对企业回报以“善意”，而选择守约。根据这一结论，在供应链合约的设计和履行时，建议：①只有核心企业在不利履约条件下坚持履约，才有可能使原来并不具有履约动机的合作方转变态度，实现联盟合作；②企业为使对方感受到自己的“善意”，而在不利条件下的履约行为需要付出的代价大小等于对方的善意回报系数。

第三节　不同连接模式下心理契约的优化

一　不同连接模式下的关系契约要素

（一）关系契约特性

关系契约成立的核心要素是参与成员对共有知识的认同和尊重。但是在不同情境下，所需要的共有知识也是不同的，并且大多情况下这种所需要的共有知识是难以精炼和明确的。这也就是说，农产品供应链中不同的农－企连接方式下构成关系契约的要素也不尽相同。即使采用了相同的连接方式，由于文化、社会经济发展的水平不同，也会造成关系契约构成要素的不一致。

通过本章第一节的讨论可以看出，由于成员不同行为的属性以及相应支付都难以确定，因此在组织内或组织间构建发展促进期望生产的共享知识是非常复杂和困难的。但是，我们仍可如表8－2那样，根据不同情境条件抽象出某些关键的典型行为。关系契约成立的前提是其成员都知道（虽然有时也并非那么明确）：①自己的什么行为构成合作（背叛或惩罚）；②什么行为会导致对方采取合作（背叛或惩罚）行为；③自己及对方可以通过这样的行为获得什么样的支付；④如果所有人都采取合作或者非合作行为时，自己的支付又是什么。这种共有知识相当于其他研究中的组织缄默知识（Winter，1987，1988）或隐性知识（Milgrom & Roberts，1995；Rivkin，2000）。关系契约是不可能在参与方不具备这些知识的前提下实施的。而且随着缔约环境和范围的变化，这种共有知识也会在不同的参与者间分别衍生出一些新的内容（Hastings，1999）。

对于共有知识扩散的过程，首先，Ellison 和 Holden（2009）[217]进行了一个由委托人与代理人共建知识交流的实验，实验的结果表明，关系契约的建立可能存在显著的路径依赖，这就造成某些地区或国家可能比其他地区更容易建立具有鲁棒性的关系契约。这种环境的差异性也会造成某些行为在某些地区可能被看作合作而在另外一些地区却会被看作背叛。其次，Weber 和 Camerer（2003）[218]与 Selten 和 Warglien（2007）[219]的实验研究还表明，相似环境中的不同团队也存在不同的共有知识。最后，Chassang（2010）[220]提出了一个委托－代理的关系契约模型，通过研究，他得出的结论是，因为学习是昂贵的，再加上能够真正学习到共有知识的机会是随机的，所以学习过程都会被参与者优化为在识别出所有有价值行为之前就停止学习。也就是说，不同组合会在不同关系契约中得到收敛，且收敛出的合作关系程度也不相同。这个模型的启示是，关系契约的建立不但存在路径依赖，还会导致相似的组合得到不同的绩效。

（二）关系契约构成要素

通过以上分析可以认识到，不同的农－企连接模式需要不同的关系契约内容（共有知识），并且由于存在路径依赖问题，相同或相似情况下发展的关系契约也会存在具体内容的差异，从而带来不同的合作程度与合作绩效。

不同的连接方式对于参与方来说，关系契约所需要的共有知识并不相同。例如，现有连接模式中，传统的市场连接与经济人模式本质上都属于市场治理结构，所以所需要的任务知识就主要与交易相关，如本书第三章中所述，农产品本身的特性会使交易双方面临严重的度量问题。因此，为了获得相对固定的交易对象而建立的关系契约首先必须解决的问题就是产品的度量问题，另外还会涉及现金流与物流。由于这种连接模式具有较少的资产专用性，交易双方如需要保持相对稳定的合作，就会更依赖于心理联系，亦即“关系”所发挥的作用会比其他连接方式更显著。所需要的关系知识也会更多地涉及交流、诚信以及公平等因素。

合作社模式作为一种以生产协调及增加分散农户谈判地位为目的的连接方式，与纯市场治理相比较，资产的专用程度会有较大提升，同时，诸如度量问题也会由于大量成员的参与而必须进行显性的标准化处理，从而成为以正式条款存在的格式契约。但与此同时，合作社的生产协调属性又会导致生产方式、专用资产所有权和使用权的分配以及利润分配等问题，需要关系契约进行调节。同时作为一种以“自愿”为原则，介于层级与市场之间的治理结构，其横向生产协调的功能主要仍然需要通过关系契约来进行行为调整和约束。因此，这种模式下信息共享、诚信、公平等的行为界定仍然是重要的关系知识要素。

基地模式是一种更加接近层级治理的结构，而内部一体化模式则是完全的层级治理，可以归于组织内部治理的范畴。由此可见，调整这两种连接模式中成员的关系契约将更加侧重建立防止隐藏行为等道德风险的出现。因此，其任务知识的构成要素主要集中在工作中的协作和报酬分配领域，而关系知识要素则集中在沟通、协作行为的界定及其获得的支付上。

以上作为一个粗略的概括，本书只是针对上一节中的不同农－企连接模式，给出了一个不同条件下构建关系契约的要素构成（如表 8－3 所示）。

表 8－3　不同农－企连接模式下关系契约的构成要素

	任务知识	关系知识
市场模式	交易规则 1. 度量 2. 价格/付款 3. 物流	合作规则：1. 交流；2. 诚实守信；3. 公平 背叛规则：1. 藏匿；2. 欺骗；3. 不公；4. 机会主义 惩罚规则：1. 虚报；2. 恶意欺诈；3. 强买强卖
经济人模式	交易规则 1. 度量 2. 价格/付款 3. 物流	合作规则：1. 共享；2. 诚实守信；3. 公平 背叛规则：1. 藏匿；2. 欺骗；3. 不公；4. 机会主义 惩罚规则：1. 虚报；2. 恶意欺诈；3. 强买强卖

续表

	任务知识	关系知识
合作社模式	工作规则 1. 品种/生产 2. 技术服务与支持 3. 公共资产所有权 4. 物流 5. 利润分成	合作规则:1. 共享;2. 经验分享;3. 开诚布公 背叛规则:1. 藏匿;2. 独占经验;3. 明争暗斗 惩罚规则:1. 虚报;2. 损人利己;3. 恶意诋毁
基地模式	工作规则 1. 品种/生产 2. 培训与支持 3. 绩效评估 4. 报酬	合作规则:1. 共享;2. 经验分享;3. 开诚布公 背叛规则:1. 藏匿;2. 独占经验;3. 明争暗斗 惩罚规则:1. 虚报;2. 损人利己;3. 冲突
一体化模式	工作规则 1. 技术 2. 培训与支持 3. 绩效评估 4. 报酬	合作规则:1. 共享;2. 经验分享;3. 开诚布公 背叛规则:1. 藏匿;2. 独占经验;3. 明争暗斗 惩罚规则:1. 虚报;2. 损人利己;3. 冲突

二　基于“关系”建立信任关系

无论从文献梳理及本书实证都可以看出，信任不仅本身就是形成合作关系，对供应链关系质量产生决定性影响的重要构成要素，同时也会对其他构成要素产生重要的影响。所以可以说，信任是形成合作关系的基础。从实证研究可以看出，在中国的农产品供应链农户与企业的连接环节中，“关系”对农户与企业之间的相互信任程度有着非常显著的影响。因此，要在农户与企业之间形成对合作关系产生有效约束力的关系合同，首先必须充分利用和强化能够形成亲密“关系”的相关因素，通过亲密“关系”的建立而形成相互信任。

（一）“关系”与信任

形成信任的机制涵盖了供应链中多个方面的因素，既包括法律、伦理道德和社会监督机制等社会因素，也包括生产方式、产业特征和盈利水平等经济因素。要建立有助于合作的相互信任，就需要从供应链成员所处的外部环境对能够促进供应链成员间信任关系形成的各种因素造成有利影响。这种信任的形成机制主要包括连接规则，以及这些规则对合作各方造成的心理影响。

1. 信任的外部机制

对于外部机制的影响，正如有学者指出的那样，日本商务活动中相互的信任水平高，是因为日本人生活在一个以强的相互监督和制裁为特征的社会中，如果缺乏这些制裁体系，日本人将比更加崇尚个人主义的美国人具有更弱的信任和合作精神。而通过保持持续联系而逐渐形成信任的机制就是内部机制，一般来说可以通过互利互惠、交流、自律及有效监督来形成有效的内部信任机制。

如果外部机制具备有效的相互监督和制裁，那么企业只需要通过具有法律效力的契约作为保障，就可以轻松地在成员间建立以社会机制为前提的信任。但是，目前中国的情况明显与日本不同，由于缺乏这种有效的外部信任机制，仅仅依靠合同是很难建立稳固的信任关系的。在交易关系发展的过程中，信任的成分是随双方熟悉的程度而不断变化的。在联系建立的初期，就需要充分发挥组织中不同个体的“关系网”来建立信任。

2. 作为内部机制的“关系”

“关系”其实也是一种人与人之间由于某种性质的联系，而构成带有“文化合理性”的相互关联状态。而构成这种联系的，包括伦理、情感与利益这三种构成关系的要素。所谓伦理也就是差序理论中的“认同感”，随着交往时间的延伸，信任的发展和强化可能会更多地基于伦理，如果建立了有效的内部机制，也能促进情感的发展。

如前所述，“关系”第一个构成要素是“人情”，“人情”根据不同的源起可分为血亲、姻亲、同乡、同学、同事等不同类型。不同类型的关系构成要素不同，由此而产生的亲密强度也不同。从人情角度来说，企业管理者应尽量利用基于个人关系、个人名誉或个人社会网络联系而形成的“社会关系网”。以互惠为基础，基于伦理、情感和利益关系来建立联系，逐次实现私人信任到交易信任再到合作信任的扩展。

“关系”的第二个构成要素是“认同感”，即对彼此品行、能力以及行事风格的认同。一个成功的经营者，应该了解认同感的产生是基于个人的文化背景、受教育程度及习俗等影响而形成的，所以在合作关系建立初期，应尽量采用对方容易接受的行事风格以及规则来获得对方的认同感，来促进相互信任。例如可以先尽量依照农户传统的劳作习惯、生活习俗来制订相应的合作规则。等建立起一个信任感后，再通过广泛深入的教育、交流使之接受先进的生产方式，逐渐获得农户对现代化管理模式、规则的理解和认同。

“关系”的第三个构成要素是“地位差序”，即客观上存在的合作双方所拥有的能力、资源以及社会地位上的客观差距，这种差距对信任所产生的影响还有待进一步的研究。

（二）信任形成的障碍

供应链合作关系的形成过程中，如果缺乏合作对象的相关信息，就会对彼此的信任产生危害。现阶段造成农产品供应链企业信息不充分的原因主要有两个：一是信息化程度较低，绝大多数农业企业还不具有利用现代信息技术获取信息的能力；二是农业领域的进入门槛较低，大量的新生企业层出不穷，且变化剧烈，这些都从客观上扩大了企业间信息不对称的状态。这也是形成缺乏信任的外部社会机制的原因之一。

农产品供应链的结构特征使企业在对违约维权成本的预期过高，也加深了企业间不信任感的蔓延。再加上法律体系本身所存在的漏洞，愈发加剧了外部信任机制的危机。

另外，传统的中国“关系”文化本来就是一个依赖个人“关系网络”来形成社会联系的，人与人之间的联系在很大程度上并非依赖于正式的制度规则，而是根据“关系”程度不同来进行的主观判断，并做出相应行为决策的。可见，这种“关系”也属于治理结构中非正式规则的范畴。因此，在外部的社会信任机制没有完全形成之前，通过建立“关系网”来作为供应链成员主要连接机制的方式仍然会在未来相当长一段时期内存在。

信任型合作关系的建立不仅需要处于委托地位的企业谨慎地选择可信任的对象，也需要代理人自觉地树立与宣传可信任形象。我国建立企业文化的步伐相当落后，没有能力或者不愿意对此投资，或者根本没有意识到企业文化的重要性。

（三）创造有效的供应链内部信任机制

1. 信息共享

信息共享可以降低供应链上的信息不对称，消除或降低信息不对称带来的道德风险和逆向选择。因此，在信息共享的前提下，合作伙伴的可信度不仅能被现在的交易伙伴评价，也能被更大数量的潜在伙伴评价。在整个供应链内传递成员的信息，当机会主义行为发生时，就会被其他成员知道，这种被放大的违规成本会促使企业放弃机会主义行为。这种通过信息共享来实现对机会主义的逆向激励可以有效地杜绝这种现象的发生，而信息共享本身就成为信任内部机制的一部分。

可见，基于信息共享而形成的监督和制裁机制，使成员企业产生对信任的积极观点，这时的制裁超越了单个契约关系，它促使供应链成员积极塑造合作精神与信任，最终形成获得联盟利润最大化的重要保障。可以说，信息共享机制是阻止供应链成员陷入"囚徒困境"的有效手段，最终使信任成为供应链合作中的一项业务准则和行为规范，并通过供应链网络促进消费者对整个供应链的信任。

2. 强化认同感

作为独立的决策单位，成员企业选择加入供应链联盟是其在市场环境中权衡的结果。因此必然存在促使其进行这种决策的激励因素，而这个因素就是它获得联盟收益的预期。因此，供应链成员间形成战略合作伙伴关系的本质原因还是个体利润的最大化。所以，在供应链成员间形成管理理念的统一，明确供应链的使命和目标是可以提高成员间的认同感和使命感的。

由于没有资本作为联系，以命令为主的层级型管理模式在供应链环境下是无法采用的，自愿地参与供应链协同运作是供应链管理的一个特征。这就要求供应链的参与者必须具备这种协同的能力和动力。因此，采取多种手段提高供应链成员的素质也是保持高认同感、高信任度的有效手段。

第四节　利用信息技术促进关系契约的建立

一　应用"农业信息系统"

现代电子信息和通信技术的飞速发展，正在逐渐改变人们的沟通、交流方式。由市场结构所造成的固有的信息壁垒也正因为信息技术的普及和广泛应用而日渐消融。要解决农产品供应链本身属性所带来的“信息孤岛”问题，除了增进供应链成员各方的信任和沟通外，还必须充分利用现代信息技术的进步，从宏观到微观各个层面建立以先进网络技术为基础的农业信息系统。这里的“农业信息”可以专门指现代的信息技术在农业领域中的应用。

从技术角度来看，在农产品供应链中实现完全无缝的信息链接已经不存任何障碍。例如，应用现代网络技术，我们只需要一个被称为“摄像服务器”的设备，它的大小只有 10 厘米左右，里面安装了个人电脑的操作系统，然后通过一根网络线与国际互联网相连，再分配给它一个 IP 地址，那么这台设备拍摄到的影像就可以及时地传送到世界上任何一个可以使用国际互联网的地方。这种设备目前仍处于试验阶段，但是已经达到每秒传送 30 帧的速率，具有实用价值。这样一套设备如果能方便、便宜地买到的话，那么如果把它放置在田里，菜农就可以把自己栽培的蔬菜，花农就可以把自己新培育出来的鲜花，实时地供任何感兴趣的人来看了。如果还想获取更为详细的动态信息，也可以使用移动的无线设备，这种设备采用太阳能电池，只要把它放到田里就可以了。现在国外的此类设备已经达到 1 公里左右的无线控制范围，只要进行相应的设置，不仅可以对农作物进行远程管理，还可以观察农作物本身的生长状况，以至于周围的环境都可以拍摄下来供消费者查阅。

可见，基于现代信息技术的信息共享已经成为现代农业经营的标志，只有在信息对称的条件下，杜绝机会主义，协调运作才能得以实现，供应链成员间、消费者和生产者之间的信息得到共享也才成为可能。

二　建立信息共享机制

信息共享的目的是消除供应链参与者间的信息壁垒，使供应链成员可以在整条供应链范围内实现协调运作。信息追溯的目的则是消除消费者与生产者、加工者及物流业者之间的信息壁垒。所以，如果我们将供应链的范围延伸到消费者的售后行为时，就可以认为信息共享与信息追溯实际上是同义的。

现代信息技术的发展使商品从原材料到最终消费品的过程中，只要植入了能对商品进行标识的电子标签，这个商品就可以像持有身份证的人一样，无论如何变更位置，改变状态，但商品的初始号码却不会改变。相应只要输入商品的号码，就可以查出所有来龙去脉。这种技术既可以应用于消费者对所购商品的信息追溯，也可以帮助供应链成员根据商品信息优化自己的流程。信息系统就像一个链条，把生产、销售、消费等环节有效地衔接起来，形成一个可用来全程监管的供应链，一方面可以使供应链运作更加透明，降低成本；另一方面也可以确保食品从田间到餐桌都是安全的。

企业对信息系统的投资是基于对成本－收益的权衡，信息共享为供应链带来的收益由于受到联盟利润分配体制的制约，在供应链上难以达成共识。除非供应链的核心企业位于供应链后端，可以运用其直接面向消费者的优势掌握所有“信息溢价”，然后再通过委托－代理机制，逐级向前进行这部分联盟利润的分配，作为代价再逐级向前索要信息供给。如果核心企业不具有这种优势，不能完全控制联盟利润，供应链中就会发生“搭便车”现象。而在供应链这样一种需要成员共同努力才能获得最大整体利润的结构中，如果其中一个环节信息失真，就会造成其后续所有环节的信息变质，从而失去共享的本来意义。这也再次说明，完全自愿的原则使供应链上的信息水平总是不能达到需要的要求。在强制的追溯体制下，供应链所有成员在进行建设信息系统决策的过程中，就会面临一个负的收益——如果不提供相应信息或信息失真就要面临罚款。而在追溯的基础上再来提供运营信息的话，其边际成本就会很低，从而促进供应链的共享水平。

第九章　基于合作的农产品供应链信息共享与追溯

第一节　农产品供应链中的信息共享和追溯

虽然从实证结论可以看出，当前农产品供应链中信息共享/交流的程度与供应链质量关系及供应链合作绩效的影响都非常有限，而且显著程度也不是很高，但我们仍然认为这样的结果并非是由于农产品供应链中不需要信息共享造成的，而是农业领域对现代网络与通信技术的应用还非常欠缺所致。随着现代网络和通信技术发展，相关设备成本的降低也将逐渐促进农产品生产、流通领域对电子信息设备的应用。另外，中国食品安全问题的日益突出必将会促使政府加紧立法，对食品/农副产品供应链中的信息追溯提出严格的要求和进行相关规制。在供应链中建设信息系统的重要性正成为减少食品安全危害、改善信息管理水平和提高物流效率的重要手段。但是，虽然电子通信设备日益普及，但对于生产率较低的农业领域中的供应链成员来说，也是一个不小的投资。所以，在农产品供应链中究竟如何应用、应用到何种程度，以及信息系统会为供应链成员带来何种效益，就成为本章讨论的主要内容。在本章中，我们将运用博弈论及成本分析原理对农产品供应链中信息系统的建设进行深入的分析。

一　信息共享

如前所述，农产品供应链的成员包括农户、协作组织、批发商和加工企业。供应链管理的目的就是希望通过链上各成员的信息共享，实现紧密协作以减少交易成本、机会成本和运作成本，快速准确地响应市场需求，以获得联盟利润和提高竞争力。现代信息技术可以帮助供应链成员通过互联共享的方式降低供求及产品信息在供应链中的传递时间，消除或减少“牛鞭效应”，也可以说，信息共享本身是一个可以带来价值增值的过程，而这种共享的程度则决定了增值量的大小[221]。对于供应链中位于最末端的生产者来说，小规模且分散的经营模式使其很难获取准确的市场信息。因此，如果可以利用现代化的信息系统，获得准确的市场及流通环节信息，就可以大大改善其经营条件，更为有效地进行生产决策。

（一）农户方

对于农户来说，影响信息共享水平的因素主要有两个：一是农户需要将自身的生产、作业信息提供给其他成员；二是其他成员能提供他所需要的信息。这实际上取决于供应链各环节企业共同的信息共享意愿。这里涉及一个网络效应的问题，即信息共享的程度必须通过供应链所有成员的共同努力才能实现。而决定供应链成员信息共享意愿的最主要因素则是对信息共享投资－收益的权衡。这个差额越大，共享的意愿就会越强烈。对农户的信息共享成本产生影响的主要有三个方面的因素：供应链结构、信息技术和制度。首先，传统上由于农产品供应链结构复杂，连接不紧密，使农户获得所需要的市场需求信息成本很高，哑铃形的结构特征又会加大共享成本。同时，对现代信息技术的陌生与缺乏相应操作技能又使农户只能通过相对比较落后的方式来获取所需要的信息。其次，从上一章的调查结果来看，目前农户获取市场信息的主要渠道仍然是口传、报纸、广播、电视等传统媒体，时效性、准确性都受到很大影响，再加上受到文化素质制约，农户基本上都不能准确掌握和使用需要加工的信息，这样就使农户面临较高的信息风险。最后，由于我国社会目前普遍缺乏现代商业素养，加上市场制度不完善，农产品市场交易中“道德风险”和“逆向选择”现象普遍存在，也使农户面临较为高昂的信息成本。

对于影响农户信息共享预期收益的，主要有两个方面的因素：农产品信息和自身文化素质。首先，农产品质量越好，就意味着附加值越高，农户信息共享的预期收益也就越高，也就更希望通过信息共享来实现这种预期收益。其次，农户自身文化素质越高，农户越容易把握信息，通过信息共享获利。而且也可以对自己的产品与其质量和产量等市场愿意支付溢价的信息把握更准确，所以也就更加希望实现信息共享。

（二）企业方

要实现农产品供应链信息共享，应该说供应链核心企业是一个非常关键的因素。核心企业是供应链的组织者和规则制定者，供应链上的信息共享程度，实际上就是由核心企业决定的。核心企业可以通过相关政策和行动帮助农户形成信息共享的激励，提高农户的共享动机。对于企业方来说，其本身的信息共享激励又会受到以下几个方面因素的影响。其一就是供应链关系质量，由上一章的分析可以看出，其中的关键因素是相互信任或者“关系”水平。另外就是信息技能的差异。由于供需信息不仅具有一定的公共品的属性，还具有较强的私有品的属性。因此，掌握市场信息、生产技术和后续加工流通的增值信息等的企业方拥有绝对的信息优势，对于是否向农户提供这些信息的一个关键因素是由农-企相互依赖程度决定的，依赖程度越高，就越有动机推动信息共享。其二是信息基础设施状况和应用技能水平。信息传递的速度和可靠性有赖于信息基础设施和信息平台的建设水平，较好的信息平台可以有效降低信息的搜集和传递成本，也就越容易实现信息共享。其三就是核心企业自身。我国农产品市场的交易主体大都分散且规模较小。信息共享所需要的软硬件投资和企业本身的信息技术应用能力也是制约农产品供应链实现信息共享的重要因素。

二　信息追溯

随着食品安全事件频发，我国消费者对食品的生产、加工信息愈发关注，而国家监管部门也加紧了对农副产品/食品信息追溯的立法和管制。这对我国农产品供应链参与者来说，立法强制信息追溯的实现既是一个面临成本上升的严酷挑战，也是一个可以帮助实现产业升级的重大机遇。

可追溯系统最早应用于汽车、飞机等一些工业产品的召回制度中，伴随着全球范围内食品安全事件的频繁发生，逐渐得以在食品/农副产品领域应用。通过在农产品供应链中实行可追溯，可以对农产品在其生产、加工、流通、消费等供应链的各个环节都建立安全信息数据库，通过不同的质量控制标准，实现各个环节产品信息的跟踪与追溯。一旦发生安全问题，就可以有效地追踪到农产品生产流通的任一环节，及时发现原因所在，并及时召回不合格产品，从源头上保障消费者的合法权益。农产品的信息追溯既可以满足消费者知情权，又强化了供应链各成员企业的责任。

与此同时，越来越多的与信息追溯的相关农业企业运用了供应链管理的原则。供应链管理是在战略联盟企业间实现的，这就要求优化供应链各个成员间的信息共享、联合作业、合作和协同。而实现农产品的信息追溯可以达到多重效果，如增加供应链的透明度，增加消费者对农业食品安全的信心；减少责任纠纷；及时准确地召回问题农产品；加强病虫害控制等。因此可以看出，信息追溯在满足保障食品安全和满足监管机构对食品安全问题规制要求的同时，还可以促进供应链中的信息共享。

目前，对于安全食品信息追溯性的要求，不同的国家和地区采用了不同的模式。例如，欧盟和日本都对食品的信息追溯机制采取了强制措施，要求对特定品种的产品必须建立相应的信息追溯系统（Hobbs，2004）[222]。而美国则一般不认为强制性的可追溯是一个好的政策选择。因为消费者在食品事件并没有表现出显著的恐慌，而且强制性的可追溯性系统会由于过于昂贵而带来不必要的生产分化的后果，特别是某些追溯信息对消费者而言没有针对性时（Golan，2004）[223]。这与王锋等（2009）[224]对中国消费者的调查结论是相符的："消费者对可追溯农产品的支付意愿受到职业、购买行为以及信息等因素的影响；消费者对可追溯农产品的认知程度较低；虽然大多数被调查者表示愿意为可追溯农产品支付高于普通农产品的价格，但是，愿意支付的被调查者中仅有30.1%的人愿意支付高于10%的价格。"这证明了不同属性的农产品追溯系统具有不同的经济价值。

从经济角度来看，关键问题是在农产品供应链中建立什么样的信息系统？以及建立信息系统的动力和阻力有哪些？为了解决这个问题，本章提供了一个采用成本分析方法对信息共享及追溯性水平与其收益进行权衡的农产品供应链信息系统框架。

第二节 信息追溯模式与信息共享模型

农产品供应链是一个源自田间，包括生产、加工、物流、市场和销售，最后终于餐桌的复杂网络。由于市场的扩大，物流水平的提高，农产品生产与消费间的距离变大了，供应链层级数也增加了，这就要求供应链成员之间需要更加紧密的关系。这种背景下，一个最显著的要素就是需要供应链成员签署大量的合同来增加协作（MacDonald et al.，2004；James et al.，2005），另外一个问题则是涉及食品质量与安全、原产地、制造和加工技术等信息水平（Caswell，2006；European Parliament and Council，2002）。这就需要把握各自的动机和收益，通过合同及共享信息来降低不确定性和提高风险管理水平，或者通过降低交易和安全成本将供应链转换为一种更为有效的模式。

为了提高农产品供应链的信息共享和信息追溯水平，信息系统被越来越多地使用。这里需要指出，信息系统并不是彻底解决供应链协调和食品安全问题的灵丹妙药，只不过是一个在农产品供应链上提高信息管理水平的工具。信息共享和信息追溯的要求意味着信息系统需要涵盖位于供应链所有环节的信息；每个企业都从它们的下游获得信息，然后再加上新的信息再提供给其他企业，这种信息的相互依赖及互补贯穿整个供应链。互补性可能导致网络效应以及信息的应用水平。

在农产品及食品领域，可以把以保障食品安全为目的的可追溯性看作是一个建立供应链信息系统的契机。对于其他行业来说，信息系统，包括可追溯性功能的建设基本上都是自愿的，例如物流业和制造业，它们完全是基于自身对共享信息及提供增值服务的要求。在自愿的原则下，企业可以柔性地决定是否采用，以及采用多大程度上的信息系统。只有在消费者愿意支付溢价、可以改善运营效率，促进生产差异化或者减轻安全灾难的处罚时，企业才会采用追溯系统。自愿系统的一个缺点是，如果不是供应链上的所有企业都采用，那么市场的一部分信息就是空白的。特别对于可追溯性来说，企业通常会采用一个比保障食品安全实际需要水平低的追溯水平。农产品供应链信息系统所涉及的信息包括了公共和私有的两个部分，并且在供应链上是对称的（Henson & Traill，1993）[225]。而且如果消费者所需要的信息可能会与生产者、加工者及零售商所提供的信息不一致，这就会降低消费者的溢价支付意愿，从而降低信息系统的预期收益，这也会导致所提供的追溯信息对于社会福利来说是不完全的，从而需要一个更为有效的社会提供者（Verbeke，2005）[226]。另一方面，由强制追溯导致的信息系统可能会强迫市场上所有的相关者与他们的合作伙伴共享信息。这样可能会推动考虑了公众价值的社会最优化水平的信息供给，而完全由私人企业自愿提供的信息系统则会低于这个水平。

一　前提假设

本章分析基于考虑一个单产品的三级供应链分别在可追溯性为自愿、减责和强制三种模式下的成本－收益性。其中，自愿模式下的模型是建立一个最低水平的信息系统，其建设动机完全来自共享收益及采用追溯功能后消费者的支付意愿；第二个模型的动机加上由于减轻发生随机食品灾害时的责任而带来的收益；第三个模型则是考虑了信息的公共利益，通过强制规则执行，使追溯功能达到社会最优水平。提出的基本假设如下：

假设 1：一个三级供应链包括生产（上游）一个产品；订购第一阶段企业的产出，经过加工和装配然后输出一个整合产品；订购第二阶段企业的产出，并运送（或再加工），销售给最终用户。根据 Pape 等（2005）定义的食品供应链信息追溯机制，在供应链上与产品一起流动的还有与产品相关的原产地、特性和供应链在转化过程发生时的每个阶段所使用的技术的信息流。产品特性的信息整合可以在每个阶段都随产品的输出一起完成。合同顺序：从第三级企业到第二级，再到第一级。每个合同定义信息水平 γ_i 和一个货币补偿 p_i（$i=1,2,3$）。第三阶段的企业可以看作是供应链委托人（Hennessy et al.，2001）[227]，第二级的企业既是第三级的代理人，又是第一级的委托人。

假设 2：所有企业都以利润最大化为目标。每个企业由销售输出而获得净利润，与信息水平无关。每家企业又可以根据合同通过向下游提供信息而得到额外收益。第三阶段的企业则直接从消费者获得信息收益。

假设 3：信息系统被假设为一个连续变量，代表其存储和传输的信息量，无论何种类型与形式。然而，供应链上下游之间的连锁关系可描述为：$\gamma_2=\gamma_2(\gamma_1)$ 和 $\gamma_3=\gamma_3(\gamma_2)$，下游的追溯水平依赖于上游。函数被假设为线性递增的。（$\gamma'_i>0,\gamma''_i=0,i=1,2,3$）因此，根据定义，系统需要供应链每个阶段的信息流，如果第二级和第三级不能从上游获得信息，共享和追溯功能就不可能实现，$\gamma_i(0)=0$。

假设4：采用信息系统的成本包括设备初始投资和运营成本，表示为 $c_i(\gamma_i)$，它是递增和严格凸的。信息系统可以看作是一个制造信息的流程，并且“通常信息的加工过程需要很高的固定成本，以及有一个U字形平均变动成本的曲线”（Sodano & Verneau，2003）[228]。假设U字形平均成本将有助于对结果进行比较静态分析的解释。

假设5：确定和区分供应信息交换水平和指定信息种类非常重要。一些信息如品种、产量、产能、成熟期、收获期等，可被用于供应链成员企业共享，以共同制订储备及调运计划，降低物流成本。另一些与食品质量与安全相关的信息，如原产地、加工技术等则可被追溯，通过信息系统在供应链上所有的企业间传递。代理理论中，关于信息的假设决定了合同的设计，因此，为了抽象化逆向选择问题，这里假设信息都是真实的，且关于信息的成本和收益对于供应链上的每家企业也都属于公共知识。

二　基础分析模型

本书将完全基于自愿的信息系统模型作为整个分析的基本模型。在这种情况下，建设信息系统的动力完全源自消费者对信息溢价的支付意愿（$p_3\gamma_3$）。第三级企业为了获得这种信息溢价，就需要向下级企业定购相关信息。根据假设1和假设3，第三级的企业为第二级的企业设置一个价格（p_2），第二级的企业再为第一级企业设置一个价格（p_1）。第一级的企业通过销售其商品获得固定的保留利润（π_1），同时，如果它决定接受第二级企业提出的信息要求，那么它就能获得一份额外的收益，每单位信息（γ_1）的价格为 p_1。再根据假设4，对于其追溯成本函数递增和严格凸的描述，成本可记为（c_1（γ_1）），如果第一级企业在接受了第二级企业的追溯合同后，将优化自己的决策以获得更多的利润，则它所面临的决策问题就是：

$$\mathrm{Max}\Pi_1 = \pi_1 + p_1\gamma_1 - c_1(\gamma_1) \tag{9.1}$$

对于第二级企业来说，它通过销售其商品获得的固定利润为 π_2，也与信息交易无关。如果它接受了第三级的信息请求，那它就会得到一个额外的信息收益：每单位信息（γ_2）的价格为 p_2。若它的保留利润为 π_2，则它的目标函数为：

$$\mathrm{Max}\Pi_2 = \pi_2 + p_2\gamma_2 - p_1\gamma_1 - c_2(\gamma_2) \tag{9.2}$$

同理，第三级企业销售商品获得的固定利润为 π_3，它的目标函数为：

$$\mathrm{Max}\Pi_3 = \pi_3 + p_3\gamma_3 - p_2\gamma_2 - c_3(\gamma_3) \tag{9.3}$$

第三节　信息模式选择

一　不同规制下的供应链信息共享水平

（一）完全自愿的私人投资模式

在信息系统的建设是完全自愿的原则下，则三级企业面临的决策就如式（9.1）～式（9.3）所示。其中，第二级的企业在整个信息系统中扮演了一个关键的角色。由假设 3，如果第一级企业不参与共享和追溯，那它就无制造自己的信息的意义，其他企业的追溯和共享也不可能实现，即 $\gamma_i(0) = 0$。于是，为了保证第一级提供最优的追溯水平（γ_1^*），合同收益设置必须满足下述条件：

$$p_1 = \begin{cases} \dfrac{c_1(\gamma_1)}{\gamma_1} & \gamma_1 = \gamma_1^* \\ 0 & \gamma_1 \neq \gamma_1^* \end{cases} \tag{9.4}$$

式中，第一个条件是参与约束，即想要第一级企业提供最优的信息水平，只有设定信息价格至少等于平均信息成本；第二个条件是激励条件，即如果第一级企业未能提供最优的信息水平，那么它将不能获得信息收益。

第二级企业将同时面对两种成本：一是支付给购买上游企业信息的费用（$p_1\gamma_1$），二是自己的信息提供成本（c_2（γ_2）），则它的优化问题可记为：

$$\begin{aligned} &\text{Max}\Pi_2 = \pi_2 + p_2\gamma_2 - p_1\gamma_1 - c_2(\gamma_2) \\ &\text{s. t. } \gamma_2 = \gamma_2(\gamma_1) \\ &\quad p_1 = \frac{c_1(\gamma_1)}{\gamma_1} \end{aligned} \tag{9.5}$$

第一个条件表明了第一、二级追溯水平间的关系。第二个条件是参与条件，只有信息价格至少等于第一级信息的平均成本，第一级企业才有可能接受它提出的信息请求。将条件代入目标函数，则可重新定义第一级企业的最优信息水平

$$\underset{\gamma_1}{\text{Max}}\Pi_2 = \pi_2 + p_2\gamma_2(\gamma_1) - p_1\gamma_1 - c_2(\gamma_2(\gamma_1)) \tag{9.6}$$

第三级通过销售商品可以获得销售利润（π_3），还可以选择提供产品信息而获得每个信息（γ_3）单位 p_3 的额外收益。由假设 3 和假设 4，为了获得该收入，第三级企业的支出为：支付给第二级（$p_2\gamma_3$）和自己的信息成本（c_2（γ_2））。如果它决定出售信息给消费者，由假设 3，同理，它必须保证第二级的企业接受

信息请求，而第二级接受合同的底线是获得只销售商品而不进行信息共享的保留利润（π_2），即：

$$\Pi_2 = \pi_2 + p_2\gamma_2 - p_1\gamma_1 - c_2(\gamma_2) \tag{9.7}$$

因此，为了保证第二级能提供最优信息水平（γ_2^*），合同收益设置必须满足下述条件：

$$p_2 = \begin{cases} \dfrac{p_1\gamma_1 + c_2(\gamma_2)}{\gamma_2} & \gamma_2 = \gamma_2^* \\ 0 & \gamma_2 \neq \gamma_2^* \end{cases} \tag{9.8}$$

运用上式与假设3、假设4可以得出第三级企业面临的优化问题为：

$$\begin{aligned} &\text{Max } \Pi_3 = \pi_3 + p_3\gamma_3 - p_2\gamma_2 - c_3(\gamma_3) \\ &\quad \text{s. t. } \gamma_3 = \gamma_3(\gamma_2) \\ &\quad \gamma_2 = \gamma_2(\gamma_1) \\ &\quad \gamma_1 > 0 \\ &\quad p_2 = \frac{p_1\gamma_1 + c_2(\gamma_2)}{\gamma_2} \\ &\quad p_1 = \frac{c_1(\gamma_1)}{\gamma_1} \end{aligned} \tag{9.9}$$

该优化模型可以表示供应链整体行为与企业的合并策略。也可以把它看作一个连续的两阶段博弈：第一步，第三级的企业发出合同；第二步，第二级企业选择接受还是拒绝合同，如果选择接受则向第一级企业发出合同；最后是第一级的企业选择是否接受信息请求。

鉴于限制条件，第三级的企业也可以根据第一级企业提供的追溯水平（γ_1）重新确定形式。首先合并式（9.9）中一、二级企业已确定的信息水平来定义第三级企业的信息水平；然后将后面两个条件代入目标函数，得到由第一级企业信息产量确定下的优化函数：

$$\underset{\gamma_1}{\mathrm{Max}}\Pi_3 = \pi_3 + p_3\gamma_3[\gamma_2(\gamma_1)] - \{c_1\gamma_1 + c_2\gamma_2(\gamma_1) + c_3[\gamma_3(\gamma_2(\gamma_1))]\} \tag{9.10}$$

$$\text{s. t. } \gamma_1 > 0$$

可以看出，上式中可行的最优水平就是第一级企业所提供的信息水平。目标函数中包含了5个内生变量：供应链每一级企业的信息水平和第一、二级合同的收益。这个模型唯一的参数是消费者支付意愿的边际收益率和信息的成本函数。由此第三级企业面临的必要条件就是：

$$p_3\gamma'_3\gamma'_2 - (c'_1 + c'_2\gamma'_2 + c'_3\gamma'_3\gamma'_2) = 0 \tag{9.11}$$

由此，即可通过合同形式设定第一级企业的边际利润，使当采用信息系统时，全供应链的合计边际成本等于消费者溢价支付的额外收益。此时，信息提供量的必要条件是：

$$\frac{\partial^2\Pi_3}{\partial\gamma_1^2} = p_3(\gamma''_2\gamma'_3 + (\gamma'_2)^2\gamma''_3) - [c''_1 + (\gamma'_2)^2c''_2 + c'_2\gamma''_2 + (\gamma'_2)^2(\gamma'_3)^2c''_3 + c'_3\gamma''_3(\gamma'_2)^2] \tag{9.12}$$

由假设3，下游信息水平的函数对于上游是线性的，以及假设4，成本函数是凸的。据此，二阶条件为：

$$\frac{\partial^2\Pi_3}{\partial\gamma_1^2} = -[c''_1 + (\gamma'_2)^2c''_2 + (\gamma'_2)^2(\gamma'_3)^2c''_3] < 0 \tag{9.13}$$

可见，二阶条件给出了存在最大值，一阶条件也含蓄地给出了第一级企业的最优信息水平。一旦给定第三级企业的收益条件（消费者支付意愿），就可以用来找到通过为第一、二级企业制定合同额外收益而能够达到的最优的信息水平。然而，如果第三级企业的总利润（π_3）当 $\gamma_1=0$ 时递减，就存在一个边界，为了使这种情况下的研究更详细，可以考虑下列库恩－塔克条件：

$$\gamma_1 \geqslant 0, \frac{\partial \Pi_3(\gamma_1)}{\partial \gamma_1} \leqslant 0, \gamma_1 \frac{\partial \Pi_3(\gamma_1)}{\partial \gamma_1} \leqslant 0 \qquad (9.14)$$

因为 Π_3 对 γ_1 是严格凹的，$\frac{\partial \Pi_3(\gamma_1)}{\partial \gamma_1}$ 随 γ_1 严格递减，因此，如果 $\frac{\partial \Pi_3(\gamma_1=0)}{\partial \gamma_1} \leqslant 0$，那么当 $\gamma_1>0$ 时，$\frac{\partial \Pi_3(\gamma_1)}{\partial \gamma_1}<0$，即如果消费者愿意支付的额外收益总是小于可达到信息水平所需要的成本，此时最优的 $\gamma_1=0$。当 $\frac{\partial \Pi_3(\gamma_1=0)}{\partial \gamma_1}>0$ 时，存在大于0的最优信息水平，可实现共享和追溯。

（二）减责模式

由于追溯系统的好处是除了在灾害发生后可以追究相应环节的责任并及时召回外，还可以减少食品安全事件发生的概率，并且最小化后果（Meuwissen et al.，2003[229]；Hobbs，2004[222]），所以监管机构有可能通过规定当发生食品灾害事件后，如果采用了具有追溯功能的信息系统就可以减责（类似美国的政策）的条款来减少食品安全事件。

在这种背景下，上述模型需要增加一些条件假设：当发生安全事故时，供应链上的所有企业都要面临严厉的责任处罚，并会由此遭受损失 L（包括罚金，所有产品召回、损坏等的内部成本，以及对受害消费者的赔偿金）（Hennessy et al.，2001[230]）。由于下游企业直接面对消费者，并负责提供产品，因此，它们有预期会面对处罚。

假设6：L 在一定追溯水平上是正的、递减的、严格凸的。$L=L(\gamma_3)$，$L(\gamma_3)>0$ 及 $\gamma\geqslant 0$，$L'(\gamma_3)<0$ 以及 $L''(\gamma_3)>0$。灾害的发生是一个随机概率 $\psi\in[0,1]$，第三级企业风险中性。

第三级企业如果具备信息追溯功能，则其随机损失的函数为 $\psi L(\gamma_3)$。在此，信息追溯可以看作是一种减少风险的预防措施（Kolstad et al.，1990），或者是减少食品灾害的努力（Pouliot & Sumner，2006）。则第三级企业面临的优化问题变为：

$$\begin{aligned}&\underset{\gamma_1}{\mathrm{Max}}E(\Pi_3)=\pi_3+p_3\gamma_3-p_2\gamma_2-c_3(\gamma_3)-\Psi L(\gamma_3)\\&\text{s. t. }\gamma_3=\gamma_3(\gamma_2)\\&\quad\gamma_2=\gamma_2(\gamma_1)\\&\quad\gamma_1>0\\&\quad p_2=\frac{p_1\gamma_1+c_2(\gamma_2)}{\gamma_2}\\&\quad p_1=\frac{c_1(\gamma_1)}{\gamma_1}\end{aligned}\tag{9.15}$$

与式（9.9）相比，第三级企业因为食品安全灾害的发生是一个小概率事件，所以其最大化目标就变成了期望利润。同样，将条件代入目标函数，则有：

$$\begin{aligned}\underset{\gamma_1}{\mathrm{Max}}\Pi_3=&\ \pi_3+p_3\gamma_3[\gamma_2(\gamma_1)]-c_1\gamma_1-c_2\gamma_2(\gamma_1)\\&-c_3\{\gamma_3[\gamma_2(\gamma_1)]\}-\Psi L\{\gamma_3[\gamma_2(\gamma_1)]\}\\\text{s. t. }&\gamma_1>0\end{aligned}\tag{9.16}$$

其一阶条件为：

$$p_3\gamma'_3\gamma'_2-[c'_1+c'_2\gamma'_2+c'_3\gamma'_3\gamma'_2+\Psi L'_3\gamma'_3\gamma'_2]=0\tag{9.17}$$

上式中，如果消费者愿意支付的额外收益和减轻随机发生的食品灾害为第三级企业带来的边际收益等于整个供应链采用信息系统的边际成本，那么对第一级企业提供的追溯水平需求就是正的。其充分条件是：

$$\frac{\partial^2 \Pi_3}{\partial \gamma_1^2} = p_3(\gamma''_2\gamma'_3 + (\gamma'_2)^2\gamma''_3) - \{c''_1 + (\gamma'_2)^2c''_2 + c'_2\gamma''_2 + (\gamma'_2)^2(\gamma'_3)^2c''_3 + c'_3\gamma''_3(\gamma'_2) + \Psi[L''(\gamma'_2\gamma'_3)^2 + L'(\gamma'_3\gamma''_2 + (\gamma'_2)^2\gamma''_3)]\} \tag{9.18}$$

根据假设 3 和假设 4，上式可简化为：

$$\frac{\partial^2 \Pi_3}{\partial \gamma_1^2} = -[c''_1 + (\gamma'_2)^2c''_2 + (\gamma'_2\gamma'_3)^2c''_3 + \Psi L''(\gamma'_2\gamma'_3)^2] < 0 \tag{9.19}$$

通过隐函数定理，式（9.17）的充分条件可以被证实，以此确定的减责信息水平可作为第一级企业的合同要求。同样，如果第三级企业的总利润（Π_3）在 $\gamma_1 = 0$ 时是递减的，就会存在一个界限，考虑下列库恩 - 塔克条件：

$$\gamma_1 \geqslant 0, \frac{\partial E[\Pi_3(\gamma_1)]}{\partial \gamma_1} \leqslant 0, \gamma_1 \frac{\partial E[\Pi_3(\gamma_1)]}{\partial \gamma_1} \leqslant 0 \tag{9.20}$$

因为 Π_3 对 γ_1 是严格凹的，$\frac{\partial E[\Pi_3(\gamma_1)]}{\partial \gamma_1}$ 随 γ_1 严格递减，因此，如果 $\frac{\partial E[\Pi_3(\gamma_1 = 0)]}{\partial \gamma_1} \leqslant 0$，那么当 $\gamma_1 > 0$ 时，$\frac{\partial E[\Pi_3(\gamma_1)]}{\partial \gamma_1} < 0$，于是如果消费者愿意支付的额外收益和期望减责收益总是小于达到提供信息的所需成本，那么最优的$\gamma_1 = 0$。而当 $\frac{\partial \Pi_3(\gamma_1 = 0)}{\partial \gamma_1} > 0$ 时，则可实现最优信息水平的提供，因为二阶条件非 0，可以达到最优的信息共享和追溯水平。

（三）强制模式

农产品供应链中的信息除了具有私有属性之外，与食品的质量和安全相关信息也被认为具有公共属性，因此，农产品供应链信息系统也具有公共产品的属性。单纯依靠企业自发地基于社会责任或者事后处罚来保障食品安全都是不足的。考虑到上面已经证明了由消费者需求或减责导致的信息追溯均不能达到社会最优水平，因此，有必要通过引入公共监管部门来进行规制。对于这种由食品安全和质量带来的社会危害，Henson 和 Traill（1993）[225]就认为，应通过信息补偿的方式（如信息追溯）来矫正由于信息不对称而带来的严重后果并减轻其影响。Crespi 和 Marette（2001）[231]也提出在诸如食品安全、公正信用等领域，政府可适时介入。Unnevehr（2004）[232]认为，针对缺乏完全信息或信息不对称的供应链（这本应通过合作伙伴间的信息系统实现共享或追溯），制定公共性质的强制食品安全条款是解决供应链外部性的重要手段。由于一些消费者并不具备采购安全食品的能力，所以如果只考虑提供食品安全信息的私有价值对大众来说是不公平的。因此，可以认为食品的质量与安全是需要由公共政策来规制和监管的。

为了分析这个问题，需要更深一层的假设和确定社会最优信息追溯水平。假设建设和运用信息系统的损失没有纳入供应链的社会收益，这个值为 B，最优社会追溯水平可以忽略监管成本，根据事前规制定义为 γ_3^{so}。再进一步假设，信息成本为监管机构的规制让第一、二级企业，在没有信息追溯功能时，不能再在市场上销售其产品。于是，确定追溯的社会最优水平的是监管机构的社会福利期望值 E（W）。则优化过程就变成监管机构对社会福利期望值 E（W）的优化：

$$\begin{aligned}\mathrm{Max}E(W) = & p_3\gamma_3[\gamma_2(\gamma_1)] + B\gamma_3[\gamma_2(\gamma_1)] - \{c_1\gamma_1 + \\ & c_2\gamma_2(\gamma_1) + c_3[\gamma_3(\gamma_2(\gamma_1))]\} + \\ & \Psi L[\gamma_3(\gamma_2(\gamma_1))]\end{aligned} \tag{9.21}$$

$$\mathrm{s.t.}\ \gamma_1 > 0$$

假设7：$B\gamma_3$ 为从信息追溯功能得到的外部收益，它对于信息水平是递增和凹的，$B=B(\gamma_3)$；$B'(\gamma_3)>0$ 以及 $L''(\gamma_3)<0$，第一、二级企业的利润回报为0，因为追溯系统的支付等于信息的提供成本。因此，预期社会福利就是式（9.16）中第三级企业的预期利润和外部收益。

如果会减少社会福利的话，监管机构就不会再继续采用强制的追溯系统。为了研究这种可能性，考虑库恩－塔克条件：

$$\gamma_1 \geq 0, \frac{\partial E[W(\gamma_1)]}{\partial \gamma_1} \leq 0, \gamma_1 \frac{\partial E[W(\gamma_1)]}{\partial \gamma_1} = 0 \tag{9.22}$$

因为式（9.21）中的期望福利函数对于 γ_1 是严格凹的，$\frac{\partial E[W(\gamma_1)]}{\partial \gamma_1}$ 随 γ_1 严格递减，因此，如果 $\frac{\partial E[W(\gamma_1=0)]}{\partial \gamma_1} \leqslant 0$，那么当 $\gamma_1>0$ 时，$\frac{\partial E[W(\gamma_1)]}{\partial \gamma_1}<0$。反之，由消费者溢价支付而获得的边际利润，由于食品安全灾难减少而使企业获得的收益，加上外部边际收益之和，就总是小于达到可追溯性的所需成本，那么最优的信息水平 $\gamma_1=0$。然而如果上述福利总和等于供应链制造信息产品的总边际成本，那么由下式就可得到一个正的社会福利最优追溯水平：

$$\begin{aligned}& p_3\gamma'_3\gamma'_2 + B'\gamma'_3\gamma'_2 - \Psi L'\gamma'_3\gamma' \\ = & c'_1 + c'_2\gamma'_2 + c'_3\gamma'_3\gamma'_2\end{aligned} \tag{9.23}$$

上式左侧为总的边际收益，右侧为总的边际成本，由假设3

和假设4，通过减责收益而获得的间接利润，可以得出充分条件，式（9.23）还隐含地给出了社会最优信息水平。

一旦监管机构确定了最优信息水平，它就要保证所有的企业都要提供信息。它可以通过很多政策手段来达到这一目标。假设监管机构采用一个社会最优追溯水平的绩效标准（γ_3^{so}），以及为位于这个标准下的每一个水平设置一个固定罚金（F），如果社会最优追溯水平标准是0，就不需要罚金，因此假设为第三级企业设定的标准为$\gamma_3^{so}>0$，再假设监管机构以一个概率$\rho\in[0,1]$进行监管，另一个附加假设是监管机构不会奖励守法企业，并有完美的精确的监管方案，换句话说，一旦发现企业违规就将罚款。现在，第三级企业将面临两种不确定性：食品安全事件发生的概率（ψ）和被检查到的概率（ρ）。这个企业风险中性，则其优化问题为：

$$\begin{aligned}\mathrm{Max}E(\Pi_3) = {} & \pi_3 + p_3\gamma_3[\gamma_2(\gamma_1)] - c_1\gamma_1 - c_2\gamma_2(\gamma_1) - \\ & c_3\{\gamma_3[\gamma_2(\gamma_1)]\} - \Psi L\{\gamma_3[\gamma_2(\gamma_1)]\} - \\ & \rho F\{\gamma_3^{so} - \gamma_3[\gamma_2(\gamma_1)]\}\end{aligned} \tag{9.24}$$

$$\text{s.t.}\ \gamma_1 > 0$$

目标函数前面的四项和条件式都是由自愿及减责模型得出的，新加入的只有最后一项，可以称为期望违规处罚，加上这一项是将与公共准则相关的外部性内部化。则上式的一阶条件为：

$$\begin{aligned}& p_3\gamma'_3\gamma'_2 - (c'_1 + c'_2\gamma'_2 + C'_3\gamma'_3\gamma'_2 + \\ & \Psi L'_3\gamma'_3\gamma'_2) + \rho F\gamma'_3\gamma'_2 = 0\end{aligned} \tag{9.25}$$

基于上面的假设，社会最优追溯水平是一个正值（$\gamma_3^{so}>0$），因此第三级企业设定自己的最优水平为：消费者额外支付边际、边际减责收益、逃避违规处罚的边际收益等于供应链上总边际成本。然而，为了保证企业达到社会最优追溯水平的必要条件，式（9.25）必须与式（9.23）由监管机构定义的社会最优追溯标准进行比较，合并二者并简化得：

$$\rho F = B'(\gamma_3^{so}) \tag{9.26}$$

监管机构设置一个等于追溯系统外部边际利润的边际罚金就可以保证供应链上的企业提供社会最优水平的可追溯性

二　不同模式的对比与选择

（一）实现信息共享及追溯的制度构成

基于本章的前述讨论可知，要建立一个三阶段农产品供应链能够实现信息共享与追溯功能的系统，就必须设计两套契约。一套为第三级企业向第二级企业提出的，另一套则由第二级企业面向第一级企业提出。每个合同都包括一个追溯水平及与之相当的收益。契约的提出是为了将原来分散在不同企业的信息系统进行一个内部化处理，且需要满足充分条件。对于第三级企业，上节模型中的一阶条件都隐含定义了第一级企业应提供给供应链的最优共享水平。一旦确定了这个水平就可直接作为第三级企业问题的约束条件，就意味着其余企业的追溯水平及相关收益也就确定了。表 9－1 概括了所有模型为所有企业确定的追溯水平及收益。

其中 α 由 p_3 决定；β 由 p_3 与安全灾害发生的概率 ψ 决定；δ 则由 p_3、ψ 及监控概率 ρ 与罚金 F 决定。

由表 9－1 可见，在每个模型中都有 5 个内生变量，即每一级企业的信息水平以及第二、三级企业的信息价格。依赖模型的约束不同的模型分别由 1、2 和 4 个参数对应自愿、免责和强制三种情况。

表 9－1　不同模式的信息系统中企业的信息水平与收益

	γ_1	p_1	γ_2	P_2	γ_3
自愿	$\gamma_1^P = \gamma_1^P(\alpha)$	$p_1^P = \frac{c_1[\gamma_1^P(\alpha)]}{\gamma_1^P(\alpha)}$	$\gamma_2^P = \gamma_2^P[\gamma_1^P(\alpha)]$	$p_1^P = \frac{c_1[\gamma_1^P(\alpha)] + c_2\gamma_2^P[\gamma_1^P(\alpha)]}{\gamma_2^P[\gamma_1^P(\alpha)]}$	$\gamma_3^P = \gamma_3^P\{\gamma_2^P[\gamma_1^P(\alpha)]\}$
免责	$\gamma_1^L = \gamma_1^L(\beta)$	$p_1^L = \frac{c_1[\gamma_1^L(\beta)]}{\gamma_1^L(\beta}$	$\gamma_2^L = \gamma_2^L[\gamma_1^L(\beta)]$	$p_1^L = \frac{c_1[\gamma_1^L(\beta)] + c_2\gamma_2^L[\gamma_1^L(\beta)]}{\gamma_2^L[\gamma_1^L(\beta)]}$	$\gamma_3^L = \gamma_3^L\{\gamma_2^L[\gamma_1^L(\alpha)]\}$
强制	$\gamma_1^M = \gamma_1^M(\delta)$	$p_1^M = \frac{c_1[\gamma_1^M(\delta)]}{\gamma_1^M(\delta)}$	$\gamma_2^M = \gamma_2^M[\gamma_1^M(\delta)]$	$p_1^M = \frac{c_1[\gamma_1^M(\delta)] + c_2\gamma_2^M[\gamma_1^M(\delta)]}{\gamma_2^M[\gamma_1^M(\delta)]}$	$\gamma_3^M = \gamma_3^M\{\gamma_2^M[\gamma_1^M(\alpha)]\}$

（二）不同模式下的信息共享水平

由上面模型讨论，可知三种不同模式可实现的信息共享水平如表 9－2 所示。

表 9－2　不同类型信息系统的共享水平

	信息共享水平
自愿（γ_1^P）	$\frac{c'_1}{\gamma'_3\gamma'_2} + \frac{c'_2}{\gamma'_3} + c'_3 = p_3$
自愿＋免责（γ_1^L）	$\frac{c'_1}{\gamma'_3\gamma'_2} + \frac{c'_2}{\gamma'_3} + c'_3 = p_3 + \Psi L'$
强制（γ_1^M）	$\frac{c'_1}{\gamma'_3\gamma'_2} + \frac{c'_2}{\gamma'_3} + c'_3 = p_3 + \Psi L' + \rho F$

从表中可以得到以下结论：

结论 1：纯自愿原则下信息系统的信息共享水平最低。

表 9－2 中，方程式左侧表示边际成本，较高的边际利润将带来较高的追溯水平。因此只要不出现食品安全灾害的发生概率、免责的收益、监管概率都为 0 的情况，自愿系统的共享水平都是最低的。这个结果说明，严格依靠自愿的信息系统不能保证有效的共享水平，除非当食品安全风险非常低或者这些信息没有公众价值时。

结论 2：当责任规则无法代表社会外部收益，以及有效监管的时候，实行强制的可追溯系统可以带来比自愿的更高的信息共享水平。

命题 1 显示，强制可以带来最高的追溯水平，因此用它来比较强制、自愿还是免责的情况就足够了。

接下来，我们从强制的最优水平中减去免责效果的最优追溯水平，就可以得到：

$$\gamma_1^M - \gamma_1^L = -\rho F \tag{9.27}$$

由于预期的处罚非 0，因为这假设了监管的高效率和监管机构的高能力（设定一个合适的罚金标准 F），所以对第三级企业的追溯情况进行监控可能是非常有效的。表 9－2 是建立在第二级企业合同中追溯水平的设置低于或至少等于最小的共享规模基础上的，根据假设 5 成本函数是公共知识以及由第二级企业设定信息水平的假设，企业为了降低成本不可能制订高于有效规模的合同。

这里，我们讨论的前提是基于所有最优追溯水平和各自收益都是内生的，下游看到的信息都是上游的成本，同时也没有考虑不同供应链之间的竞争情况。所以当消费者支付意愿、安全灾害概率、被监控概率和监管机构制定的罚金增加，第三级企业就需要从其上游获得更高的信息水平。然而，由于供应链结构的关系，所有的信息成本都由第三级企业控制并且可能制定一个上限。在这种情况下，第三级企业就可能在增加信息水平的同时通过降低费用的方式控制成本。第三级企业没有激励在信息系统中花费更多，它的需求会小于 γ_1^E 。因此，可以认为有效追溯规模总位于私人阈值之上，除非成本结构发生变化，否则企业不会增加信息水平。

第四节　集群式农产品供应链信息平台

一　集群式农产品供应链及其关键信息流

（一）农产品供应链与集群式供应链

伴随全球化趋势，经济社会向国际化、信息化转变，消费者需求也更加多元化和个性化，这种市场需求呈现出来的多元化、个性化趋势使企业经营面临更大不确定性的挑战。为了有效解决这一问题，一种将产业集群和供应链耦合的新型网络组织集群式供应链（Cluster Supply Chain，CSC）概念被提了出来。

作为一类新型网络组织形式，集群式供应链（Cluster Supply Chain，CSC）是将供应链运作平台移植到产业集群中，相互嵌入和相互协调，形成具有范围经济和规模经济的供应链网络组织系统。国内学者黎继子等（2004）认为在集群式供应链结构中，核心企业具有非唯一性和生产同业性特点，导致在该地域中供应链的多单链性和生产相似性，集群中每条单链式供应链企业不仅内部之间相互协作，而且不同单链的企业存在着跨链间的协调，与此同时还游离着大量位于这些单链式供应链之外但在集群地域之中的专业化配套中小企业，配合和补充着这些单链式供应链生产。不难看出，这样的定义在很大程度上也适用于我国当前的农产品供应链。另外，集群式供应链与农产品供应链还具有涉及企业众多、信息化程度参差不齐等共同特点。因此，也可以将我国的农产品供应链看作一个集群式供应链。

集群供应链概念的产生还源于市场对即时定制（Instant Customization，IC）的需求。即时定制也称为顾客化定制，该生产模式认为"零间隔时间"是企业运作模式的最终目标[234]。与大规模定制（Mass Customization，MC）相似，两者均以顾客需求为导向，按照订单要求以接近大规模生产成本的方式生产多品种、小批量、多频次的个性化产品。不同的是，即时定制化生产改变了顾客被动地位，希望顾客参与企业的运作，特别是顾客能全面参与供应链的运作，使供应链成为顾客价值和企业价值的创造平台。这与农产品供应链所面临的由消费升级、消费者安全意识增强且迫切希望参与农副产品生产过程等宏观环境的变化也是一致的。

在农产品供应链中，供应链参与者大都不具备自有的信息系统，信息应用能力水平也存在着较大差异。这样当客户需求发生变化时，核心企业如何在不同农户间进行切换，或者说农户如果在不同的供应链之间进行选择就成为农产品供应链成功与否的一个重要因素。这就需要在建立信息系统时充分考虑实现更广泛的信息共享和协调。这里，我们将结合集群式供应链的相关理论，分析农产品供应链生产的关键信息流，从信息共享和信息流分发的角度，提出集群式农产品供应链的信息共享集成平台方案。

（二）农产品供应链上的关键信息流

供应链信息流是指整个供应链上信息的内容及流向。在内容上，它包括供应链上的所有的供需信息和管理信息，并伴随着所有权、实物和资金的流动而不断产生、变化。有效的供应链管理本质上其实就是对信息流进行有效的管理。只有及时、准确地掌握需求和供给信息，提供准确的管理信息，并使相关的供应链成员企业都能实时获得，才有可能针对某一产品或项目实现统一计划和协同执行。供应链管理的基础是使诸如需求信息、供应信息、生产信息、物流信息及库存信息等能在供应链上实现共享，这种共享的内容不应该只局限于某个具体运作的层面，企业的战略信息共享也同样重要，战略信息的共享可以帮助联盟伙伴采用最佳的方法和更有效的手段来实现协同。供应链的信息共享既包括在节点企业内部有关研发、采购、库存、销售等信息的共享，也包括各节点企业之间通过 INTERNET/EDI 进行数据交换而实现的共享。

从内容来看，农产品供应链具有与集群式供应链非常相似的共享信息特性，包括上述各类信息，但由于这种供应链结构更为松散，范围更加广泛，联盟成员更多，所以共享的难度也就更大。农产品供应链的信息共享难度还在于信息琐碎、共享权限复杂，因为它会涉及多条供应链的交叉和重叠，这就需要重新设计一种共享机制，使当不确定的客户需求发生时，可以让某些特定的信息被特定的联盟企业共享。

集群式供应链的客户订单会有很多种，无论是大规模定制模式还是即时定制模式，都需要采用模块化和延迟策略。Lampel 和 Mintzberg（1996）[235] 根据顾客对产品定制程度将定制分为五类，即完全标准化（pure standardization）、细分标准化（segmented standardization）、定制标准化（customized standardization）、剪裁定制化（tailored customization）和完全定制化（pure customization）。在此基础上，我们就可以根据定制程度对信息共享需求进行分类，以确定共享的范围，相应可分为5个层次：常规共享、分销信息共享、组装信息共享、模块信息共享和全程信息共享。但与集群式供应链不同的是，农产品供应链中主要是根据生产过程中环境因素的影响，产出的不同品质产品来选择不同的供应链，以避免一部分产品供不应求而另一部分产品销售困难的情况出现。类似，共享层次也可以分为常规共享、分销信息共享、生产信息共享、加工信息共享和全程共享五个层次。

在集群化的工业供应链中，为了在满足不同客户定制需求的前提下，不引起成本的增加和提前期的延长，许多企业引入延迟化的生产策略。延迟化生产模式要求企业进行最终装配的产品都由标准化、模块化的零部件组成，通过对标准化部件的组合装配以及附加其他的个性化模块或服务，来满足顾客个性化的需要。对于大规模定制（MC）来说，延迟化生产是一种非常有效的方式，但它同时也是带来供应链风险的重要因素[236]。对于即时定制（IC）来说，模块标准化程度的降低使企业采用延迟生产策略产生更大的风险。而农产品供应链面临的则是由生产过程和市场的双向不确定性所带的风险。多供应链连接的广泛性就可以在一定程度上降低这种风险，这种耦合方式就像工业供应链中的大规模定制一样，供应链管理者为了应对生产环境及市场需求变化情况而采用延迟策略。

运作始于顾客需求，在定制化模式下，还需要考虑客户参与设计的过程，这就要求企业开辟与最终用户进行有效沟通的平台，例如采用客户辅助设计平台或直接由客户依据一定的格式和标准提交设计图。这样一来，只有尽可能利用企业集群的优势，通力协作，才有可能在延迟生产模式下达到客户所要求的服务水平。而作为与消费者健康密切相关的农副产品及食品，消费者更是希望参与到这些产品的生产过程中，利用集群式供应链的特殊结构就可以更加方便地使各种食品信息真正实现可追溯性。

在农产品供应链中，当生产过程发生不可控变化，或者消费市场需求发生变化时，供应链就必须快速作出反应，这就需要事前的预测（这里包括生产预测和市场预测两个方面）更加准确。当然，单链结构的供应链通过增加品种和库存的方法也可以在一定程度上适应这种变化，但这又会大大增加成本。而采用集成式供应链结构，从而实际上实现“销售延迟”的战略，则必须使生产信息、订单信息可以在相关企业中实现同步共享，才有可能实现并行处理，达到不增加成本而满足生产和市场双方需求的目标。另外，对于个性化需求来说，集群式供应链实现信息共享还有一个前提，那就是需要对客户订单进行任务分解，并将子任务分发到各相关企业。然后在核心企业的协调下，并行地、快速地生产。其中，统一预测信息对于延迟点之前，供应商的组件生产准备非常重要。同时，供应商库存信息对于核心企业的任务规划也会产生重要影响。

如果有关信息得到有效共享，并实现了相关成员企业的并行处理后，采购流程就可以大幅度地简化了。在企业集群中，由于存在大量的小规模经营的农户和面向各种细分市场的企业，生鲜产品的搜寻成本会大大降低，这也可以帮助企业避免出现由于联盟战略而造成的供应商更换成本过高的问题。可以看出，全新的开放式异构系统集成具有比常规的单链结构供应链的信息集成方式有更大的适应能力和成本优势。

集群式农产品供应链信息共享流程的概念模型见图 9－1。

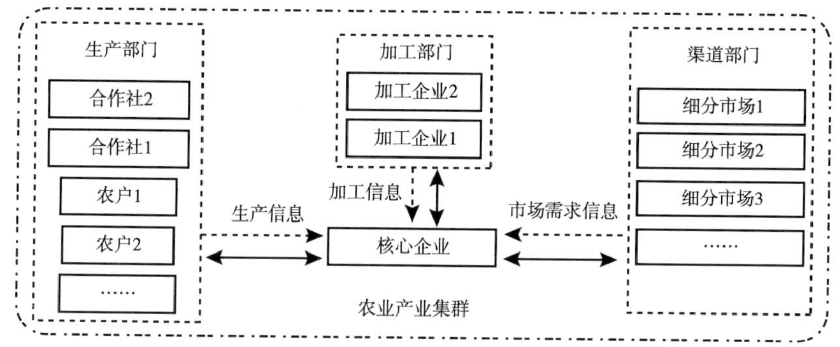

图 9－1　集群式农产品供应链信息流程模型

二　集群式农产品供应链信息平台

（一）集群式农产品供应链的信息流管理方案

对集群式农产品供应链信息流的管理，应主要从解决供应链的稳定性与长生产周期及需求多样化的矛盾入手，融合消费者定制与多渠道平台，解决传统单链供应链难以满足的多级/多供应商需求，并且考虑在信息系统异构的基础上，建立综合供应链信息的共享控制中心，提出可行的集成方案。

建设集群式农产品供应链信息平台的关键是针对生鲜产品生产过程及市场需求的共享信息流权限选择，这种选择切换应始于集群内公共信息共享平台，再由节点企业自主决定信息流向。这里需要主要考虑对需求信息的分类，亦即订单分拆后的信息流程，包括完全基于不同质量要求的产品定制，还是大部分在已有产品中选择，抑或完全定制（独特需求或定制生产）等类型。

在集群式农产品供应链中，涉及的产品种类繁多，因此应该设置基于加工产品结构的 BOM 信息库，建立技术标准和规则集，建立启发性需求代理，对于高品质初级产品和加工食品原料，基于产品的需求分发要求，在物流水平以及订单紧急的约束下，建立规则集，从而构建供应链代理，通过两个代理对需求进行分析、分发，以及完成物流的调配。预测信息以 POS 信息和用户需求相结合，由核心企业进行预测，并依据 BOM 信息库发出订单，并将相关信息提供给相关企业，主要是作为农副产品和加工食品的农户及种植加工基地。如果某个供应商愿意接受该订单（可以设置为满足一定条件下的自动接收），则由发出订单的核心企业根据一定规则进行自动配对选择，确定供应商后即由共享控制中心对对象企业进行供应链共享信息的授权，该项目结束后自动收回授权。这样一条基于某个特定供求项目的供应链共享流程就建立了。在针对特定订单的共享信息流中，顾客和核心企业还要进行对设计结果的追踪，对制造过程以及物流过程的追踪，可以通过生产过程以及物流过程的相关信息以及 RFID 技术进行跟踪。

依据关键信息流及其处理流程，制订共享信息流框架，如图 9－2 所示。

（二）集群式农产品供应链信息共享平台

集群式农产品供应链的信息共享集成平台包括支持大型信息系统的软硬件设施和各信息员，信息员由各个供应链成员企业的信息部门的一个或几个人员组成，负责对各种即时的信息进行处理、上传信息共享集成平台，保证每一个成员企业都能在第一时间得到需要的真实信息。信息共享集成平台的信息包括即时的市场信息、生产能力信息、生产状态信息、库存信息、各成员企业硬件设施信息、信用信息等。信息共享集成平台的共享信息权限根据具体项目内容即时确定，并分配给相应成员企业的相关决策人员，信息员只对本企业的信息负责。

信息共享集成平台，集成了顾客需求定制/设计平台，包含

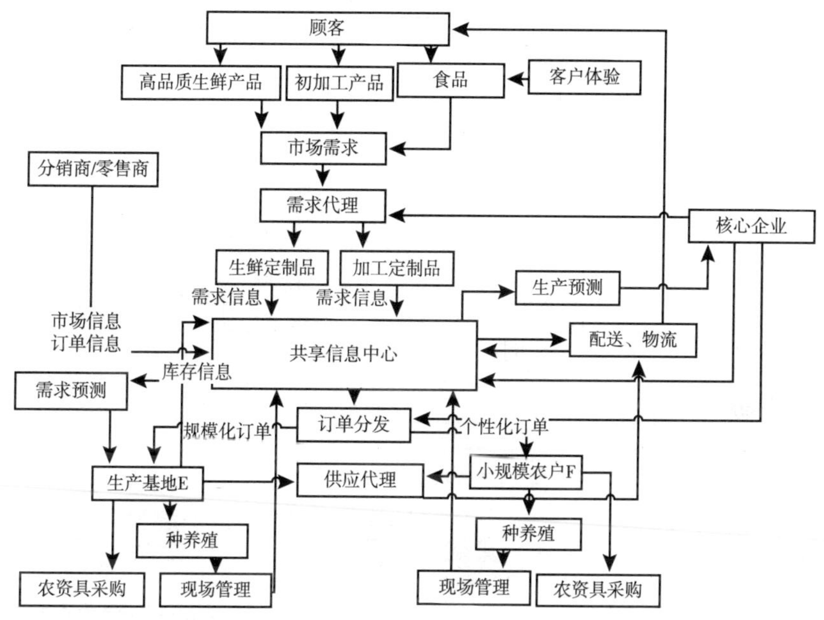

图 9－2　集群式农产品供应链的信息流框架

需求代理和供应代理对需求信息、供应信息进行分解、分发。

平台用户可以使顾客、加工商、零售商、分销商、供应商和生产商等定制项目的相关各方，如图 9－3 所示。

在信息共享集成平台的构建中，需要完成几个内容的建设：

- 定义共享信息格式；
- 建立信息同步机制；
- 开发顾客定制中心和综合查询中心；
- 根据各类共享信息及辅助信息建立中心数据库。

（三）信息共享集成平台的实现方式

在信息共享集成平台架构上采用 B/S 三层架构，可以采用 Oracle Appserver 10g 和 Oracle 10g 数据库。

在信息共享格式上，依据企业集群的产品特点，统一制订数

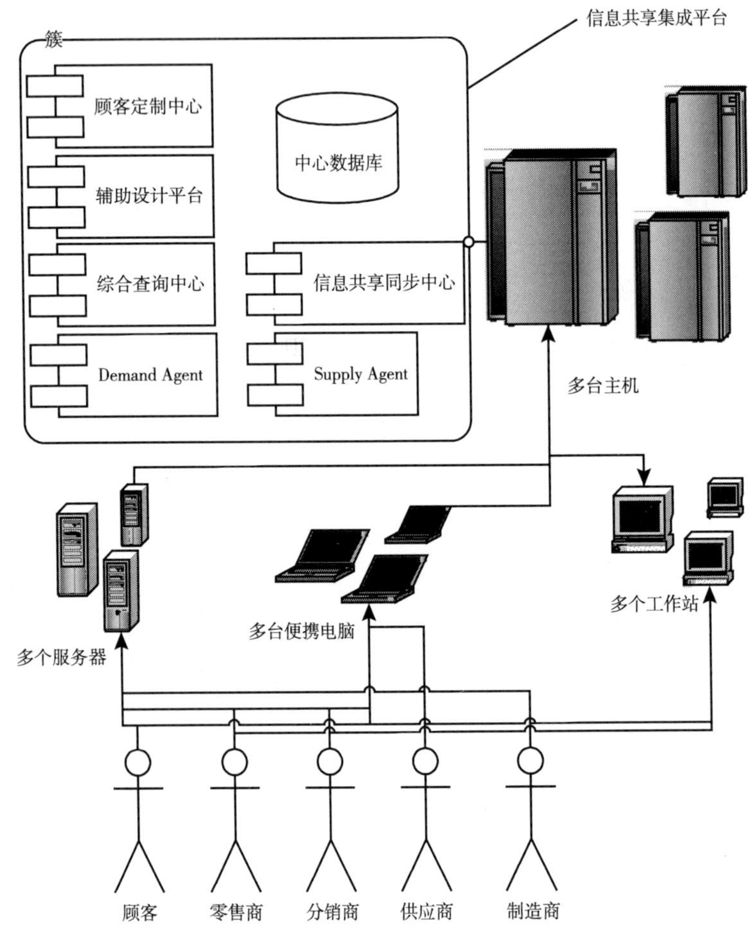

图9－3　集群式农产品供应链信息共享集成平台

据格式和权限管理要求。各个供应链上的企业对需要共享的数据在数据库建立视图，通过 Oracle 的数据映射工具映射到平台的中心数据库上，也可以通过基于 XML 技术的 Web Service 通过页面进行数据同步。

信息共享平台进行严格的身份认证制度以及依据合同要求设立各类用户的数据访问权限，并建立数据共享和定制发布制度，最好能实时同步。

各个企业无论采用什么系统，只要能够满足以上两点数据同步要求都可以对接到共享信息平台上，避免了企业集群重购供应链的管理与技术困境。

在具体分项信息实现上，例如采用 POS 技术，及时将零售企业销售数据传输到供应商的信息共享集成平台；采用 GIS 技术对产品运输车辆、运输信息进行跟踪，实时查询、调度和导航；采用 BC/RF 技术对商品进行全球监测识别。

集群式农产品供应链在满足客户特定需求的条件下，兼有规模经济和范围经济的优势，具备比传统单链结构实施的订单生产有更加优越的条件和环境。农产品的订单生产是当今国际化竞争条件下的一种趋势，借助产业集群资源密集的优势，集群区域内各单链式供应链通过纵向与横向不同层次的合作作为支撑，就能够在不明显增加成本的前提下，不仅可以向客户提供多品种、少批量、多层次的个性化产品和服务，也可保障生产者的利益最大化。

从供应链管理的角度来说，信息集成是供应链协同运作、实现系统最优化的基础。因此，信息集成研究就成为发展集群式农产品供应链应用和研究的前提。另外，由于跨供应链合作和规范企业集成会使原来就比较松散的供应链协同难度加大、供应链稳定性差以及商业秘密外泄等问题，所以，要使集群式农产品供应链能像单链式结构那样能稳定、高效地运作，就必须重新设计具有针对性的共享模式和协同方案。同时，集群式农产品供应链涉及的节点企业众多、采用的软件系统不同、信息系统成熟度各异也为信息集成带来了很大的困难，理想的集成式供应链信息系统平台必须能够屏蔽掉不同系统架构和应用软件的差异性，而只关注关键特定项目中具体信息流的查询和处理，才能够适应复杂集群环境的需要，从而促进这种新型的供应链信息集成模式的顺利发展。

第十章　农产品供应链应用扩展——灾害应急合作

第一节　农产品供应链与灾害应急

近年来，我国连续发生大规模自然灾害，真可谓是“多灾多难”。2004 年河北发生风暴灾害，造成 784 万人受灾，直接经济损失 33.8 亿元；在 2008 年初 21 个省份的低温雨雪灾害中，受灾人口更高达 7786 万人，直接经济损失 1515.5 亿元；同年，汶川发生 8.0 级地震，造成 4555 万人受灾，死亡超过 8 万人，经济损失 8438 亿元；2009 年底，新疆爆发大规模雪灾，西南地区遭遇百年一遇的秋冬春连旱，特别是西南的世纪大旱造成 5000 多万人受灾，农作物受灾面积近 500 万公顷，其中 40 万公顷良田颗粒无收，2000 万人面临无水可饮的绝境。[①] 如此触目惊心的数字，除了使我们感叹大自然的无常之外，也深深地为灾民的生存状况忧虑。虽然每当面临大规模自然灾害时，我国政府和社会各界都会采取各种相应的应急手段开展救援活动，全社会及

① 受灾数字全部来自官方公布及新闻媒体的公开报道。

各民间组织也都在积极捐款捐物，甚至作为志愿者直接加入救灾行动中，但仍有大批救援物资无法及时运送到灾民手中，特别是广大的农村地区，仍有大量灾民无法得到及时救助，以致遭受更大的损失。我国是世界上自然灾害最严重的国家之一，灾害种类众多且发生频率高。频繁发生的灾害，如果得不到及时救援，不仅会造成生产的巨大破坏和人员伤亡，还成为社会动荡、生产力倒退的根源。因此，如何调动各方面力量，提高救援的覆盖范围（特别是扩大对农村地区的救援覆盖率）和救援效率已经成为我国面临的一个亟待解决的重要问题。

一　灾害与应急物流

按照国外定义，灾害救援（Disaster relief）是“外部给予受灾地区人民的帮助的干预活动”[237]，抑或与威斯康星大学灾害管理中心的灾害管理（Disaster management）有相同内涵：“旨在对灾害或紧急情况进行控制，并提供一系列活动，帮助受灾地区人民，以避免或减少灾害造成的影响。”那么灾害救援物流就是围绕这一宗旨而进行的必要的物流活动。与此相对应，国内学者欧忠文等提出了应急物流的概念：以提供应对自然灾害、公共卫生事件、重大事故等突发性事件所需要的物资为目的的物流活动[238]。在以下论述中，本书将采用与国内提法一致的“应急物流”一词进行表述。

我国目前对于紧急情况的处理和救灾活动是以政府为主导的，但由于近年来社会的进步和信息传播手段的发展，已有越来越多的民间组织和国际组织逐渐参与到这一行动中来。例如汶川地震期间，国内外捐赠的款物价值已超过 1200 亿元，民间组织如红十字会、中华慈善总会以及壹基金等除通过各自渠道积极募集灾区急需的物资、款项外，也直接投入到具体救灾活动中。所以，我国的灾害救援活动与应急物流呈多元化发展趋势，其中各参与方在救灾过程中的主要作用与相互关系如图 10－1 所示。

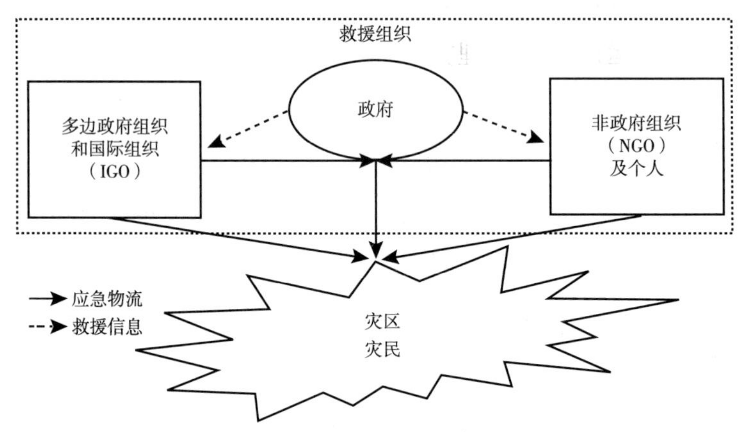

图 10－1　灾害救援活动中的相关各方

灾民：包括灾区的企业和个人，是救援的对象和救援物资的接受者，同时也是最早进行救援活动（自救）的实施者。

政府机构：中央及地方各级政府机构是救灾活动的主导者、组织者与协调者。

多边政府组织和国际组织（IGO）：向灾区民众及救援组织提供技术支持，同时也是救援活动的重要实施者。

非政府组织（NGO）：除了募集救灾物资、款项之外，也会直接或间接地参与救援行动。

这里我们把参与救援的政府机构、政府组织及民间组织及个人统称为“救援组织”。

二　农产品供应链的组织特征

近年来，为了促进农业生产的发展，推行现代农业经营方式，现代农产品供应链的建设在全国各大农产品生产基地都取得了重大进展。农产品供应链管理是指在农产品的种植、加工、采购、运输、包装和销售、配送的各环节，基于供应链管理思想，采用合作方式通过与种植、加工及物流、销售等相关的各类信息实现共享，运用系统管理方法，在各环节间完成协调运作，以在整个供应链上实现以成本－效益最优化为目标的一种管理模式。这样，在农产品供应链中就会形成一个围绕核心企业（通常为大型食品加工或批发企业），参与农产品生产流通各环节的不同参与者所构成的虚拟组织，其成员在共同的供应链目标前提下，依据供应链合同完成农产品种植、加工、调运、库存及销售的计划和运作，并在一定范围内实现资源和信息的共享。供应链组织中的每个成员作为一个独立的行为主体，具有自主的判断和行为能力以及与其他主体之间的交互能力（信息和物质），并且有相互依赖性和对环境的依赖、适应能力，另外，每个成员还能根据其他成员的行为以及环境变化不断修正自身的行为规则，以便与整个供应链网络和环境相适应，即具有学习的能力。农产品供应链组织的典型特征有：

协同性：成员之间不一定存在隶属关系，但它们基于共同的经营效益最大化目标形成一种联盟关系，并采取共同协作的方式进行运作。

网络性：农产品供应链往往涉及从农副产品的种养殖到最终消费的整个过程，并由不同类型的参与者共同形成一个网状结构，涉及农产品生产流通的多个方面。

开放性：由于系统管理的要求，其组织成员的信息、设备等资源对其联盟伙伴是开放的，而整个供应链系统基于共同利益的驱动，也使组织本身是开放的。

第二节　灾害应急的特征与策略

针对自然灾害发生时应急物流的策略，国外对这一领域的研究开展较早，已有大量不同层面、不同视角的文献。从这些资料来看，主要包括三个层面：一是对快速反应机制、政策和应急体系的研究；二是针对应急方案优化问题的研究；三是应急处理的协同合作研究。但目前国内该类文献不是很多，大多还集中在仅从概念、原则层面进行描述的阶段。这里我们将从微观视角探讨农产品供应链参与救援活动及其在应急物流中的应用，所以研究重点将围绕救援合作进行。

一　快速反应机制

目前，国内外学者对该问题的研究大多从供应链的应急（紧急转运）策略角度来分析或将应急物流看作一个类似供应链的协同系统。例如对比紧急运输与订单分割两种方式对物流总成本所产生的影响[239]；分析供应链在紧急状态下对物流影响的引力问题，通过结合信息共享（EPOS）、供应商控制供应链库存（EXCLE）以及越库运输（ET）三种战略可以大大改善供应链应对突发事件的效果[4]；救灾过程中的救灾物流决策支持系统（主要包括救灾物资存储仓库、配送中心、国家运输网络、搜寻和营救小组、协调和调度指挥中心）和多阶段多目标的救灾物资配送问题的研究[240]；提出构建虚拟应急供应链的构想，这种虚拟供应链的管理分为平时、警戒与战时三个状态，三种状态条件下任务和职责不同[241]。

二　系统优化策略

应急物流实施策略的研究从目前来看，主要集中在两个方面。一是应急物资储备、派发点的选址规划问题，如在地震救灾问题中，搜寻和施救时间最小化的救灾设施选址和构建研究[242]；救灾物流储存布局的优化研究[243]等。二是对应急物流的路径规划问题，如直接把应急物流看作对网络最短路径的求解问题[244]；或提出应急物流在有容量限制下可归为网络流算法问题，即在给定限制期情况下，用赋权图最小风险路径的选取算法将问题转化为最短路径问题的变权迭代[245]；还有学者提出了采用模糊层次分析法对应急预案进行选择的指标体系和方法[246]。可见，应急物流所面临的优化问题只要改变其约束条件即可归类到常规物流问题。

三　协同、合作策略

一般情况下，对于应急物流强烈的时间约束，可以通过基于快速反应的纵向协调来达到任务目标。而供应链管理本身就是一种纵向合作的协调策略[198]，供应链绩效直接反映了这种协调能力的高低。这种协调能力表现为五种特性：合作绩效系统、信息共享、同步决策、激励机制和集成运作[247]。由于不同属性的供应链可以相互依存及协调，因此，可以将供应链建设为兼容网络的结构形式[183]。国外有学者通过深入的调查和访谈，对实施合作策略可能给物流商带来的机会进行了分析[248]，经过综合和梳理，可以归纳为以下几点：

- 增强核心竞争力：如降低空载率、提高设施利用率等；
- 减少非核心活动费用：如培训、合用燃料设施等；

- 降低采购费用：如交通工具、电脑、燃料等；
- 专业化运作并扩大服务；
- 提高服务质量、服务时间、运输频率等方面的可靠性；
- 提升竞标能力；
- 保持市场份额。

对于供应链之间横向合作研究，国内外文献都非常有限，但已有学者对航运和空运供应链之间的合作采用案例分析方法进行了研究和探索，这些案例显示通过横向合作节约成本的潜力，特别是在不同行业的联合采购中，这种合作的优势已经逐渐显现出来。

第三节　应急救援模式与农产品供应链

一　应急救援模式

虽然自然灾害背景下的应急物流必须面对更为复杂的环境因素和处理大量的特殊情况，但其构成要素与效用仍然具有普通物流的基本特征，因此，救援组织在救灾活动中与既有的社会、企业组织进行合作，利用现有的物流体系是有充分基础的。当自然灾害发生时，对救灾方来说，由于灾害的突发性，政府与慈善组织的救助活动势必在短时间内面临大量的组织、物资筹措、调运、分派等工作。当前，在此情况下，政府背景的救援一般是通过调动一些常备的公共资源，如政府机关、军队、武警等的组织和设施来完成应急物流任务。但当灾害的规模和面积较大时，这些公共资源就会显得捉襟见肘，疲于应付，而对民间慈善组织来说就更加困难了。因此，在灾害发生时，不同属性的救援方都有动机利用现有的社会资源，特别是受灾地区的企业网络与资源来完成救灾行动。

我们假设在自然灾害条件下的救援行动，可以采取三种不同的应急物流方案，分别为：①独立模式（在政府监管下，由各救援组织独立完成应急物流任务）；②公共模式（救援活动由政府控制，投资建立常备应急供应链系统，灾害发生时由各救援组织共用）；③合作模式（在政府的监管、引导下，通过政府机构或民间救援组织与核心企业缔结合作协议，以利用企业供应链系统的既有社会资源）。针对这三种模式，我们从三个维度进行分析，分别是合作的结构、合作间的相互关系及合作力度。这些维度的因素会对合作策略的模式选择及运作效果产生直接影响。其中，合作的结构包括合作方向（横向、纵向）、合作者间的相互关系（竞争、非竞争）、进入与退出及合作伙伴数量；合作对象特性包括属性、职能范围、协调能力和所属区域；合作力度包括属性（暂时还是永久）、职能范围和行动参与度。

由表 10－1 可见，如果这些救援组织能够与受灾当地的商业供应链建立起合作关系，利用它们的物流网络和信息系统，可以在低成本、高效率的前提下完成救灾物资的紧急调运任务。

二　农产品供应链组织应急合作优势

与一般制造业供应链的结构不同，农产品供应链的重心主要集中在供应商和终端配送阶段，是典型的哑铃形结构[7]（如图 10－2 所示）。这种结构加上我国由于受传统和制度的双重影响

表 10－1　应急物流在不同运作模式下的合作特性及效果

<table>
<tr><th colspan="3">属性</th><th>独立模式</th><th>公共模式</th><th>社会合作模式</th></tr>
<tr><td rowspan="9">属性维度</td><td rowspan="5">合作结构</td><td>合作方</td><td>救援组织与运作企业</td><td>救援组织之间</td><td>救援组织与供应链核心企业</td></tr>
<tr><td>属性方向</td><td>纵向</td><td>横向</td><td>横向</td></tr>
<tr><td>相互关系</td><td>无竞争</td><td>有竞争</td><td>无竞争（由于社会属性不同）</td></tr>
<tr><td>进入与退出</td><td>困难</td><td>困难</td><td>容易</td></tr>
<tr><td>对象数量</td><td>多</td><td>多</td><td>少</td></tr>
<tr><td rowspan="4">合作对象特性</td><td>属性</td><td>多个独立企业</td><td>多个组织</td><td>一家或数家核心企业</td></tr>
<tr><td>职能范围</td><td>采购、运输、派发</td><td>采购</td><td>全程</td></tr>
<tr><td>协调能力</td><td>弱</td><td>强</td><td>强</td></tr>
<tr><td>所属区域</td><td>本地、区域、全国</td><td>本地、区域、全国</td><td>本地</td></tr>
<tr><td rowspan="3">效果</td><td colspan="2">稳定性</td><td>低</td><td>高</td><td>高</td></tr>
<tr><td colspan="2">成本</td><td>高</td><td>高</td><td>低</td></tr>
<tr><td colspan="2">效率</td><td>低</td><td>高</td><td>高</td></tr>
</table>

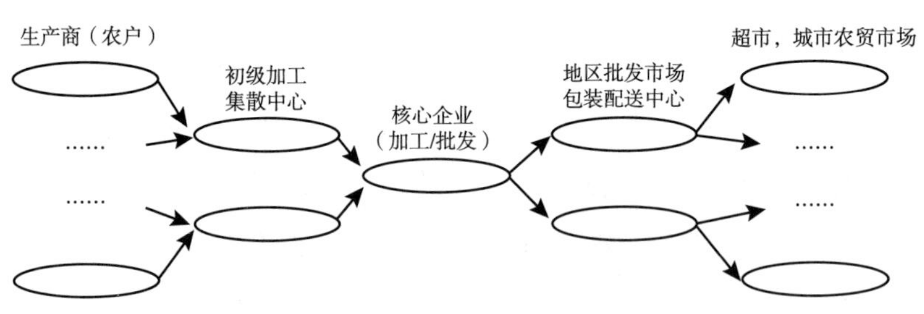

图 10－2　典型农产品供应链的网络结构模型

而极度分散的农业经营模式，使农产品供应链涉及面更广，结构更复杂：它一头连接广大作为基本生产单位的农家，另一头延伸到集中于城市的居民，还涵盖了大量承担农产品集散、运输功能的流通业者。这虽然在一方面会增加供应链管理协调难度，但同时也使得更广大的农产品从业者可以在供应链管理模式的建设、推广中受益。由于大多数自然灾害（如旱涝灾害、地震、海啸等）往往会给受灾地区的农业带来巨大的破坏，该地区的农产品供应链组织成员的利益也会在灾害中受到极大伤害，即使最低限度的情况也会带来产能、运能的闲置而造成资本沉淀。所以，对于救援减灾，农产品供应链的组织成员作为受灾者会比非灾区人员更加迫切、更加期望，对于亲自投身参与应急物流的救灾过程也更加积极。

农产品供应链组织具有参与救援行动的动机和能力，而救援组织也具备采用合作模式以利用社会物流资源的动机。所以，作为一种应急物流的合作模式，与农产品供应链组织实现合作，意味着一方面救援组织可以以较低的成本和较高的效率完成救援任务；另一方面农产品供应链也可以更快捷地完成灾后重建，恢复生产。可见，合作双方均可能通过这种横向协同，获得各自的期望收益，而成为形成合作伙伴关系的动力。

这种协同合作可以界定为："两个（或以上）的不同组织，通过集中彼此资源实现共享以获得更大收益。"[249]在应急物流中，与农产品供应链的合作意味着这种合作必须有助于提高应急物流采购、运输、存储及派发等流程的相应绩效。应急物流的展开与企业供应链的流程是一致的，即按照采购、存储、运输、派发的步骤进行。为了判断在每个步骤中形成横向合作的条件，下面对主要环节进行合作的净福利贡献进行分析。

（一）采购

在应对灾害的救援行动资金运用中，救灾物资和装备的采购占有很大的比重（据估计，救灾费用中约 80% 用于应急物流，其中采购约占 65%，运输、仓储、派发占 15%）[250]，这就使采购成为控制急物流成本的重要杠杆。当自然灾害发生时，面向乡村的生产救助往往需要大量生活用品和农资、农具，与救援组织相比，商用农产品供应链组织对灾民的实际需求更为了解，并且对这些物资的供应商具备更强的讨价还价能力及专业知识，通过合作可以提高救援的采购能力。当多个救援组织同时与当地核心企业合作时，这种能力还能得到进一步强化，特别对于小型救援组织来说，这种合作的效果更加明显。总之，与既有的当地农产品供应链合作的效用主要从两个方面体现出来：一是规模采购导致谈判能力的提高，降低显性费用；二是利用供应链的组织效能，降低隐性费用。

（二）仓储

在仓储方面，我们可以看到至少有三个方面的协同效用：一是充分利用仓储设施、设备和仓储人员，以形成规模经济；二是可以利用农产品供应链组织既有的仓储、运输网络产生救援的网络效应，缩短交货时间和运输距离；三是可以利用供应链组织既有的管理协调能力，降低库存，提高库存周转率，减少物流过程中的物资损耗。

（三）运输

在运输方面，可以充分利用农产品供应链既有的干、支线运输网络和运输能力，实现合理化运输，降低单位运输成本，同时也可以避免救援时由于大量车辆的涌入而造成灾区的交通拥堵。如果农产品供应链中已建有智能运输管理信息系统，则还可以帮助救援组织及社会捐助人员对物资流向进行实时监督和调配。

（四）基本合作模型

在灾害发生时，作为农产品生产商的农户就成为救援对象（当然，本地区的非供应链成员在受灾时也是救援对象）；供应链中农产品收购及初级加工点在灾害发生时可直接转变为救援物资派发中心；在平时作为整个供应链运作领导者与协调者的核心企业，在灾害发生时就与救援组织合作，成为应急物流的指挥中心；一般位于都市或其周边的批发中心或农产品配送中心在灾害发生时的职责则转化为救援物资的临时调运中心，与救援物资的捐助者及供应商直接相连。农产品供应链的运输体系在此过程中也可以直接转化为救援物资的运输体系。基于以上分析，本书提出一种基于“平时生产，灾时救援”理念的双向供应链模型结构（如图 10－3 所示），将这种供应链根据实际需求，分为商用与应急两种运作状态。

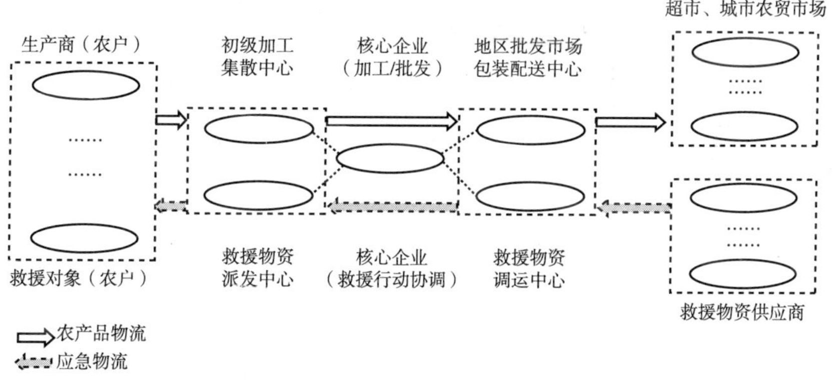

图 10－3　农产品供应链的双向应用扩展模型

• 商用状态：平时，农产品供应链负责将位于乡村部的大量生产者所提供的农产品通过其物流系统提供给位于都市部的众多消费者，供应链的组织、运作和协调由核心企业负责。

• 应急状态：当自然灾害发生时，农产品供应链转换为应急状态，此时物流系统逆向运作。由位于都市部的大量捐助者或供应商提供的救援物资通过应急物流体系输送到灾区广大灾民手中。核心企业仍然负责这一过程的组织、运作和协调，救援组织负责募捐和监督。

通常，农产品供应链的核心企业及其组织成员为了获得更高的“联盟剩余”，往往会通过各自努力及信息系统投资、网络优化等手段，使整个系统达到一种最优或次优的稳定状态。这种经过优化的系统在运作应急物流时，势必比重新构建一套全新系统，或对系统化的物流运作由不具专业能力的救援组织来完成，具有更高的效率和经济性。

由于某些自然灾害（如地震、洪水、海啸等）会造成通信、交通系统的阻断和瘫痪，这也是供应链自身安全所面临的重要风险之一[251]。本模型由于是基于与专业救援组织的合作，因此，从供应链自身的安全角度来说，既通过合作，也可以通过知识溢出、风险管理投资等提高自身的抗风险能力。另外，农产品供应链核心企业通过参与救援活动还可以帮助其体现社会责任，大大提升企业美誉度，赢得组织成员和合作伙伴进一步信任，对稳定供应链组织起到非常积极的作用。

第四节　农产品供应链救援合作分析

基于以上分析和给出的应急物流合作模式，本书将应急物流合作问题研究分为两个方面：一方面是合作动因研究；另一方面为影响因素分析，并在此基础上尝试建立一个整体研究框架（见图10－4）。

一　合作意愿与动机

科斯将交易成本定义为“使用价格机制的成本”[252]。那么

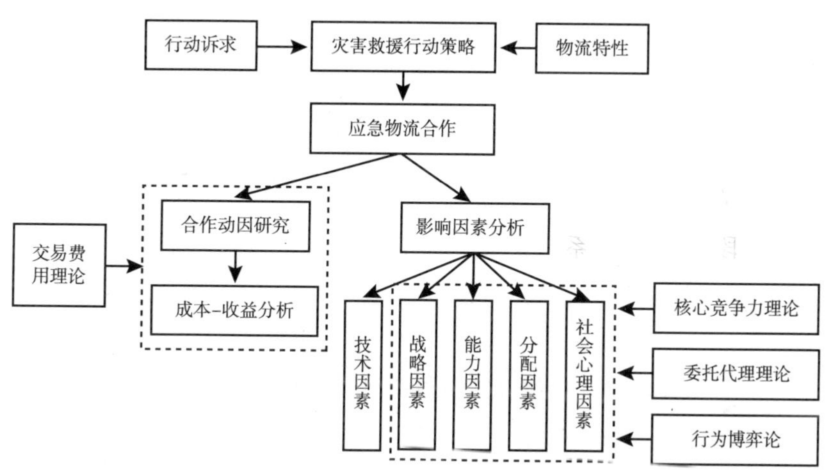

图 10－4　农产品供应链组织参与救援行动合作研究框架

我们可以认为只要采取某种合作形式，其交易成本优于其他组织形式，则这种合作（纵向和横向）就是有效的。商用供应链组织与救援组织虽然社会属性不相同，它们之间的合作也不同于一般意义上的横向或纵向合作，但根据交易成本理论，如果商业供应链组织成员的灾害自救和救援组织单独实施救援行动的成本高于合作模式，那么二者的合作即为有效的。

从参与者视角，我们可以从交易费用角度用一个函数来表示组织间的合作意愿。有学者基于银行业的采购过程研究，提出了一个用于分析合作意愿的模型框架[253]（如图 10－5 所示）。该模型描述了一个在合作收益与交易费用（及其相关影响因素）之间进行权衡决策的过程，可以基于这个框架，给出应急物流中各参与方采取合作策略的条件函数。

模型中合作收益等于运作收益与战略收益之和，即 $B^{C}=B^{OP}+B^{ST}$。

成本中涉及各作业环节的运营成本都可以假设为线性的并用

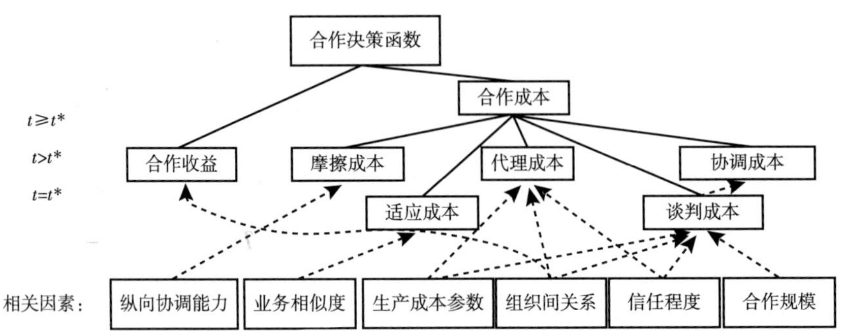

图 10－5 合作决策函数模型（Beimborn，2006）

函数表示，这里我们将组织 i 的 j 环节的单位变动成本表示为 c_{ij}^{OP}，固定成本表示为 C_{ij}^{F}，产出为 x_{ij} 时，运营成本为 $C_{ij}^{OP}=C_{ij}^{F}+c_{ij}^{OP}\cdot x_{ij}$。当某个农产品供应链为 j 个救援组织提供所有流程的服务时，其总运营成本为：$C_{SC}^{OP}=\sum_{i}(C_{SCi}^{F}+c_{SCi}^{OP}\cdot\sum_{j}x_{ij})$，此时合作收益可以表示为：

$$B^{OP}=\sum_{j}C_{j}^{OP}-C_{SC}^{OP}=\sum_{j}\sum_{i}(C_{ij}^{F}+c_{ij}^{OP}\cdot x_{ij}C_{j}^{OP})-(\sum_{i}C_{SCi}^{F}+c_{SCi}^{OP}\cdot\sum_{j}x_{j})$$

救援活动的不同作业环节间有着非常紧密的联系，所以供应链系统的协调度和紧密度会直接影响运作的绩效。我们把运作过程中由于合作使用现有农产品供应链物流系统而造成的救援环节脱节而产生的损失定义为摩擦成本 TC^{IF}，这个成本的大小由供应链系统整合、协调的能力决定；合作中救援组织为适应供应链物流体系（如学习、培训等）产生的费用定义为适应成本 TC^{AD}，它由农产品供应链物流体系与应急物流体系的拟合程度决定；我们将发生谈判成本的时段定义为周期 t^{*}，成本记为 TC^{N}，其大小取决于模型影响因素中的后四个：运作环节的成本、组织间关系、相互信任程度和合作规模。

合作经营过程中（$t > t^*$），存在两类交易成本：协调成本 TC^C（关系管理的成本，其影响因素与谈判成本相同）和代理成本 TC^{AG}（在合作方之间建立信任的成本，受任务复杂程度驱动）。净合作收益即为：$B^{Cnet} = B^{OP} + B^{ST} - TC^{IF} - TC^{AD} - TC^N - TC^C - TC^{AG}$，这样，根据成本 - 效益原则，只要合作带来的净收益 $B^{Cnet} > 0$，那么该策略就是有效率的。但必须说明，合作有效率并不代表组织间一定会产生合作的结果，因为无论合作结果能带来多少净合作收益，也只有合作各方单独根据自己的战略评价，都确认合作能给自身带来净收益时，合作才会达成①。

二 动机因素分析

虽然应急物流的合作策略可能为各参与方带来福利的改善，但这种策略的实现和实际的运营却是一个十分复杂的过程，会由于各种因素最终造成合作行为的中断或运作效率的下降。应急物流合作中存在的障碍主要有：

- 供应链组织与救援组织核心价值的匹配度差异；
- 合作方的可靠度与合作的满意度；
- 储备物资的储存与商业供应链利益的矛盾；
- 救援活动中不同职能活动的分担；
- 由于灾害发生的不确定性，合作双方的远见与耐心的矛盾；
- 合作中一般较大一方会占有更多利益，这就会造成利益

① 虽然经济学的基本假设与利他的救援行为看上去是如此不和谐，但经济人不看社会总福利而是在自利原则下进行决策的前提这里依然适用。

分配的矛盾；

• 合作投资费用的分摊。

可将形成以上障碍的因素分为五类，运用不同理论进行分析解决：

一是战略因素。根据核心竞争力理论，救援合作关系的本质可以看作是救援组织将自己的非核心业务委托给具有该项业务核心能力的战略伙伴。因此，合作各方应首先明确自身定位，并意识到这种委托－代理关系可能带来信息的不对称。由委托代理理论可知，当一方拥有私人信息时，交易双方就处于信息不对称状态，这种非对称的信息结构是市场交易中的常态，救援的合作过程也不例外。当信息存在不对称情况时，交易双方就会脱离古典经济学中“完全理性”的假设，而采取阻碍实现效益最大化的“非理性”行为。应用到应急物流领域，虽然合作策略可以为合作方带来种种好处，但信息的不对称也会形成阻碍合作实现的重要原因。

二是能力因素。在应急物流合作领域，这是一种事前信息不对称的情况，这种信息不对称容易形成逆向选择，导致合作无法进行。为了防止逆向选择的出现，可以运用类似斯宾塞的劳动力市场模型，采用博弈论方法等进行分析，以建立有效的信号传递机制。

三是分配因素。该问题的产生是由于救援合作在事前很难确定具体的可能节约的成本数量以及可能带来的收益。因为合作过程中只有实施运作一方掌握真实数据，所以造成事中的信息不对称，导致道德风险问题的出现。针对这一点，在委托－代理理论框架内，也可以根据应急物流合作隐藏信息的特点，通过最优合同模型求解，以建立相应激励机制。

四是社会心理因素。如不均等的谈判地位会对合作产生消极影响。虽然本书所涉及的应急物流合作并不属于一般意义上的横向合作，也并非单纯的纵向合作，双方没有诸如市场份额争夺之类商业意义上的竞争及彼此间本质的利益冲突，但是由于双方社会地位及影响力存在差异，因此合作中仍会存在“市场势力”差异的问题，特别当救援组织为政府机构时，情况更为明显。不均等的谈判地位所产生的直接后果是合作方的“感受公平”影响其运作绩效，这类问题属于行为经济学的范畴。例如行为博弈论认为，现实中行为人在交易过程中，行为人的效用除了单纯依据“收益”外，往往很大程度上还受到所谓“社会性偏好”的影响。因此，可以通过在经典博弈模型的收益函数中，加入有关描述“社会心理”的参数进行分析，最终确定合作的心理条件。此类因素还有不信任感、害怕成为一方的附庸、文化差异、期待过高、合作期磨合等。

五是技术因素。如农产品物流与应急物流运作标准的差异；双方管理及运作理念的差异；绩效评价标准的差异等。

第五节 应用模式与建议

本章跟据农业供应链的结构特点，分析了这种结构作为自然灾害救援背景下应急物流体系的应用前景，并提出了基于农产品供应链流程建设“平时生产，灾时救援”的双向供应链模型；同时基于微观经济学和管理学的相关理论，构建了对此类应急物流的合作策略进行进一步分析的研究框架。经过这些探讨，我们可以得出以下结论：

救援组织与农产品供应链组织虽然分属不同的社会属性及有

着不同的组织目标，但是由于农业供应链核心企业基于社会责任及风险管理的战略考虑与灾害救援组织最大限度地减少灾害损失的目的存在一致性，因此，都具有动机在救援活动的运作层面进行广泛合作。

由于农产品供应链“两头大，中间小”的结构与应急物流流程的结构相同，所以这种供应链物流系统与应急物流系统具有较大的兼容性，拟合度较高。在自然灾害发生后，农产品供应链的物流系统只需要稍加改造，就可以直接成为应急物流系统。同时，这种改造还会在以后的商务应用中带来正效益。

农产品供应链组织通过直接参与灾害救援可以提高企业美誉度，赢得组织成员信任，并在履行社会责任的同时提高供应链的稳定性和抗风险能力，大大提升供应链的价值。

救援组织通过利用农产品供应链的物流体系，可以更加高效、低成本地完成救援活动，获得其“老板”（即社会捐助者）和“客户”（即受援者）的信任，大大提升救援组织的声誉。

这种救援合作虽然存在诸多障碍，但根据这些因素产生的主要原因是信息的不对称和技术性差异，并不存在本质的利益冲突，因此，这些障碍并不是不能克服的。

基于上述结论，我们提出以下政策建议：

- 转变灾害救援思路，发动群众，群策群力。
- 将防灾减灾纳入推进农业产业化建设的政策体系中。
- 建立灾害救助的评价体系，为提高救援活动绩效提供量化依据。
- 建立更有效的防灾减灾应急物流体系，并将之与农产品供应链组织、农业生产协同组织等农村基层组织的建设结合起来。

- 将农产品供应链组织纳入政府应急体制，采取补贴与培训相结合的手段，帮助农产品供应链设立灾害预警、灾害救援等功能。
- 引导和帮助非政府人道组织与农产品供应链组织建立联系，使双方能在防灾减灾、扶贫救助等更广阔的领域进行合作。

第十一章　结论与研究展望

第一节　研究结论与启示

本研究是从提出农产品供应链中农户与企业合作问题的宏观背景入手的。通过对经济发展、产业结构等的宏观数据，作为涉农企业代表的农业上市公司数据，对农产品产业结构特征和农业企业经营特性进行分析后，我们认为，在农产品生产流通领域正发生着深刻变化的过程中，纯市场的治理结构是带来当下农产品价格“蛛网效应”严重、食品安全问题突出以及农民增收困难的主要原因。再加上一般规模化农产品经营的集成化模式受到我国土地政策等制度因素的制约，供应链管理这种介于市场和层级之间的治理结构，必将替代传统的纯市场治理模式，成为农产品经营中最主要的治理结构。

我国是一个有着几千年农业文明的古老国家，农产品经营模式受小农思想的传统影响非常深厚，但市场环境的变化又使这种经营模式面临前所未有的挑战，治理结构的转型已经迫在眉睫，势在必行。这就需要从本质上探讨农产品领域治理结构变化的根本动因及其面临的瓶颈因素。通过本研究的深入分析，我们发现，在农产品领域中，农户与企业的合作已经成为能否成功应用供应链管理模式的关键因素。在中国要建立稳定的供应链合作伙伴关系，就不能忽略传统文化因素对合作关系形成的影响，这时需要注意和把握的首要问题就是中国文化中“关系”所起到的重要作用。因此，本研究又通过实地调研获取了一手数据，并运用统计分析的方法对样本数据进行了“关系”对信任、交流，以及供应链关系质量和合作绩效等变量的回归分析，并就“关系”的影响路径展开了研究与讨论。

供应链管理是一个由西方发达国家首先提出和践行的管理理论，迄今为止其理论价值和实践意义早已得到了广泛验证。特别在实践中，国际化的供应链竞争力已经逐渐取代企业竞争力成为国家综合国力的表现。然而这种通过供应链上企业间契约来进行连接的跨企业管理模式在我国特别是在传统的农业中却面临大量违约的困扰，其结果就是供应链中并不能真正形成有效的合作共赢关系，依旧各自为政，供应链管理难以实施。按照契约理论，契约可分为正式契约和关系契约。正式契约的表现形式是各种书面形式的“合同”“协议”等，它一般具有法律效力。因此，其具体条款构成就成为一种正式的激励机制，对具体条款进行优化就可以促进合作行为的形成。但是，当正式契约存在不完全问题或者其执行成本较高时，真正能起到供应链连接作用的就只能是成员间的实质关系，亦即双方都认同的关系契约条款（这些条款往往是原则性的、模糊的）。因此，对关系契约的优化，实质上是通过各种手段强化合作双方的心理认同。根据本研究的实证结果，当下我国农产品供应链中主要参与者农户与农企之间的实质关系仍然受到传统“关系”文化的显著影响，这种“关系”程度的不同会直接影响供应链信息的共享水平，间接影响供应链最终的绩效水平。可以说，“关系”仍然是构成农企间合作关系的实质因素之一。也就是说，这种“关系”本身就构成了农企间的关系契约。因此，我们根据实证结果针对农产品供应链中不同的连接方式，经过归纳整理，提出了不同条件下关系契约的构成条款，希望可以通过采取不同的有针对性的措施，建立和强化这种关系契约，最终在供应链中形成基于实质性合作关系的协作。

供应链管理的一个基本措施，是在供应链上不同经营主体间通过实现协调运作而达到提高供应链整体效能的目的。在供应链中实现协调运作就需要在不同经营主体间实现信息的共享。随着现代信息通信技术的发展，在不同主体间进行实时信息传送与共享已不存在任何的技术障碍。然而，信息共享可以带来的商业机密、私有信息泄露等问题也给信息共享的参与者带来了很多顾虑。因此，真正在供应链中实现信息共享面临的困难是如何建立彼此的信任，这无疑又回到了本研究的主题——农企关系。我们的研究发现，在农产品供应链中由于较缺乏跨企业信息平台之类现代信息通信技术的应用，成员间的信息技术水平差异与信息共享水平，以及供应链绩效之间都没有较为显著的相关性。但信息技术水平的差异会在“关系”与信任之间具有显著的调节作用。因此，可以认为，在同等“关系”水平条件下，作为供应链组织者的核心企业通过提高自身的信息技术水平，扩大与农户之间的信息水平差异，就可以显著地提高双方的信任水平，已达到建立信息共享机制乃至提高供应链协调水平的效果。另外，我们还通过对不同政策机制下供应链中信息共享水平变化的研究，提出了第三方强制实施条件下供应链中信息共享水平最高的结论。因此，可以认为，在农产品供应链这样一个整体信息共享程度较低但产品安全质量要求较高的领域，政府有必要制定强制性措施，以促使企业建立信息平台，这样无论是消费者还是经营者都更有可能从信息共享中获得收益。

具体来讲，本书的研究结论主要包括：

一　中国农户与企业合作关系形成的宏观环境

（一）以初级农产品为主的消费模式正在改变

在中国的农产品领域中，虽然经济迅速发展，人均收入大幅提升，但从产业数据来看：①改革开放30多年，特别是近10年以来，食品产业的产值构成中，配套增值服务的份额仅从35.42%上升到41.58%，这说明产业构成中主要仍是以初级农产品为主，高附加值产品份额仍然非常有限；②在城镇居民人均消费构成中，食品消费的比重呈不断下降的趋势，恩格尔系数已低于0.4，但是从食品消费构成比例来看，主要体现在数量的增长上，结构上仍然是以消费附加值较低的初级农产品为主；③第一产业的增长率远远落后于第二、三产业的增长，从现有研究文献的成果来看，农业生产率在技术进步推动的同时，技术效率却在不断恶化。④农民收入持续增长，但城乡收入差距却在不断扩大，同时，农民收入的增长也主要靠外出务工的工资性收入推动，说明当前农业经营仍然保持较低的收益性。

（二）农产品领域的治理结构已经发生转变

主流的治理结构是企业对与一个行业的交易属性相符合、相匹配的治理结构的选择结果，而交易属性的变化源自市场环境属性的变化。由于整体发展尚处于较低水平，再加上制度、参与者素质等多方面因素制约，中国农产品经营环境到目前为止仍然没有发生根本性转变。但应该注意到，渐变从改革开放以来就一直持续着。特别是加入WTO以来，农产品市场也开始直接面对国际化竞争的挑战，这也决定了虽然当下在农业领域，传统的市场交易治理方式仍然占据主流位置，但变革已经迫在眉睫，而且这种变化也已经在潜移默化中悄然展开，这是由我国农产品经营的宏观背景决定的。而一旦这种环境的持续而缓慢的变化积累到一定程度，必然会带来治理结构的彻底改变。

（三）农业企业的经营正处于演化变革的关键时期

农业上市公司是农业企业中的佼佼者，相对普通的农业经营企业，它们一般都有雄厚的资本和高素质的管理层。因此，我们可以将之看作农业经营创新的先锋以及模式转变的风向标。本书采用因子分析、聚类分析和回归分析对上市农业公司的年报数据进行的详细的分析研究，发现：①农业上市公司在发展能力上表现了较高的共性，这反映的是整体企业发展模式的雷同，其大背景在于国家对农业的扶持方式主要为对农业经营企业的直补，但所处细分产业、行业的不同会由于扶持力度的不同而对企业表现造成一定差异；②运营和偿债能力反映了产业中已经出现了对传统经营模式形成挑战的经营创新，产业整体正面临重大的经营变革；③在政府大力扶持和经济高速增长两个背景下，农业龙头企业都拥有较为宽裕的现金流和面临农产品消费市场快速发展；④供应链管理的形式已经被业内大多数企业所接受，但运作大多却仍延续了传统的经营模式，最终在业绩中并不能体现联盟利润的获得。

二　影响中国农户与企业合作关系的要素

（一）“关系”对关系质量存在显著影响，且对合作绩效产生间接影响

中国农产品供应链建设面临的最大问题在于上游环节的不稳

定性，这是传统的农业经营方式中企业必须同时面对众多分散经营农户的客观现实决定的，与此同时，农业经营的宏观环境发展又要求必须建立新型的农业生产流通合作关系。本书第五、六章就对此以微观的视角，运用实证的方法对农业领域供应链合作关系的建立进了的分析和探讨，通过对样本数据的统计分析，得出了以下结论：①农产品供应链中“关系”在建立供应链合作过程中会发挥重要的作用，“关系”与供应链合作绩效有着非常强烈而显著的正向关系；②层次回归的结果显示，“关系”与构成供应链关系质量的重要因素——信任、承诺及信息共享都具有非常显著的正向关系；③信任在“关系”对其他的一些变量的影响路径中具有重要的中介作用，即大多数情况下“关系”是通过信任对农户与企业的合作关系产生影响的；④在中国的农产品领域中，“关系”对于信息共享变量也具有显著的正向关系，但与常规供应链中的信息能力直接影响信息共享程度的效应不同，信息能力差异只是在“关系”对信任的影响过程中具有显著的调节效应，而与信息共享水平并不显著相关。

（二）“关系”构成中，认同感超越人情与地位成为最重要的影响因子

在我国农产品供应链中，农户与企业的“关系”与合作绩效有着非常显著的正向相关性。根据供应链管理质量理论，本书运用一手数据构建了“关系”变量对合作绩效变量产生影响的结构方程模型（见图 6－2）。该结构方程模型由二个二阶因子构成，其中“关系”由人情差序（路径系数 0.4）、认同感（路径系数 0.64）、地位差序（路径系数 0.39）三个变量构成；关系质量由适应（路径系数 0.57）、承诺（路径系数 0.76）、相互依赖（路径系数 0.52）、协作（路径系数 0.56）、交流（路径系数

0.72）和信任（路径系数0.85）六个变量构成；合作绩效由合作满意度（路径系数0.62）及合作愿景（路径系数0.62）两个变量构成。三个因子主要路径关系为："关系"到关系质量的路径系数为0.93，关系质量到合作绩效的路径系数为0.92，均显示了较强的路径关系。

三　农产品供应链中的契约

现阶段在中国农业经营中运用供应链管理模式，其最大的瓶颈就在于供应链前端农户与企业松散的连接。因此，在二者之间建立长期而稳定的合作关系实际上就成为这种现代管理模式能否真正得以发挥其作用的关键所在。但由于农产品供应链结构及产品属性的特殊性，再加上土地政策及传统小农经营模式的影响，要建立真正意义上的合作关系，无论是采用传统的市场或是内部一体化的治理结构，在很大程度上都要依靠"契约"来进行联系。在我国现阶段的农产品供应链中，这种连接不同经营主体的正式契约一般都是以内容较为具体的"购销合同"，或者内容较为宽泛的"合作协议"形式。本书第七章以最为常见的"购销合同"为对象，运用一个经典的博弈模型，通过对不同形式合同条件下的纳什均衡状态，针对履约动机进行了讨论。结果显示，条款详细的购销合同可以在一定程度上防止逆向选择和违约状况的发生（例如按照不同质量进行分级付款的合同）。

然而，由于农业经营自身属性所带来的契约天生的不完全性，再加上非经济因素（例如传统文化）的影响，正式契约都存在着难以避免的缺陷。这样造成了关系契约注定在我国农企连接中要发挥更大的作用。据此，本书的第八章进一步提出了利用建立关系契约促进农户与企业合作的思路，并认为应基于认同感构建紧密“关系”，并据此建立信任感是建立关系契约基础的观点。最后分别针对当前实践中存在5种连接方式，提出了关系契约的不同构成要素：不同的连接方式意味着不同的治理结构，所以除了关系契约中所需的任务知识会有所不同之外，其关系知识也应根据不同治理结构的特点进行调整——偏市场治理的连接结构中，应主要针对机会主义诱因；而偏层级治理的连接应主要针对隐藏行为等道德风险进行关系知识的构建及扩散共享。

四　农产品供应链的信息共享

对于供应链管理来说，有效的信息共享是实现供应链协作的前提和保障。但对于农产品供应链来说，信息供应链却面临诸多障碍：生产过程中不可控环境因素较多，任何一点变化都可能会影响最终产品的品质，这就导致供应链上需要共享的信息量剧增；小规模的生产经营模式导致参与者众多，分散信息共享的难度增大；供应链参与者普遍受教育程度较低，对信息技术的应用水平普遍较低；农产品经营盈利性较低，信息系统投资普遍不足，缺乏现代化的信息系统又导致运作效率低下，难以提高盈利水平；传统的小农意识使供应链参与者习惯于自给自足方式，缺乏现代商业意识、缺乏责任意识等。因此，可以说，能否建立有效的信息共享机制已经成为在农产品供应链中形成合作、实现协作的重要瓶颈。本研究通过运用经济学博弈分析，针对几种不同的信息共享（追溯）模式进行共享信息量比较后，得出政府强制实施追溯政策时的信息共享水平相对自愿加免责，以及完全自愿时信息共享水平最高的结论。并据此提出建议，在农产品供应链中应以政府强制手段推行食品信息追溯制度，这样可以通过提高农产品供应链中的信息共享水平，从而实现推进农产品供应链协作，帮助农产品经营者提升生产流通效率的目的。

此外，我们根据集群式供应链与农产品供应链的相似性，提出在农产品供应链中建立集群式农产品供应链信息平台的观点。建议在农产品供应链中建立集群式多链结构的供应链信息平台，通过利用集群式信息共享的优势，根据具体项目来组织、整合多个生产、加工及销售部门，以应对农产品供应链面临生产、销售的双向不确定困境。

五　农产品供应链组织的扩展应用

农产品供应链管理模式的确立，不但可以通过建立不同经营主体间的合作关系来提高产品质量、客户响应和整体绩效，在面临自然灾害等紧急事件时也可以通过既有的供应链组织快捷、高效、低成本地完成救援任务。本书的第十章从管理学和经济学角度，通过提出一个救援合作模型，利用逻辑演绎和合同动因对比，探讨了利用既有的农产品供应链系统实现应急物流合作的可行性，并在此基础上进一步提出了得以形成这种合作的分析框架。

第二节　本书的不足与研究展望

一　不足之处

本书试图从供应链合作关系入手，通过对我国农产品领域中面临的诸多问题进行深入、系统的研究，借以提出实现我国传统农业产业升级发展的策略和政策建议。但无论是宏观背景、治理结构、信息共享，还是契约优化，都是构成管理模式的较大命题，虽然本书始终围绕合作关系这一主题，但还是由于受到研究时限、经费等客观条件的限制，再加上笔者本身在学科范围、理论把握和实践经验方面的不足，造成了本书研究存在一些不足，主要体现在：

第一，本书通过从产业宏观、企业中观及个体微观三个方面来把握农业经营中农－企合作的本质要素及理论应用，提出了基于“关系”结构来建立符合中国实践的农产品供应链管理模式。但由于这种多视角的研究方法是一种全新的尝试，客观上造成了本书各章节衔接不够紧密的缺陷，研究的整体性、系统性还有待进一步提高。

第二，本书对“关系”对供应链绩效影响的实证部分虽然考虑了不同地区自然禀赋、文化特征的差异，并尽量采用在各种不同发展水平地区都进行随机抽样的数据采集方法，但并未考虑不同民族文化背景下，供应链成员个体由于受到不同文化因素的影响而产生对“关系”的不同理解及效用。这就会造成实证结果的偏误，从而抵消“关系”因子对供应链合作绩效的影响。再加上由于受到参与调查学生生源地的限制，造成云南等较落后地区的样本占了较大比重，这也会部分削弱本研究所得结论的解释力和普遍意义。

第三，中国是一个典型的关系社会，普遍缺乏现代商业社会所要求的契约精神。在各种包括商业活动的社会活动中，与正式契约相比实际上起到真正作用的是关系契约。但关系契约研究在我国却是一个全新的领域，可以参考的研究文献，特别是针对我国具体行业中的关系契约研究都非常缺乏。即使本书对此有一定的研究和论述，但其实也非常肤浅，仅限于对农产品供应链中几种不同连接方式下默认规则和共有知识的提炼，算是抛砖引玉吧，希望将来有更多的学者能参与到该领域的研究中来。

第四，提高农产品质量保障食品安全和提高农产品经营效益表面上看是两个相对的问题，但从信息共享的角度看它们却是相互促进相辅相成的，本书用一个章节的篇幅分别从理论上分析了信息共享模式及信息平台建设的问题。但由于前述原因，导致这两个方面都缺乏具体的案例支持。

二 未来研究展望

中国农产品经营中农户与企业的关系是一个非常大的主题，其内容会涉及经济学、管理学、社会学甚至心理学等学科领域的专业知识，特别是在中国这样一个有着上千年农业经营历史，又受传统影响较大的国家情境中去研究农产品供应链就显得更加困难了。虽然本研究将研究核心限定在探讨如何在农业领域建立供应链合作关系并如何利用这种合作关系进一步促进供应链协作的范畴，但是随着研究的深入还是常常感到力不从心。好在经过三年来的不懈努力和钻研，基本形成了中国农产品供应链合作关系研究的理论框架，但还是感觉受理论水平和研究能力的限制，仍存在众多亟待进一步研究和改进的方面。

首先，由于本研究样本主要限于西部欠发达地区，样本的单一性必然会降低研究成果的可信度及说服力。而中东部地区的农户获取信息便捷，见识更广，收入较高，相关企业的经营理念也更为先进，所以下一步研究应进一步扩大样本范围，优化样本结果，力求获得更具说服力的研究结论。

其次，现代供应链理论在农产品供应链中的适用性主要体现在研究证实了关系质量显著影响合作绩效，但本书实证研究中部分变量选择的理论依据，基本上全部源自针对制造业、服务业的现有研究成果，这又为我们提出了中国农产品供应链关系质量构成因素本身有无特殊性的问题。因此，进一步筛选农产品供应链关系质量的构成因素也成为未来研究的方向之一。

再次，本书对于中国农产品供应链关系质量特殊性的研究证实了“关系”因素对供应链关系质量（信任）的显著影响。但是“关系”本身就是一个非常复杂的概念，现有研究中学者们也不能形成统一的定义，本书研究所选取的理论依据也只是“一家之言”，所以今后研究中对于最终“关系”研究的最新成果，并将之运用到农产品供应链管理领域，也是未来研究的内容。

最后，由于中国农产品经营领域中，运用现代通信技术来实现信息共享的水平非常低，因而本研究只能采用将交流作为与信息共享同义的折中方案。但是，随着信息通信技术成本的降低和国家扶持、促进政策的出台，势必会加速信息系统在农产品供应链领域的应用。由于农产品易腐属性对物流、加工条件的限制，信息共享对于合作绩效影响的重要性也会逐渐显现出来。因此，信息共享水平与供应链合作绩效的效应研究也是下一步的研究重点。

参考文献

[1] 程国强、胡冰川、徐雪高:《新一轮农产品价格上涨的影响分析》,《管理世界》2008 年第 1 期,第 57 ~ 62 页。

[2] 李国祥:《2003 年以来中国农产品价格上涨分析》,《中国农村经济》2011 年第 2 期,第 11 ~ 21 页。

[3] 姜奇平:《农业产业化诞生的来龙去脉》,《农民日报》1997 年 6 月 5 日。

[4] 刘凤芹:《不完全合约与履约障碍——以订单农业为例》,《经济研究》2003 年第 4 期。

[5] Granovetter M., *Problems of explanation in economic sociology*, Networks and organizations: structure, form, and action, Nohria N., Eccles R. G., Boston: Harvard Business School Press, 1992: 25 - 56.

[6] Borgatti S. P. & Foster P. C., "The network paradigm in organizational research: A review and typology", *Journal of management*. 2003, 29 (6): 991 - 1013.

[7] Van der Vorst J. G. A. J., Van Dongen S. & Nouguie S. et

al.，“E－Business Initiatives In Food Supply Chains：Definition and Typology of Electronic Business Models”，*International Journal of Logistics Research and Applications*. 2002，5（2）：119－138.

[8] 温铁军：《市场化改革与小农经济的矛盾》，《读书》2004年第5期，第106～110页。

[9] 孔祥智：《农民专业合作经济组织：认识、问题及对策》，《山西财经大学学报》2003年第25（005）期，第1～5页。

[10] 张晟义：《农业产业化框架下的供应链实践及其驱动力量》，《经济管理》2003年第24期，第31～36页。

[11] Frankel R.，Bolumole Y. A. & Eltantawy R. A. et al.，“The domain and scope of SCM's foundational disciplines—insights and issues to advance research”，*Journal of Business Logistics*. 2008，29（1）：1－30.

[12] Uckelmann D. A.，“Definition Approach to Smart Logistics”，*Next Generation Teletraffic and Wired/Wireless Advanced Networking*. 2008：273－284.

[13] 高鸿业：《西方经济学（微观部分）》（第四版），中国人民大学出版社，2007。

[14] Lee H. L.，Padmanabhan V. & Whang S.，“Comments on ‘Information Distortion in a Supply Chain：The Bullwhip Effect’：The Bullwhip Effect：Reflections”，*Management Science*. 2004，50（12）：1887－1893.

[15] Burgess K.，Singh P. J. & Koroglu R.，“Supply chain management：a structured literature review and implications for future research”，*International Journal of Operations & Production*

Management. 2006, 26 (7): 703-729.

[16] Lin F. R. & Shaw M. J., "Reengineering the order fulfillment process in supply chain networks", *International Journal of Flexible Manufacturing Systems*. 1998, 10 (3): 197-229.

[17] Stevens G. C., "Successful supply-chain management", *Management Decision*. 1990, 28 (8).

[18] Christopher M., *Logistics and supply chain management: strategies for reducing cost and improving service*, 1999.

[19] 马士华、林勇、陈志祥:《供应链管理》,机械工业出版社,2000。

[20] Mentzer J. T., Dewitt W. & Keebler J. S. et al., "Defining supply chain management", *Journal of Business logistics*. 2001, 22 (2): 1-25.

[21] 陈剑、肖勇波:《供应链管理研究的新发展》,《上海理工大学学报》2011年第6期。

[22] Houlihan J. B., "International supply chain management", *International Journal of Physical Distribution & Logistics Management*. 1993, 17 (2): 51-66.

[23] Harland C. M., "Supply chain management: relationships, chains and networks", *British Journal of management*. 1996, 7 (s1): S63-S80.

[24] Otto A. & Obermaier R., "How can supply networks increase firm value? A causal framework to structure the answer", *Logistics Research*. 2009, 1 (3): 131-148.

[25] 顾培亮:《系统分析与协调》(第二版),天津大学出版

社，2008。

[26] Romano P., "Co-ordination and integration mechanisms to manage logistics processes across supply networks", *Journal of purchasing and supply Management*. 2003, 9 (3): 119 - 134.

[27] Cachon G. P., *Supply chain coordination with contracts*, Handbooks in operations research and management science, De Kok A. G., Graves S. C., 2003, 11: 229 - 340.

[28] Tsay A. A., "The quantity flexibility contract and supplier-customer incentives", *Management science*. 1999, 45 (10): 1339 - 1358.

[29] Malone T. W. & Crowston K., "The interdisciplinary study of coordination", *ACM Computing Surveys (CSUR)*. 1994, 26 (1): 87 - 119.

[30] Van de Ven A. H., Delbecq A. L. & Koenig Jr R., "Determinants of coordination modes within organizations", *American Sociological Review*. 1976, 41 (2): 322 - 338.

[31] 陈剑、蔡连侨：《供应链建模与优化》，《系统工程理论与实践》2001 年第 21（006）期，第 26 ~ 33 页。

[32] Bowersox D. J., "The strategic benefits of logistics alliances", *Harvard Business Review*. 1990, 68 (4): 36 - 45.

[33] Golicic S. L. & Mentzer J. T., "An empirical examination of relationship magnitude", *Journal of Business Logistics*. 2006, 27 (1): 81 - 108.

[34] Prajogo D. & Olhager J., "Supply chain integration and performance: The effects of long-term relationships, information technology and sharing, and logistics integration", *International*

Journal of Production Economics. 2012, 135 (1): 514 -522.

[35] Rinehart L. M., Eckert J. A. & Handfield R. B. et al., "An assessment of supplier—customer relationships", *Journal of Business Logistics*. 2004, 25 (1): 25 -62.

[36] Zinn W. & Parasuraman A., "Scope and intensity of logistics-based strategic alliances: A conceptual classification and managerial implications", *Industrial Marketing Management*. 1997, 26 (2): 137 -147.

[37] Frankel R., Whipple J. S. & Frayer D. J., "Formal versus informal contracts: achieving alliance success", *International Journal of Physical Distribution & Logistics Management*. 1996, 26 (3): 47 -63.

[38] Bowersox D. J., *Logistical excellence: it's not business as usual*, Digital Press, 1992.

[39] Whipple J. M. & Frankel R., "Strategic alliance success factors", *Journal of Supply Chain Management*. 2000, 36 (3): 21 -28.

[40] Macbeth D. K. & Ferguson N., *Partnership sourcing: an integrated supply chain management approach*, Pitman, 1994.

[41] Robicheaux R. A. & Coleman J. E., "The structure of marketing channel relationships", *Journal of the Academy of Marketing Science*. 1994, 22 (1): 38.

[42] Duffy R. & Fearne A., "The impact of supply chain partnerships on supplier performance", *International Journal of Logistics Management*, 2004, 15 (1): 57 -72.

[43] 许淑君、马士华：《供应链企业间的战略伙伴关系研究》，

《华中科技大学学报》2001 年第 6（1）期。

[44] 叶飞、徐学军：《供应链伙伴特性，伙伴关系与信息共享的关系研究》，《管理科学学报》2009 年第 4 期，第 115 ~ 128 页。

[45] Athanasopoulou P.，"Relationship quality：a critical literature review and research agenda"，*European Journal of Marketing*. 2009，43（5/6）：583 - 610.

[46] Dwyer F. R.，Schurr P. H. & Oh S.，"Developing buyer-seller relationships"，*The Journal of marketing*. 1987：11 - 27.

[47] Hopkinson G. C. & Hogarth-Scott S.，"Franchise relationship quality：micro-economic explanations"，*European Journal of marketing*. 1999，33（9/10）：827 - 843.

[48] Woo K. & Ennew C. T.，"Business-to-business relationship quality：An IMP interaction-based conceptualization and measurement"，*European Journal of Marketing*. 2004，38（9/10）：1252 - 1271.

[49] Lages C.，Lages C. R. & Lages L. F.，"The RELQUAL scale：a measure of relationship quality in export market ventures"，*Journal of Business Research*. 2005，58（8）：1040 - 1048.

[50] Van Bruggen G. H.，Kacker M. & Nieuwlaat C.，"The impact of channel function performance on buyer-seller relationships in marketing channels"，*International Journal of Research in Marketing*. 2005，22（2）：141 - 158.

[51] Carr C. L. "Reciprocity：the golden rule of IS-user service relationship quality and cooperation"，*Communications of the*

ACM. 2006, 49 (6): 77-83.
[52] 陈志祥、马士华：《供应链中的企业合作关系》，《南开管理评论》2001年第4 (2) 期，第56~59页。
[53] 潘文安、张红：《供应链伙伴间的信任，承诺对合作绩效的影响》，《心理科学》2006年第29 (6) 期，第1502~1506页。
[54] 廖成林、仇明全、龙勇：《企业合作关系、敏捷供应链和企业绩效间关系实证研究》，《系统工程理论与实践》2008年第28 (006) 期，第115~128页。
[55] 宋华、徐二明、胡左浩：《企业间冲突解决方式对关系绩效的实证研究》，《管理科学》2008年第21 (1) 期，第14~21页。
[56] 叶飞、徐学军：《供应链伙伴关系间信任与关系承诺对信息共享与运营绩效的影响》，《系统工程理论与实践》2009年第8期，第36~49页。
[57] 孙世民、陈会英、李娟：《优质猪肉供应链合作伙伴竞合关系分析——基于15省（市）的761份问卷调查数据和深度访谈资料》，《中国农村观察》2009年第6期，第2~13页。
[58] 宋永涛、苏秦、李钊等：《供应链关系质量对合作行为影响的实证研究》，《预测》2009年第28 (003) 期，第27~33页。
[59] 曾文杰、马士华：《制造行业供应链合作关系对协同及运作绩效影响的实证研究》，《管理学报》2010年第7 (8) 期。
[60] Den Ouden M., Dijkhuizen A. A. & Huirne R. et al.,

"Vertical cooperation in agricultural production-marketing chains, with special reference to product differentiation in pork", *Agribusiness*. 1996, 12 (3): 277-290.

[61] 张晟义、张卫东:《供应链管理:21 世纪的农业产业化竞争利器》,《中国农业科技导报》2002 年第 4 (005) 期,第 62~66 页。

[62] 刘召云、孙世民、王继勇:《我国农产品供应链管理的研究进展及趋势》,《商业研究》2009 年第 3 期。

[63] Chai S. K. & Rhee M., "Confucian capitalism and the paradox of closure and structural holes in East Asian firms", *Management and Organization Review*. 2010, 6 (1): 5-29.

[64] Guo C. & Miller J. K., "Guanxi dynamics and entrepreneurial firm creation and development in China", *Management and Organization Review*. 2010, 6 (2): 267-291.

[65] Fan Y., "Questioning guanxi: definition, classification and implications", *International Business Review*. 2002, 11: 543-561.

[66] Alston J. P. "Wa guanxi, and inhwa: Managerial principles in Japan, China, and Korea", *Business Horizons*. 1989, 32 (2): 26-31.

[67] Bian Y. & Ang S., "Guanxi networks and job mobility in China and Singapore", *Social Forces*. 1997, 75 (3): 981-1005.

[68] Boisot M. & Child J., "From fiefs to clans and network capitalism: Explaining China's emerging economic order", *Administrative Science Quarterly*. 1996: 600-628.

[69] Boisot M. & Child J., "Organizations as adaptive systems in complex environments: The case of China", *Organization Science*. 1999: 237-252.

[70] Lee S. H. & Oh K. K., "Corruption in Asia: Pervasiveness and arbitrariness", *Asia Pacific Journal of Management*. 2007, 24 (1): 97-114.

[71] Abramson N. R. & Ai J. X., "Canadian companies doing business in China: Key success factors", *MIR: Management International Review*. 1999: 7-35.

[72] Tsang E. W. K., "Can guanxi be a source of sustained competitive advantage for doing business in China?", *The Academy of Management Executive* (1993-2005). 1998: 64-73.

[73] Lovett S., Simmons L. C. & Kali R., "Guanxi versus the market: Ethics and efficiency", *Journal of International Business Studies*. 1999: 231-247.

[74] Lee D. Y. & Dawes P. L., "Guanxi, trust, and long-term orientation in Chinese business markets", *Journal of International Marketing*. 2005, 13 (2): 28-56.

[75] 杨洪涛、石春生、姜莹:《"关系"文化对创业供应链合作关系稳定性影响的实证研究》,《管理评论》2011年第23(4)期,第115~121页。

[76] 费孝通:《乡土中国》,江苏文艺出版社,2007。

[77] Lee D. J., Pae J. H. & Wong Y. H., "A model of close business relationships in China (guanxi)", *European Journal of Marketing*. 2001, 35 (1/2): 51-69.

[78] Luo Y. & Chen M., "Does guanxi influence firm performance?", *Asia Pacific Journal of Management*. 1997, 14 (1): 1-16.

[79] Park S. H. & Luo Y., "Guanxi and organizational dynamics: Organizational networking in Chinese firms", *Strategic Management Journal*. 2001, 22 (5): 455-477.

[80] Yang Z. & Wang C. L., "Guanxi as a governance mechanism in business markets: Its characteristics, relevant theories, and future research directions", *Industrial Marketing Management*. 2011.

[81] Zhuang G. & Zhou N., "The relationship between power and dependence in marketing channels: A Chinese perspective", *European Journal of Marketing*. 2004, 38 (5/6): 675-693.

[82] Luo Y., Huang Y. & Wang S. L., "Guanxi and Organizational Performance: A Meta-Analysis", *Management and Organization Review*. 2011, 8 (1): 172-193.

[83] 杨洪涛、石春生、姜莹:《"关系"文化对创业供应链合作关系稳定性影响的实证研究》,《管理评论》2011年第23(4)期,第115~121页。

[84] Robinson S. L., "Trust and breach of the psychological contract", *Administrative science quarterly*. 1996: 574-599.

[85] Lewis J. D. & Weigert A., "Trust as a social reality", *Social forces*. 1985, 63 (4): 967-985.

[86] Vorst J., Beulens A. & Wit W. et al., "Supply chain management in food chains: Improving performance by reducing uncertainty", *International Transactions in Operational*

Research. 1998, 5 (6): 487 -499.

[87] Luo Y., *Guanxi and business*, Singapore: World Scientific, 2007.

[88] Martinsons M. G., "Relationship-based e-commerce: theory and evidence from China", *Information Systems Journal*. 2008, 18 (4): 331 -356.

[89] Huang Y., Sternquist B. & Zhang C. et al., "A Mixed-Method Study of the Effects of Guanxi Between Salespersons and Buyers on Retailer - Supplier Relationships in China", *Journal of Marketing Channels*. 2011, 18 (3): 189 -215.

[90] 郭熙保：《西方企业理论的新进展——不完全合约理论》，《国外财经》2000年第4期，第1～5页。

[91] Williamson O. E., "Transaction-cost economics: the governance of contractual relations", *Journal of law and economics*. 1979, 22 (2): 233 -261.

[92] Macneil I. R., "Contracts: adjustment of long-term economic relations under classical, neoclassical, and relational contract law", *Nw. UL Rev*. 1977, 72: 854 -905.

[93] 费方域：《交易、合同关系的治理和企业》，《外国经济与管理》1996年第6期，第8～12页。

[94] 杨瑞龙、聂辉华：《不完全契约理论：一个综述》，《经济研究》2006年第2期，第104页。

[95] Grossman S. J. & Hart O. D., "The costs and benefits of ownership: A theory of vertical and lateral integration", *The Journal of Political Economy*. 1986: 691 -719.

[96] Hart O. & Moore J., "Property Rights and the Nature of the

Firm", *Journal of political economy*. 1990: 1119 - 1158.

[97] Anderlini L. & Felli L., "Bounded rationality and incomplete contracts", *Research in Economics*. 2004, 58 (1): 3 - 30.

[98] Baker G., Gibbons R. & Murphy K. J., "Relational Contracts and the Theory of the Firm", *Quarterly Journal of Economics*. 2002, 117 (1): 39 - 84.

[99] Levin J., "Relational incentive contracts", *The American Economic Review*. 2003, 93 (3): 835 - 857.

[100] Tirole J., "Bounded Rationality and Incomplete Contracts", *University of Toulouse*, Mimeo. 2007.

[101] Claro D. P., Hagelaar G. & Omta O., "The determinants of relational governance and performance: how to manage business relationships?", *Industrial Marketing Management*. 2003, 32 (8): 703 - 716.

[102] Bachmann R., Gillespie N. & Kramer R., "Trust In Crisis: Organizational and Institutional Trust, Failures and Repair", *Organization Studies*. 2011, 32 (9): 1311 - 1313.

[103] Brown M. & Serra-Garcia M., *Relational Contracting under the Threat of Expropriation - Experimental Evidence*, 2010.

[104] Robinson D. T. & Stuart T. E., "Financial contracting in biotech strategic alliances", *Journal of Law and Economics - Chicago*. 2007, 50 (3): 559.

[105] Duffy J. & Ochs J., "Cooperative behavior and the frequency of social interaction", *Games and Economic Behavior*. 2009, 66 (2): 785 - 812.

[106] Board S., "Relational contracts and the value of loyalty", *American Economic Review*. 2011, 101 (7): 3349.

[107] Gibbons R. & Henderson R., "Relational Contracts and Organizational Capabilities", *Organization Science*. 2011.

[108] Bunte F., "Pricing and performance in agri-food supply chains", *Quantifying the agri-food supply chain*. 2006: 39 – 47.

[109] Peltzman S., "Prices rise faster than they fall", *Journal of Political Economy*. 2000: 466 – 502.

[110] 全炯振:《中国农业全要素生产率增长的实证分析: 1978 ~ 2007 年——基于随机前沿分析 (SFA) 方法》,《中国农村经济》2009 年第 9 期, 第 36 ~ 47 页。

[111] 李谷成、冯中朝:《中国农业全要素生产率增长: 技术推进抑或效率驱动——一项基于随机前沿生产函数的行业比较研究》,《农业技术经济》2010 年第 5 期, 第 4 ~ 14 页。

[112] Hesterly W. S., Liebeskind J. & Zenger T. R., "Organizational economics: an impending revolution in organization theory?", *Academy of Management Review*. 1990: 402 – 420.

[113] Hobbs J. E. & Young L. M., "Closer vertical co-ordination in agri-food supply chains: a conceptual framework and some preliminary evidence", *Supply Chain Management: An International Journal*. 2000, 5 (3): 131 – 143.

[114] Hobbs J. E., "Information, Incentives and Institutions in the Agri-food Sector", *Canadian Journal of Agricultural Economics/Revue canadienne d'agroeconomie*. 2003, 51 (3): 413 – 429.

[115] 胡定寰:《迎接农超对接的机遇和挑战》,《中国合作经济

评论》2010年第6期，第37~38页。

[116] 牛若峰：《农业产业化经营发展的观察和评论》，《农业经济问题》2006年第3期，第8~15页。

[117] 黄志宏：《“鸿源米业”：值得推广的“公司+协会+基地+农户”模式》，《中国农村经济》2006年第6期，第24~31页。

[118] 郭红东、蒋文华：《“行业协会+公司+合作社+专业农户”订单模式的实践与启示》，《中国农村经济》2007年第4期，第48~52页。

[119] Richard R., Nelson S. G. W., *An Evolutionary Theory of Economic Change*, Cambridge, MA: Belknap Press of Harvard University Press, 1985.

[120] 雷国雄、陈恩：《制度变迁：一个拟生物演化模型》，《经济学（季刊)》2009年第4期。

[121] De Liso N. & Metcalfe S., "On technological systems and technological paradigms: some recent developments in the understanding of technological change", *Behavioral Norms, Technological Progress and Economic Dynamics: Studies in Schumpeterian Economics*. 1996: 71-95.

[122] Alchian A. A. "Uncertainty, Evolution, and Economic Theory", *The Journal of Political Economy*. 1950, 58: 211-221.

[123] 王怀明、薛英：《EVA指标应用于我国农业上市公司经营业绩的实证分析》，《华中农业大学学报：社会科学版》2006年第3期，第56~60页。

[124] 柳思维、黄毅：《9家种业上市公司分销效率比较研究：

2004~2008 年——基于 DEA 的计量分析》，《系统工程》2010 年第 5 期。

[125] Charnes A., Cooper W. W. & Rhodes E., "Measuring the efficiency of decision making units", *European journal of operational research*. 1978, 2 (6): 429-444.

[126] 刘伟、杨印生：《我国农业上市公司业绩评价与分析》，《农业技术经济》2006 年第 4 期，第 47~52 页。

[127] 彭熠、黄祖辉、邵桂荣：《非农化经营与农业上市公司经营绩效——理论分析与实证检验》，《财经研究》2007 年第 33 (010) 期，第 117~130 页。

[128] 刘子旭、耿晓媛：《农业类上市公司治理结构与公司价值关系实证研究——基于 48 家农业类上市公司的面板数据分析》，《农业技术经济》2010 年第 5 期，第 71~78 页。

[129] 王怀明、史晓明：《农业上市公司治理效率及对企业业绩的影响》，《农业技术经济》2010 年第 5 期，第 64~70 页。

[130] 徐勇、任一萍：《应用因子分析对农业上市公司进行效绩评价》，《统计教育》2007 年第 3 期，第 12~14 页。

[131] 何慧婷、柳建民：《构建上市公司财务比率指标评价体系》，《管理学报》2005 年第 2 (4) 期，第 491~494 页。

[132] 张洪恩、宁宣熙：《上市公司主业鲜明率的修正方法》，《经济问题》2007 年第 9 期，第 72~73 页。

[133] 黎翠梅：《地方财政农业支出与区域农业经济增长——基于东、中、西部地区面板数据的实证研究》，《中国软科学》2009 年第 1 期，第 182~188 页。

[134] 石慧、孟令杰、王怀明：《中国农业生产率的地区差距及波动性研究——基于随机前沿生产函数的分析》，《经济科学》2008 年第 3 期，第 20 ~ 33 页。

[135] 张运华：《中国农业生产效率分析》，《统计与决策》2007 年第 4 期，第 62 ~ 64 页。

[136] 叶飞、李怡娜、张红等：《供应链信息共享影响因素、信息共享程度与企业运营绩效关系研究》，《管理学报》2009 年第 6 期，第 743 ~ 750 页。

[137] 赵丽、孙林岩、李刚等：《中国制造企业供应链整合与企业绩效的关系研究》，《管理工程学报》2011 年第 3 期。

[138] 朱毅华、王凯：《农产品供应链整合绩效实证研究——以江苏地区为例》，《南京农业大学学报：社会科学版》2004 年第 4（2）期，第 42 ~ 48 页。

[139] 陈耀、生步兵：《供应链联盟关系稳定性实证研究》，《管理世界》2009 年第 10 期。

[140] 姜昭：《农业上市公司竞争力评价的实证研究》，《经济经纬》2011 年第 2 期，第 123 ~ 127 页。

[141] 张文彤：《SPSS 统计分析高级教程》，高等教育出版社，2004，第 424 页。

[142] 马晓河、蓝海涛：《加入 WTO 后我国农业补贴政策研究》，《管理世界》2002 年第 5 期，第 73 页。

[143] 何忠伟、蒋和平：《我国农业补贴政策的演变与走向》，《中国软科学》2004 年第 10 期，第 8 ~ 13 页。

[144] Kale S. H. & Mcintyre R. P., "Distribution channel relationships in diverse cultures", *International Marketing Review*. 1991, 8 (3): 31 - 45.

[145] 赵晓飞、李崇光：《“农户－龙头企业”的农产品渠道关系稳定性：理论分析与实证检验》，《农业技术经济》2007 年第 5 期，第 15 ~ 24 页。

[146] 宝贡敏、赵卓嘉：《中国文化背景下的“关系”与组织管理》，《重庆大学学报（社会科学版）》2008 年第 2 期，第 46 ~ 52 页。

[147] Krause D. R., Handfield R. B. & Scannell T. V., “An empirical investigation of supplier development: reactive and strategic processes”, *Journal of Operations Management*. 1998, 17 (1): 39 – 58.

[148] Anderson J. C. & Narus J. A., “A model of distributor firm and manufacturer firm working partnerships”, *the Journal of Marketing*. 1990, 54 (1): 42 – 58.

[149] 张维迎、柯荣住：《信任及其解释：来自中国的跨省调查分析》，《经济研究》2002 年第 10 期。

[150] Ganesan S., “Determinants of long-term orientation in buyer-seller relationships”, *the Journal of Marketing*. 1994, 58 (2): 1 – 19.

[151] Rutherford J., *Identity: community, culture, difference*, Lawrence & Wishart, 1990.

[152] Laeequddin M., Sahay B. S. & Sahay V. et al., “Trust Building in Supply Chain Partners Relationship – An Integrated Conceptual Model”, *Journal of Management Development*. 2012, 31 (6): 3.

[153] Huang Q., Davison R. M. & Gu J., “The impact of trust, guanxi orientation and face on the intention of Chinese

employees and managers to engage in peer-to-peer tacit and explicit knowledge sharing", *Information Systems Journal.* 2011, 21 (6): 557 - 577.

[154] Zand D. E., "Trust and managerial problem solving", *Administrative Science Quarterly.* 1972, 17 (2): 229 - 239.

[155] Butler J. K., "Trust expectations, information sharing, climate of trust, and negotiation effectiveness and efficiency", *Group & Organization Management.* 1999, 24 (2): 217 - 238.

[156] Fynes B., Voss C. & De Burca S., "The impact of supply chain relationship quality on quality performance", *International Journal of Production Economics.* 2005, 96 (3): 339 - 354.

[157] Nahmias S., *Production and operations analysis*, Boston: McGraw - Hill/Irwin Press, 2008.

[158] Zhou H. & Benton Jr W. C., "Supply chain practice and information sharing", *Journal of Operations Management.* 2007, 25 (6): 1348 - 1365.

[159] Koçoglu I., Imamoglu S. Z. & Ince H. et al., "The effect of supply chain integration on information sharing: Enhancing the supply chain performance", *Procedia-Social and Behavioral Sciences.* 2011, 24: 1630 - 1649.

[160] Doney P. M. & Cannon J. P., "An examination of the nature of trust in buyer-seller relationships", *the Journal of Marketing.* 1997: 35 - 51.

[161] Lui S. S., Ngo H & Hon A. H. Y., "Coercive strategy in

interfirm cooperation: Mediating roles of interpersonal and interorganizational trust", *Journal of Business Research*. 2006, 59 (4): 466 - 474.

[162] Bordoloi S. K., Cooper W. W. & Matsuo H., "Flexibility, adaptability, and efficiency in manufacturing systems", *Production and Operations Management*. 1999, 8 (2): 133 - 150.

[163] Lusch R. F. & Brown J. R., "Interdependency, contracting, and relational behavior in marketing channels", *The Journal of Marketing*. 1996: 19 - 38.

[164] Wong A., Tjosvold D. & Zhang P., "Developing relationships in strategic alliances: Commitment to quality and cooperative interdependence", *Industrial Marketing Management*. 2005, 34 (7): 722 - 731.

[165] Kennerley M. & Neely A., "A framework of the factors affecting the evolution of performance measurement systems", *International journal of operations & production management*. 2002, 22 (11): 1222 - 1245.

[166] Tsui A. S., Egan T. D. & O'Reilly Iii C. A., "Being different: Relational demography and organizational attachment", *Administrative Science Quarterly*. 1992, 37 (4): 549 - 579.

[167] Corsten D. & Felde J., "Exploring the performance effects of key-supplier collaboration: an empirical investigation into Swiss buyer-supplier relationships", *International Journal of Physical Distribution & Logistics Management*. 2005, 35 (6): 445 - 461.

[168] Peng M. W. & Luo Y., "Managerial ties and firm performance in a transition economy: The nature of a micro-macro link", *Academy of Management journal*. 2000: 486 - 501.

[169] Luo X. & Chung C. N., "Keeping it all in the family: The role of particularistic relationships in business group performance during institutional transition", *Administrative Science Quarterly*. 2005, 50 (3): 404.

[170] Li J. J., Zhou K. Z. & Shao A. T., "Competitive position, managerial ties, and profitability of foreign firms in China: an interactive perspective", *Journal of International Business Studies*. 2008, 40 (2): 339 - 352.

[171] Liu Y., Li Y. & Xue J., "Transfer of market knowledge in a channel relationship: Impacts of attitudinal commitment and satisfaction", *Industrial Marketing Management*. 2010, 39 (2): 229 - 239.

[172] Ambler T., Styles C. & Xiucun W., "The effect of channel relationships and guanxi on the performance of inter-province export ventures in the People's Republic of China", *International Journal of Research in Marketing*. 1999, 16 (1): 75 - 87.

[173] Green M. C. & Brock T. C., "Organizational membership versus informal interaction: contributions to skills and perceptions that build social capital", *Political Psychology*. 2005, 26 (1): 1 - 25.

[174] 荣泰生：《AMOS与研究方法》，重庆大学出版社，2010，

第 198 页。

[175] Bagozzi R. P. & Yi Y. , "On the evaluation of structural equation models", *Journal of the academy of marketing science*. 1988, 16 (1): 74 – 94.

[176] 吴明隆：《结构方程模型：AMOS 的操作与应用》，重庆大学出版社，2009。

[177] 温忠麟、侯杰泰、张雷：《调节效应与中介效应的比较和应用》，《心理学报》2005 年第 37 (2) 期，第268 ~ 274 页。

[178] Woo K. & Ennew C. T. , "Business-to-business relationship quality: An IMP interaction-based conceptualization and measurement", *European Journal of Marketing*. 2004, 38 (9/10): 1252 – 1271.

[179] 荣泰生：《AMOS 与研究方法》，重庆大学出版社，2010，第 198 页。

[180] 黄胜忠：《农业合作社的环境适应性分析》，《中国合作经济评论》，2010，第 40 页。

[181] 喻闻：《农产品供应链案例研究》，中国农业科学技术出版社，2008，第 139 页。

[182] Simchi-Levi E. & Kaminsky P. , *Designing and managing the supply chain: concepts, strategies, and case studies*, Irwin/McGraw-Hill, 2003.

[183] Arunachalam R. , Eriksson J. & Finne N. et al. , "The TAC supply chain management game", *Computer Science Technical Report* CMU – CS – 03 – 184, Carnegie Mellon University, 2003.

[184] Aviv Y., "The effect of collaborative forecasting on supply chain performance", *Management science*. 2001, 47 (10): 1326 - 1343.

[185] Majumder P. & Groenevelt H., "Competition in remanufacturing", *Production and Operations Management*. 2001, 10 (2): 125 - 141.

[186] Gavirneni S., Kapuscinski R. & Tayur S., "Value of information in capacitated supply chains", *Management science*. 1999, 45 (1): 16 - 24.

[187] Pasternack B. A., "Optimal pricing and return policies for perishable commodities", *Marketing science*. 1985, 4 (2): 166 - 176.

[188] Jeuland A. P. S. M., "Managing channel profits", *Marketing Sci*. 1983, 2 (3): 239 - 272.

[189] Weng Z. K., "Channel coordination and quantity discounts", *Management science*. 1995, 41 (9): 1509 - 1522.

[190] Cachon G. P. & Lariviere M. A., "Supply chain coordination with revenue-sharing contracts: strengths and limitations", *Management science*. 2005, 51 (1): 30 - 44.

[191] Tsay A. A., "The Quantity Flexibility Contract and Supplier-Customer Incentives", *Management Science*. 1999, 45 (10): 1339 - 1358.

[192] Krishnan H., Kapuscinski R. & Butz D. A., "Coordinating Contracts for Decentralized Supply Chains with Retailer Promotional Effort", 2004, 50 (1): 48 - 63.

[193] 应瑞瑶、郭忠兴:《农业产业化经营合同初探》,《中国农

村经济》1998年第2期。

[194] 胡定寰、陈志钢、孙庆珍等：《合同生产模式对农户收入和食品安全的影响——以山东省苹果产业为例》，《中国农村经济》2006年第11期。

[195] 郭红东：《龙头企业与农户订单安排与履约：理论和来自浙江企业的实证分析》，《农业经济问题》2006年第2期。

[196] 曹细玉、宁宣熙：《基于无缺陷退货下的三阶层易逝品供应链的协调性研究》，《管理评论》2008年第8期。

[197] 欧新环、李玲、邓学芳：《回购契约在易逝品供应链协调中的应用研究》，《价值工程》2009年第3期。

[198] Xu L. & Beamon B. M., "Supply chain coordination and cooperation mechanisms: An attribute-based approach", *Journal of Supply Chain Management*. 2006, 42 (1): 4 - 12.

[199] Weng Z. K., "The power of coordinated decisions for short-life-cycle products in a manufacturing and distribution supply chain", *IIE Transactions*. 1999, 31 (11): 1037 - 1049.

[200] Cachon G. P. & Lariviere M. A., "Contracting to assure supply: how to share demand forecasts in a supply chain", *Management Science*. 2001, 47 (5): 629 - 646.

[201] Aghion P. & Holden R., "Incomplete Contracts and the Theory of the Firm: What Have We Learned over the Past 25 Years?", *Journal of Economic Perspectives*. 2011, 25 (2): 181 - 197.

[202] Fuchs W., "Contracting with repeated moral hazard and private evaluations", 2006.

[203] Halac M., Relational contracts and the value of relationships, Working paper, Columbia Business School Research, 2011.

[204] Fehr E. & Schmidt K. M., "A theory of fairness, competition, and cooperation", *Quarterly journal of Economics*. 1999, 114 (3): 817 -868.

[205] 蒋侃、陈金玉、廖晓玲:《订单农业的履约博弈》,《广西大学学报(自然科学版)》2007 年第 32 (219 ~222) 期, 第 4 页。

[206] 陈耀:《企业战略联盟的竞争优势创造》,《求索》2002 年第 5 期, 第 17 ~19 页。

[207] 周熙:《供应链上企业间战略联盟稳定性研究》, 武汉理工大学硕士学位论文, 2005。

[208] 张明林、刘耀斌:《农业产业化组织模式效率比较: 一个合作博弈分析思路》,《统计与决策》2007 年第 21 期, 第 52 ~53 页。

[209] 何亮、李小军:《奶业产业链中企业与奶农合作的博弈分析》,《农业技术经济》2009 年第 2 期, 第 101 ~104 页。

[210] Camerer C., Issacharoff S. & Loewenstein G. et al., "Regulation for Conservatives: Behavioral Economics and the Case for Asymmetric Paternalism", *University of Pennsylvania Law Review*. 2003, 151 (3): 1211 -1254.

[211] Camerer C., Loewenstein G. & Rabin M., *Advances in behavioral economics*, Princeton University Press, 2004.

[212] Fynes B. & Voss C., "The moderating effect of buyer-supplier relationships on quality practices and performance", *International Journal of Operations and Production Management*.

2002，22（5/6）：589－613.

[213] Ellram L. M. & Cooper M. C.，"Supply chain management, partnership, and the shipper-third party relationship"，*The International Journal of Logistics Management*. 1990，1（2）：1－10.

[214] Lewis J. D.，"The new power of strategic alliances"，*Strategy & Leadership*. 1992，20（5）：45－62.

[215] Rabin M.，"Incorporating fairness into game theory and economics"，*American Economic Review*. 1993，83（5）：1281.

[216] Dufwenberg M. & Kirchsteiger G.，"A theory of sequential reciprocity"，*Games and Economic Behavior*. 2004，47（2）：268－298.

[217] Ellison G. & Holden R.，"A Theory of Rule Development"，*Unpublished manu*. 2009.

[218] Weber R. A. & Camerer C. F.，"Cultural conflict and merger failure：An experimental approach"，*Management Science*. 2003：400－415.

[219] Selten R. & Warglien M.，"The emergence of simple languages in an experimental coordination game"，*Proceedings of the National Academy of Sciences*. 2007，104（18）：7361.

[220] Chassang S.，"Building routines：Learning, cooperation, and the dynamics of incomplete relational contracts"，*The American Economic Review*. 2010，100（1）：448－465.

[221] 梁静、蔡淑琴、汤云飞等：《供应链中的信息共享及其共享模式》，《工业工程与管理》2004 年第 4 期，第83～

92 页。

[222] Hobbs J. E., "Information asymmetry and the role of traceability systems", *Agribusiness*. 2004, 20 (4): 397 - 415.

[223] Golan E. H. & Service U. S. D. O., "*Traceability in the US food supply: economic theory and industry studies*", US Dept. of Agriculture, Economic Research Service, 2004.

[224] 王锋、张小栓、穆维松等：《消费者对可追溯农产品的认知和支付意愿分析》，《中国农村经济》2009 年第 3 期，第 68 ~ 74 页。

[225] Henson S. & Traill B., "The demand for food safety: : Market imperfections and the role of government", *Food Policy*. 1993, 18 (2): 152 - 162.

[226] Verbeke W., "Agriculture and the food industry in the information age", *European Review of Agricultural Economics*. 2005, 32 (3): 347.

[227] Hennessy D. A., Roosen J. & Miranowski J. A., "Leadership and the provision of safe food", *American Journal of Agricultural Economics*. 2001: 862 - 874.

[228] Sodano V. & Verneau F., "Traceability and food safety: public choice and private incentives", *Dipartimento Di Economia E Politica Agraria, Universita Delgi Studi Di Napoli Federico*. 2004, 2.

[229] Meuwissen M. P. M., Velthuis A. G. J. & Hogeveen H. et al., "Traceability and certification in meat supply chains", *Journal of Agribusiness*. 2003, 21 (2): 167 - 182.

[230] Hennessy D. A., Roosen J. & Miranowski J. A., "Leadership and the provision of safe food", *American Journal of Agricultural Economics*. 2001: 862-874.

[231] Crespi J. M. & Marette S., "How should food safety certification be financed?", *American Journal of Agricultural Economics*. 2001: 852-861.

[232] Unnevehr L. J., "Mad cows and Bt potatoes: global public goods in the food system", *American Journal of Agricultural Economics*. 2004, 86 (5): 1159-1166.

[233] Jia-Zhen H., Qun W. U. & Fei-Long C., "Link Mode and Co-governance Framework of Cluster Supply Chain Network", *China Industrial Economy*. 2007, 10: 13-20.

[234] 陈荣秋:《即时顾客化定制的基本问题探讨》[J],《工业工程与管理》2006年第11(006)期,第44~48页。

[235] Lampel J. & Mintzberg H., "Customizing customization", *Sloan management review*. 1996, 38 (1): 21-30.

[236] Chopra S. & Sodhi M., "Supply-Chain Breakdown", *MIT Sloan Management Review*. 2004.

[237] Long D. C. & Wood D. F., "The logistics of famine relief", *Journal of Business Logistics*. 1995, 16 (1): 17.

[238] 欧忠文、王会云、姜大立等:《应急物流》,《重庆大学学报》2004年第27(3)期,第164~167页。

[239] Evers P. T., "Filling Customer Orders from Multiple Locations: A Comparison of Pooling Methods", *Journal of Business Logistics*. 1999, 20 (1): 19.

[240] Tovia F., "An emergency logistics response system for

natural disasters", *International Journal of Logistics: Research & Applications*. 2007, 10 (3): 173-186.

[241] 刘北林、马婷:《虚拟应急供应链构建过程研究》,《物流科技》2007年第1期,第109~112页。

[242] Friedrich F., Gehbauer F. & Rickers U., Optimised Resource Allocation after Strong Earthquakes, 1999.

[243] 邹铭、李保俊、王静爱等:《中国救灾物资代储点优化布局研究》,《自然灾害学报》2004年第13(4)期,第135~139页。

[244] Takeo Y., "A network flow approach to a citye mergencye evacuation planning", *International Journal of Systems Science*. 1996, 27 (10): 931-936.

[245] 李帮义、姚恩瑜:《关于最短路问题的一个双目标优化问题》,《运筹学学报》2001年第5(4)期,第67~71页。

[246] 任雪洁、叶春明:《基于模糊层次分析法应急物流方案选择》,《物流科技》2008年第31(10)期,第1~3页。

[247] Simatupang T. M., Wright A. C. & Sridharan R., "The knowledge of coordination for supply chain integration", *Business Process Management Journal*. 2002, 8 (3): 289-308.

[248] Cruijssen F., Cools M. & Dullaert W., "Horizontal cooperation in logistics: opportunities and impediments", *Transportation Research Part E: Logistics and Transportation Review*. 2007, 43 (2): 129-142.

[249] Mitchell M. A., Lemay S. A. & Arnold D. R. et al., "Symbiotic Logistics", *The International Journal of Logistics*

Management. 1992, 3 (2): 19 – 30.

[250] Trunick P. A. , "Special report: delivering relief to tsunami victims", *Logistics Today*. 2005, 46 (2): 1 – 8.

[251] 李婷、刘胜春：《911 后美国公司对于供应链安全管理的新思考》,《物流科技》2008 年第 3 期，第 119 ~ 121 页。

[252] Coase R. H. , "The Nature of the Firm", *Economica*. 1937, 4 (16): 386 – 405.

[253] Daniel B. , A Model for Simulation Analyses of Cooperative Sourcing in the Banking Industry, 2007.

图书在版编目（CIP）数据

基于供应链合作的农 - 企关系研究：理论、实证与应用/刘胜春著. —北京：社会科学文献出版社，2014.7
（云南财经大学前沿研究丛书）
ISBN 978 - 7 - 5097 - 5808 - 3

Ⅰ.①基… Ⅱ.①刘… Ⅲ.①农业企业管理 - 供应链管理 - 研究 - 中国 Ⅳ.①F324

中国版本图书馆 CIP 数据核字（2014）第 058693 号

·云南财经大学前沿研究丛书·
基于供应链合作的农 - 企关系研究
——理论、实证与应用

著　　者／刘胜春

出 版 人／谢寿光
出 版 者／社会科学文献出版社
地　　址／北京市西城区北三环中路甲 29 号院 3 号楼华龙大厦
邮政编码／100029

责任部门／经济与管理出版中心（010）59367226　　责任编辑／张景增
电子信箱／caijingbu@ ssap. cn　　责任校对／张文飞
项目统筹／恽　薇　蔡莎莎　　责任印制／岳　阳
经　　销／社会科学文献出版社市场营销中心（010）59367081　59367089
读者服务／读者服务中心（010）59367028

印　　装／北京季蜂印刷有限公司
开　　本／787mm×1092mm　1/16　　印　　张／20.5
版　　次／2014 年 7 月第 1 版　　字　　数／246 千字
印　　次／2014 年 7 月第 1 次印刷
书　　号／ISBN 978 - 7 - 5097 - 5808 - 3
定　　价／79.00 元